Deutsche Verlagswerke

Deutsche Schiffsdieselmotoren (1935)

Ein Sammelwerk über deutsche Diesel-Boots-, Schiffs-Hilfs- und Einbaumotoren

Deutsche Verlagswerke

Deutsche Schiffsdieselmotoren (1935)

Ein Sammelwerk über deutsche Diesel-Boots-, Schiffs-Hilfs- und Einbaumotoren

ISBN/EAN: 9783954270897
Erscheinungsjahr: 2012
Erscheinungsort: Bremen, Deutschland

www.maritimepress.de | office@maritimepress.de

Bei diesem Titel handelt es sich um den Nachdruck eines historischen, lange vergriffenen Buches. Da elektronische Druckvorlagen für diese Titel nicht existieren, musste auf alte Vorlagen zurückgegriffen werden. Hieraus zwangsläufig resultierende Qualitätsverluste bitten wir zu entschuldigen.

DEUTSCHE
SCHIFFS-DIESELMOTOREN

EIN SAMMELWERK
ÜBER DEUTSCHE DIESEL-BOOTS-, SCHIFFS-
HILFS- UND EINBAUMOTOREN

EIN HILFSBUCH
FÜR MOTOREN- UND SCHIFFBAU-INDUSTRIE
SEE- UND BINNENSCHIFFAHRT

ZUSAMMENGESTELLT UND BEARBEITET VON DEN

DEUTSCHEN VERLAGSWERKEN

STRAUSS, VETTER & CO.

1 9 3 5

DEUTSCHE VERLAGSWERKE STRAUSS, VETTER & CO. / BERLIN SW 68

VORWORT

Dieses Sammelwerk soll mit seinem instruktiven technischen und historischen Inhalt für jeden am Dieselmotorenbau Beteiligten belehrend und aufklärend wirken. Die Idee, in diesem Rahmen ein Sammelwerk als Handbuch und Nachschlagewerk zu schaffen, wurde von den beteiligten Dieselmotorenfabriken und allen überhaupt am Dieselmotorenbau interessierten Kreisen beifällig aufgenommen, und dem an die Dieselmotoren-Industrie 1934 ergangenen Aufruf, das bereits vorhandene Material zur Veröffentlichung freizugeben, wurde bereitwillig Folge geleistet.

So entstand in der Zeitschrift „Schiffbau, Schiffahrt und Hafenbau" die Artikelserie „Beiträge über Dieselmotoren". Da das Material, dessen Zusammentragung viele Monate erforderlich machte, auch weiteren Kreisen als den Abonnenten der Zeitschrift zugängig gemacht werden sollte, wurde aus maßgeblichen Kreisen der Wunsch ausgesprochen, diese Beiträge in einem Sammelwerk zusammenzutragen und dieses Werk möglichst durch historische Beiträge und solche über die Entwicklung des Dieselmotors in seinen verschiedenen Ausführungsarten zu ergänzen. In mühseliger Kleinarbeit haben die Bearbeiter diese Arbeit durchgeführt, und sie glauben mit dem vorliegenden Buch ein Werk geschaffen zu haben, das der gesamten deutschen Dieselmotoren-Industrie und insbesondere denjenigen Kreisen, die sich mit dem Bau und Betrieb von Schiffsdieselmotoren beschäftigen, ein Standardwerk und unentbehrlicher Ratgeber sein wird.

Die Bearbeiter ließen sich von dem Gedanken leiten, nicht nur einen geschlossenen Überblick über die geniale Erfindung Rudolf Diesels zu bringen. Vor allen Dingen sollte auch vor aller Welt über die großen Verdienste der deutschen Dieselmotorenkonstrukteure und des deutschen Motorschiffbaues ein zusammenfassendes Bild abgelegt werden, um allen am deutschen Dieselmotorenbau interessierten Abnehmerkreisen einen authentischen Einblick in die deutschen Höchstleistungen im Dieselmotorenbau zu gewähren. Ungeachtet aller wirtschaftlichen Hemmungen seit 1914 haben es sich die deutschen Konstrukteure nicht nehmen lassen, Leistungen zu vollbringen, die kein anderes Land aufzuweisen in der Lage sein wird. Diese Hemmungen trafen den Weltschiffbau allgemein, und dank der richtigen Erkenntnis des Reichsverkehrsministeriums, der Generaldirektion der Reichsbahn und des Reichsluftfahrtministeriums wurden Höchstleistungs-Dieselmotoren geschaffen, welche bisher keine Nachahmung fanden. Diese technischen Höchstleistungen auf dem Gebiet des Dieselmotorenbaues sollen auch dem Schiffbau Ansporn sein, sich in Zukunft mit der Verwendung des Dieselmotors mehr denn je zu befreunden und die reichen Erfahrungen zu Lande und in der Luft mit dem Dieselmotor auch auf den Boots- und Schiffbau zu übertragen. Die Entwicklung der deutschen Diesel-Höchstleistungsmotoren konnte infolge des Niederganges der Weltschiffahrt nur durch hohe Entwicklungsarbeit der Dieselantriebsart für Land- und Luftfahrzeuge ermöglicht werden.

BERLIN, JULI 1935   DIE BEARBEITER

INHALTSVERZEICHNIS

Die Verantwortung für den Inhalt der einzelnen Beiträge tragen die Werke, die das Material zur Verfügung gestellt haben.

Im Abschnitt 2 dieses Buches sind Fachaufsätze enthalten, die bereits in der Zeitschrift „SCHIFFBAU, SCHIFFAHRT UND HAFENBAU", Jahrgang 1935, abgedruckt worden sind.

I. HISTORISCHE BEITRÄGE

II. FACHAUFSÄTZE

III. KENNDATEN-LISTE
DEUTSCHER BOOTS- UND SCHIFFS-DIESELMOTOREN

IV. KENNDATEN-LISTE
DEUTSCHER DIESEL-HILFS- UND EINBAU-MOTOREN

HISTORISCHE BEITRÄGE

Dr. Ing. Rudolf Diesel.

RUDOLF DIESEL

Nur wenigen großen Erfindern war es beschieden, daß ihre Erfindung dauernd mit ihrem Namen verbunden blieb. Einer von ihnen ist Rudolf Diesel. In allen Ländern, in denen heute Verbrennungs-Kraftmaschinen der von ihm ersonnenen Bauart laufen, werden sie mit seinem Namen bezeichnet. Es gibt Zeitschriften, die nur den „Diesel"motoren gewidmet sind, und Vereinigungen von „Diesel"-Ingenieuren. Dagegen kann man feststellen, daß schon heute — 22 Jahre nach Diesels Tod — man in manchen Ländern nicht mehr weiß, was die Bezeichnung „Diesel" eigentlich bedeutet, und auch dort, wo bekannt ist, daß dies der Name des Erfinders sei, weiß man oft wenig von dem Manne selbst. Es ist darum wohl berechtigt, in eine Reihe von Berichten über die neuesten Ergebnisse der von Rudolf Diesel eingeleiteten Entwicklung eine Darstellung seines Lebenslaufes und seiner Lebensarbeit aufzunehmen. —

Rudolf Diesel wurde am 16. März 1858 als Sohn deutscher Eltern in Paris geboren. Sein Vater, Theodor Diesel, war aus Nürnberg als Buchbinder auf der Wanderschaft nach Paris gekommen und hatte dort eine kleine Lederwarenfabrik gegründet. Auch die Mutter stammte aus Süddeutschland und war Erzieherin in Paris gewesen. In Paris erhielt Rudolf Diesel seine erste Erziehung und besuchte dort auch die Schule, bis seine Eltern nach der Schlacht von Sedan im September 1870 als Deutsche Paris verlassen mußten. Sie übersiedelten nach London, schickten aber von dort den Sohn zur Erziehung zu Verwandten nach Augsburg. Hier besuchte Rudolf Diesel die damals sehr angesehene Augsburger Industrieschule und studierte dann auf der Technischen Hochschule in München Maschinenbau. Er hatte das Glück, Linde und Schröter zu Lehrern zu haben. In Linde's Vorlesung empfing er — wie er selbst stets betonte — die Anregung, die nach jahrzehntelangem Ringen zur Schöpfung des Dieselmotors führen sollte. Linde hatte in seiner thermo-dynamischen Vorlesung, die Diesel 1878 hörte, auseinandergesetzt, daß die Dampfmaschine nur 6 bis 10 vH der verfügbaren Wärme des Brennstoffes in effektive Arbeit umwandle. Diese Erkenntnis haben jahrelang viele Professoren Tausenden von Hörern vorgetragen, und diese haben sich damit abgefunden. Diesel schrieb an den Rand seines Kollegheftes: „Studieren, ob es nicht möglich ist, die Isotherme praktisch zu verwirklichen." 35 Jahre später schrieb er rückschauend: „Damals stellte ich mir die Aufgabe! Das war noch keine Erfindung, auch nicht die Idee dazu. Der Wunsch der Verwirklichung des Carnot'schen Idealprozesses beherrschte fortan mein Dasein. Ich verließ die Schule, ging in die Praxis, mußte mir meine Stellung im Leben erobern. Der Gedanke verfolgte mich unausgesetzt." [1]

Nach Vollendung seiner Studien war Diesel zunächst Assistent bei Linde und wurde dann von diesem zur Mitarbeit in der Gesellschaft für Linde's Eismaschinen herangezogen. Als geborener Pariser beherrschte er die französische Sprache und schien daher besonders geeignet, im französischen Gebiet für die Gesellschaft tätig zu sein. Nach längerer praktischer Ausbildung in den Werkstätten

der Firma Gebr. Sulzer in Winterthur trat Diesel zunächst in die Dienste des Baron von Hirsch, der die französischen Patente Linde's erworben hatte und durch eine hierzu gebildete Gesellschaft eine Eisfabrik in Paris errichten ließ. Nach Auflösung dieser Gesellschaft übernahm Diesel die Leitung eines besonderen Büros, das die Gesellschaft für Linde's Eismaschinen in Paris gründete. Von 1889 bis 1893 war Diesel dann als Leiter der Vertretung der Linde-Gesellschaft in Berlin erfolgreich tätig.

Während dieser Zeit hatte Diesel seinen als Student gefaßten Entschluß weiter verfolgt, praktische Versuche und theoretische Betrachtungen angestellt. Das erste Ergebnis seiner Versuche führte 1893 zur Herausgabe des Buches „Theorie und Konstruktion eines rationellen Wärmemotors zum Ersatze der Dampfmaschinen und der heute bekannten Verbrennungsmotoren", nachdem er schon am 28. Februar 1892 ein Patent „Arbeitsverfahren und Ausführungsart der Einzylinder- und der Verbundmaschine" in Deutschland angemeldet und unter der Nr. 67 207 erhalten hatte. Die Broschüre erregte in der technischen Welt großes Aufsehen, und es fehlte nicht an widerstreitenden Urteilen. Selbst wohlwollendere Kritiker waren der Ansicht: die Theorie sei richtig, die Ausführung sei unmöglich. Zustimmung fand Diesel dagegen bei den Professoren Carl Linde und Moritz Schröter in München und bei Geheimrat Zeuner in Dresden. Sie wiesen darauf hin, daß die erfinderischen Grundgedanken richtig seien. Diese günstigen Urteile veranlaßten die Maschinenfabrik Augsburg — das heutige Werk Augsburg der M. A. N. — und die Fried. Krupp A.-G. in Essen im Februar und April 1893 zum Abschluß von Verträgen mit Diesel, die diese beiden Firmen zu Inhabern der deutschen Patentrechte machten und ihnen die Verpflichtung auferlegten, eine Maschine nach den Diesel'schen Ideen auszubilden. Zu diesem Zweck sollte ein gemeinsames Laboratorium errichtet werden, dessen Leitung Diesel übernahm, um nachzuweisen, daß seine Erfindung sich zu einer praktisch brauchbaren, verkaufsfähigen Maschine entwickeln lasse.

Mit Gebrüder Sulzer in Winterthur schloß Diesel am 16. Mai 1893 einen Optionsvertrag ab, der diese Firma berechtigte, nach Durchführung der Versuche endgültig in einen Lizenzvertrag einzutreten, ohne sie jedoch zu den Versuchsarbeiten zu verpflichten. Ein ähnlicher Vertrag wurde am 30. April 1894 mit Carels Frères in Gent unterzeichnet.

Das Laboratorium wurde in den Werkstätten der Maschinenfabrik Augsburg eingerichtet, und nun begann für Diesel und seine Mitarbeiter ein jahrelanges, mühsames Ringen um die Verwirklichung seiner Idee. Unüberwindlich scheinende technische Schwierigkeiten traten auf, jedes einzelne Maschinenelement mußte in mühsamer Versuchsarbeit entwickelt werden, ungeeignete oder falsche Bauformen sind fast in jedem einzelnen Fall der endlichen Festlegung der brauchbaren Form vorausgegangen. Oft wurde die Frage gestellt, ob es sich noch lohne, weitere Kosten aufzuwenden, aber Diesels unverwüstlichem Optimismus und seinem festem Glauben an den endgültigen Sieg gelang es, alle Schwierigkeiten zu überwinden. Nicht hoch genug

[1] Rud. Diesel: Die Entstehung des Dieselmotors, Berlin 1913.

kann allerdings auch die Unterstützung gewertet werden, die Diesel von Heinrich Buz, dem damaligen Direktor der Maschinenfabrik Augsburg, zuteil wurde. Es ist eine Schicksalsfrage für jeden großen Erfinder, ob es ihm gelingt, den Unternehmer für die Verwirklichung seiner Ideen zu finden. Buz hatte den guten Kern der Diesel'schen Erfindung klar erkannt und ließ sich nicht beirren, als die ersten Versuchsmaschinen nicht sofort den erwarteten Erfolg brachten. Trotz aller Mißerfolge und großen Geldopfer hat er in dieser Zeit der Versuche und dann später wieder Namen und geschäftliche Ehre auch dann noch für die Dieselmaschine eingesetzt, als maßgebende Persönlichkeiten in Industrie und Wissenschaft davon abrieten und Firmen, die den Bau des Dieselmotors aufgenommen hatten, wieder davon Abstand nahmen. Seinem zähen Durchhalten und der hochentwickelten Werkstättentechnik der Augsburger Maschinenfabrik hat auch Rudolf Diesel selber den verdienten Anteil am Gelingen des Werkes zuerkannt, als er 1913 „die Entstehung des Dieselmotors" so überaus packend zur Darstellung brachte.

Auf der Jahresversammlung der Schiffbautechnischen Gesellschaft am 21. November 1912 hatte Diesel zunächst in einem Vortrag darüber berichtet und dann diesen in Form eines Buches mit gründlicher Bearbeitung herausgegeben. Dieser im September 1913 — also kurz vor seinem Tode — abgeschlossenen Darstellung, die er selber als maßgebend bezeichnet, seien noch einige Daten entnommen:

Im Juli 1893 war die erste Versuchsmaschine nach Diesels Zeichnungen in der Maschinenfabrik Augsburg - Nürnberg fertiggestellt, und Diesel selbst traf am 17. Juli in Augsburg ein, um mit den Versuchen zu beginnen. Diese sollten der Erforschung der physikalischen und chemischen Erfordernisse des Arbeitsprozesses und der besten Arbeitsbedingungen der Maschine dienen sowie der Durchbildungen der typischen konstruktiven Einzelheiten als Grundlage für die spätere fabrikmäßige Herstellung der Maschinen. Es wurde dabei immer an einer vollständig betriebsfähigen Maschine gearbeitet und auf die Herstellung besonderer Apparate zum Studium einzelner Vorgänge verzichtet. Von allen Versuchen wurden Tag für Tag gleichzeitig oder unmittelbar nachher sorgfältige Journale geführt und die Schlußfolgerungen aus den Versuchen in Berichten zusammengestellt. Zur Hilfeleistung bei den Versuchen wurde Diesel zunächst ein Arbeiter beigegeben, die ganze Versuchsangelegenheit war seitens der Fabrikleitung dem Oberingenieur Lucian Vogel, einem Studienfreund Diesels, unterstellt, der ihn mit Rat und Tat unterstützte.

Die erste Versuchsmaschine (Abb. 1), deren Kolbendurchmesser 150 mm und deren Hub 400 mm betrug, wurde zunächst durch eine Transmission angetrieben, um die ersten Messungen zu machen. Mantelkühlung war an diesem ersten Zylinder nicht vorhanden. Die Maschine arbeitete im Viertakt. Die erste Versuchsreihe bestand aus Feststellungen über das Arbeiten der mechanischen Teile und der Ventile, besonders aber über die erzielte Verdichtung im Kom-

Abb. 1. Erste Versuchsmaschine 1893

pressionsraum des Zylinders. Bei den ersten Versuchen betrug sie bloß 18 at. Nachdem sie durch Aenderung des Kompressionsraumes auf 33 at gebracht war, wurde am 10. August zum ersten Male Brennstoff eingespritzt, und zwar Benzin. Es trat eine heftige Explosion ein, die den Indikator zerstörte, dessen Stücke Diesel und Vogel an den Köpfen vorbeiflogen. Dem Motor selbst war nichts passiert. Nach weiteren Versuchen wurde die erste Reihe abgeschlossen; Diesel kehrte nach Berlin, seinem damaligen Wohnsitz, zurück und machte da die Zeichnungen zu einem völligen Umbau der Maschine, dessen Ausführung fünf Monate dauerte.

Die Versuche mit dieser umgebauten Maschine begannen am 18. Januar 1894; diesmal wurden Diesel zwei Eismaschinen-Monteure, Linder und Schmucker, beigegeben, die später die ersten Meister für den Dieselmotorenbau bei der Maschinenfabrik Augsburg wurden. Die Versuche dieser Reihe bezogen sich zuerst auf die Untersuchung des Kolbens, um die erforderliche Verdichtung zu erreichen. Dann wurden Zerstäubungsversuche vorgenommen, wobei man damals zu dem Ergebnis kam, daß ein direktes Einspritzen unmöglich sei, und man zur Einblasung mit Hilfe von Druckluft zurückkehrte. Bei diesen Versuchen wurde am 17. Februar 1894 endlich der erste Leerlauf des Motors erzielt. Da der Motor stets von der Transmission angetrieben wurde, merkte Diesel selbst diesen Leerlauf nicht, aber der Monteur Linder bemerkte plötzlich, daß der Riemen ruckweise vom Motor gezogen wurde, und erkannte daran die erste selbständige Kraftäußerung der Maschine. In diesem Moment zog er schweigend die Mütze, und erst dadurch wurde Diesel auf die Wichtigkeit des Augenblicks aufmerksam. In stummer Freude drückte er dem Monteur die Hand. Er glaubte am Ziele zu sein und ahnte nicht, daß ihn noch jahrelange schwere Arbeit davon trennte. Am 9. März 1894 wurde die zweite Versuchsperiode

die 52 Tage gedauert und wertvolle Ergebnisse gebracht hatte, beendet. Die Durchführbarkeit des Verfahrens war bis zum Leerlauf erwiesen, aber auch diese Maschine war noch nicht betriebsfähig.

Die dritte Versuchsreihe konnte als diejenige der Vergasungsversuche bezeichnet werden. Sechs Monate wurden mit ihnen vollkommen ergebnislos verbraucht. Es war die schwierigste und sorgenvollste Zeit, da sie keine Fortschritte, sondern einen völligen Verlust des bisher Erreichten brachten, weil infolge eines hartnäckigen Trugschlusses eine falsche Richtung eingeschlagen worden war. Um so höher muß das Durchhalten der maßgebenden Herren der beiden beteiligten Firmen eingeschätzt werden.

Die vierte Versuchsreihe wurde mit gasförmigen Brennstoffen, und zwar mit zweierlei Brennstoffen, gasförmigen und flüssigen, gemacht und dabei wesentliche Verbesserungen der Diagramme erzielt. Die Maschine war nun soweit brauchbar, daß sie nach Oesterreich gesandt werden konnte, um dort am 17. und 18. Januar 1895 zum Patentnachweis zu dienen. Die Versuche wurden dann unterbrochen und der Motor völlig umgebaut. Noch wurde das gleiche Grundgestell und Gestänge benutzt, also auch der gleiche Hub von 400 mm beibehalten, jedoch der Durchmesser des Kolbens auf 220 mm erhöht, wodurch der dop-

Abb. 2. Versuchsmotor nach wiederholten Umbauten. Aufnahme vom 7. September 1896

pelte Querschnitt entstand. Die Steuerwelle wurde oben am Zylinder angebracht, um die langen Steuergestänge zu beseitigen. Auch erhielt der Zylinder einen angegossenen Kühlmantel. Diese Tatsache war von besonderer Wichtigkeit, denn sie bedeutete das Verlassen einer der ursprünglichen Ideen Diesels in der Erkenntnis, daß eine isothermische Verbrennung nicht möglich ist. Am 26. März 1895, nach viereinhalb Monaten Unterbrechung zur Herstellung der Pläne und der Maschine, wurden die Versuche wieder aufgenommen. Hierzu wurde Diesel jetzt auch ein junger Ingenieur als Mitarbeiter beigegeben. Vor Beginn der Betriebsversuche wurden alle Hohlräume im Zylinder durch Wasserfüllung und Kontrolle durch Rechnung genau festgestellt. Die verlorenen Räume betrugen jetzt nur noch 10 vH des eigentlichen Verbrennungsraumes gegen 60 vH an der ersten Maschine und 28 vH an dem letzten Umbau. Es wurde zunächst mit einem Benzin-Luft-Gemisch gearbeitet und dadurch erreicht, daß die Maschine schon selbständig zu laufen begann. Weitere Versuche dienten der Verbesserung der Brennstofferzeugung, und am 26. Juni 1895 fand endlich der erste Bremsversuch statt, bei dem ein thermischer Wirkungsgrad von 30.8 vH erreicht wurde. Am 3. Juli 1895 fanden die ersten Anlaßversuche mit Zündung statt, und damit war die Anlaßfrage erledigt, der Motor war ohne jede Vorbereitung in jedem Moment betriebsbereit. Diese besonders für den Schiffsbetrieb so wichtige Eigenschaft des Dieselmotors war demnach schon im Juli 1895 erwiesen.

Nachdem noch weitere Versuche mit einem neuen Kolben zur Verbesserung des mechanischen Wirkungsgrades durchgeführt waren, wurde beschlossen, die Versuchsarbeiten

einzustellen und die gewonnenen Erfahrungen durch den Bau einer neuen Maschine auszuwerten. Während der Ausführung der neuen Maschine wurden mit der alten noch Dauerversuche vorgenommen und dann Versuche zur Beseitigung des Brenners. Damit war die Aufgabe dieses Motors erledigt, er wurde endgültig auf die Seite gestellt, nachdem er am 7. September 1896 noch photographiert worden war (Abb. 2). Inzwischen waren die Arbeiten an dem neuen Motor, dessen Zeichnungen am 30. April 1896 in die Werkstatt gegeben worden waren, so weit, daß mit dem Zusammenbau der in allen Teilen vollständig neuen Maschine begonnen werden konnte. Am 6. Oktober war der Motor fertig montiert, am 16. erfolgte der erste Betrieb von Transmission. Nachdem noch einige Verbesserungen vorgenommen worden waren, erfolgten Anlaßversuche, die sofort gelangen.

Mit dem Bau dieser 20 PS-Maschine war 1897 der erste große Abschnitt in der Entwicklungsgeschichte des Dieselmotors abgeschlossen. Am 17. Februar hatte Prof. Schröter an der stehenden Einzylinder-Maschine, die heute im Deutschen Museum von Meisterwerken der Naturwissenschaft und Technik in München den verdienten Ehrenplatz gefunden hat, Versuche durchgeführt. Er berichtete den beiden Firmen, der mechanische Wirkungsgrad bei voller Leistung sei 75 vH, dabei würden 34.2 vH der Brennstoffwärme in indizierte Arbeit umgesetzt. Weiter glaubt er, feststellen zu können, daß der Motor in seiner nunmehrigen Gestalt eine durchaus marktfähige Maschine sei und an der Spitze aller Wärmemotoren stehe. Auf der Hauptversammlung des Vereines deutscher Ingenieure, am 17. Juni 1897 in Kassel, hat Professor Schröter dann im Anschluß an einen Bericht Diesels über seine Versuche berichtet und dabei der Hoffnung Ausdruck gegeben, „daß dieser Motor sich als Ausgangspunkt einer der Industrie zum Segen gereichenden Entwicklung bewähren möge".

Nun schien der Erfolg da zu sein, und in der Tat erwarben viele hervorragende Maschinenfabriken in der ganzen Welt Lizenzen für den Bau von Dieselmotoren, und schon im Jahre 1898 waren auf der Kraftmaschinen-Aus-

Abb. 3. Erster betriebsfähiger Dieselmotor 1897

stellung in München vier Dieselmotoren verschiedener Firmen zu sehen. Bald aber stellten sich schwere Enttäuschungen ein. Die Einführung in die Praxis ließ erkennen, daß noch ein weiter Weg von der betriebsfähigen zur markt-

Abb. 4. Zwillingsmotor Nr. 3, der älteste, heute noch betriebsfähige Dieselmotor

fähigen Maschine sei. Im November 1897 war mit dem Aufstellen des ersten von der Maschinenfabrik Augsburg gelieferten 76 PS-Dieselmotors bei der Aktiengesellschaft „Union" in Kempten begonnen worden, aber erst im April 1898 kam er in Betrieb. Es hat noch viele Störungen gegeben, die überwunden werden mußten, ehe die Maschine wirklich für den industriellen Betrieb verwendbar war. Sie

ist dann bis 1914 gelaufen. Jedenfalls haben die Erfahrungen mit dieser Maschine gezeigt, daß man noch nicht zu einer Herstellung größerer Serien übergehen könne, und die Ergebnisse anderer Firmen, die den Dieselmotorenbau aufgenommen hatten, waren noch viel schlechter, so daß sie alle den Dieselmotorenbau aufgaben. So war es wieder die Maschinenfabrik Augsburg, die in mehrjährigem Ringen die Schwierigkeiten überwand. Es ist das besondere Verdienst des späteren Geheimen Baurats I. Lauster, daß er das Vertrauen, das Heinrich von Buz dem Dieselmotor geschenkt hatte, durch die Schaffung eines marktfähigen Motors rechtfertigte. Am 15. Oktober war der zweite an die Industrie gelieferte Dieselmotor in Betrieb gekommen bei der Papierhülsenfabrik Rugendas & Cie. in Augsburg. So war es möglich, jede Störung durch die geschulten Kräfte der Maschinenfabrik schnell zu beseitigen. Dieser Motor hat dann 30 Jahre lang im regelmäßigen Betrieb seine Arbeit geleistet. Er hat einen Fabrikbrand und die Kriegszeiten überdauert und ist heute der älteste betriebsfähige Dieselmotor.

Von 1904 ab begann dann der Siegeszug des Dieselmotors und damit die Aufnahme des Dieselmotorenbaues, die durch drei Jahrzehnte zu jenen Ergebnissen führte, die in diesem Buch geschildert werden.

Rudolf Diesel hatte nach den ersten großen Erfolgen in der Maschinenfabrik Augsburg noch einige Versuchsreihen mit gasförmigen, flüssigen und festen Brennstoffen durchgeführt. Von Juni 1897 ab war aber die Leitung des Konstruktionsbüros von der Fabrik selber übernommen worden. An der weiteren Entwicklung im Augsburger Werk hat Rudolf Diesel dann keinen Anteil mehr genommen. Die aufreibenden Jahre des Kampfes um die Verwirklichung seiner Idee bis zur betriebsfähigen Maschine hatten seine Gesundheit angegriffen, so daß er einige Zeit ausspannen mußte. Die Sorge um die Zukunft seiner Familie beschäftigte ihn sehr, und manche seiner Maßnahmen jener Zeit sind nur dadurch zu erklären. Er ist aber seiner Erfindung in guten und schlechten Zeiten treu geblieben und stets voll neuer Ideen und Pläne für die weitere Entwicklung und Anwendungsmöglichkeiten seines Motors gewesen. Große Erfolge und viele Anerkennungen sind ihm zuteil geworden, aber auch schwere Enttäuschungen und Anfeindungen.

Am 29. September 1913 fuhr Diesel nach England. Als der Dampfer am folgenden Morgen in Harwich ankam, wurde Diesel vermißt. Es stellte sich aber bald heraus, daß Diesel über Bord gegangen war. Fischer fanden seine Leiche, sie übergaben sie aber später wieder den Fluten. So wurde das Meer Rudolf Diesels Grab.

ENTSTEHUNG
UND ENTWICKLUNG DER M.A.N.-SCHIFFSDIESELMOTOREN

In den Büros und Werkstätten der Maschinenfabrik Augsburg wurde von dem Münchner Ingenieur Rudolf Diesel im engsten Zusammenarbeiten mit der genannten Firma und unter Verwendung der von dieser zur Verfügung gestellten reichlichen Hilfsmittel in den Jahren 1893/97 der Dieselmotor geschaffen (Abb. 1).

Mit dem ersten betriebsfähigen Motor waren noch lange nicht alle Schwierigkeiten überwunden; es hat noch Jahre angestrengter Arbeit bedurft, um aus der betriebsfähigen eine in allen Teilen betriebssichere, also marktfähige Maschine zu schaffen. Diese Arbeit wurde von der M.A.N. allein, ohne jede fremde Beihilfe geleistet.

Abb. 1. Erster betriebsfähiger Dieselmotor vom Jahre 1896/97
(jetzt im Deutschen Museum, München)

Auf der Weltausstellung in Paris 1900 wurde ein von der M.A.N. ausgestellter Dieselmotor mit der „Grand Prix", der höchsten Auszeichnung, bedacht.

Im folgenden Jahre wurde von Augsburg in einer Denkschrift an das Deutsche Reichsmarineamt auf die Vorzüge des Dieselmotors zum Antrieb von Kriegsschiffen hingewiesen. Besonders der Beachtung empfohlen wurde die sofortige Betriebsbereitschaft, der günstige Brennstoffverbrauch und die Unsichtbarkeit des Abgases.

Auf Grund eingehender Verhandlungen wurde 1903 ein Motor von 140 PSe von der Marine bestellt. Es war dies ein Vierzylindermotor mit 280 mm Zylinderbohrung. 300 mm Kolbenhub und 400 U/min.

Der Motor wurde in seinen Hauptteilen aus Stahlguß hergestellt. Die auswechselbaren Zylinderbüchsen, Zylinderdeckel und das Pumpengehäuse waren aus Gußeisen. Das Gewicht des vollständigen Motors mit Anlaßgefäßen, Einblasegefäß, Kühlwasserpumpe, Leitungen an der Maschine, Drucklager, aber ohne Schwungrad, wurde mit ungefähr

69 kg PSe ermittelt. Der Brennstoffverbrauch wurde bei der Abnahme mit 191 g PSe-std festgestellt. Die Leistung von etwa 140 PSe wurde bereits bei etwa 375 U/min erreicht.

An einem weiteren Motor gleicher Ausführung, den die M.A.N. für Versuchszwecke gebaut hatte, wurden weitere Erfahrungen gesammelt; an diesem Motor wurde auch eine Vorrichtung für direkte Umsteuerung ausprobiert, die aus einem in die Uebertragungswelle zwischen Kurbelwelle und Steuerwelle eingebautem Wendegetriebe bestand. Bemerkenswert ist auch, daß schon mit diesem Motor eine Drehzahl von 550 U/min, also eine mittlere Kolbengeschwindigkeit von 5,5 m/sek erreicht wurde.

Für zwei U-Boote bestellte 1905 die französische Marine vier Vierzylindermotoren von je 230/280 PSe bei 375/400 U/min. Für das Gewicht war eine Begrenzung auf 15 t vorgeschrieben. Die Ausführung ergab ein Gewicht von nur rd. 10,5 t, d. i. ∼ 35 kg/PSe; erreicht wurde eine Leistung von über 300 PSe. Diese Motoren haben sich in den beiden U-Booten „Circé" und „Calypso" glänzend bewährt. Die beiden Boote haben bereits kurz nach ihrer Indienststellung eine seinerzeit viel Aufsehen erregende ununterbrochene 600 Meilen-Fahrt in Form eines völlig kriegsmäßigen Manövers in 58 Stunden mit gutem Erfolg durchgeführt.

Bei der Vierzylinder-Viertakt-Maschine sind hinsichtlich des Anlassens Totpunkte vorhanden, so daß der Motor nicht in allen Kurbelstellungen anspringt. Da aber die Bedingung, den Motor in jeder Stellung anlassen zu können, für den Schiffsbetrieb unerläßlich ist, führte die Entwicklung zwangsläufig zum Entwurf von Sechszylindermotoren.

Die Bestellung eines solchen Motors erfolgte 1908 durch die deutsche Marine. Die Maschine sollte 850 PSe bei 450 U/min leisten. Hub und Bohrung waren mit je 400 mm vorgesehen.

Die Abnahme durch die Behörde erfolgte 1910 nach sechstägigen angestrengten Versuchen, wobei eine Höchstleistung von 980 PSe festgestellt wurde. Das Gewicht des Motors ohne Schwungrad war 23,3 t, also etwa 25 kg PSe. Dieser Motor war direkt umsteuerbar, ohne Zwischenschaltung eines Wendegetriebes.

Acht Dieselmotoren gleicher Größe wurden für insgesamt vier U-Boote bestellt, während später 24 Motoren von 1000 PSe (Bohrung 410 mm, Hub 420 mm) für 12 größere U-Boote in Auftrag gegeben wurden.

Zu gleicher Zeit war im Werk Nürnberg der M.A.N. der Bau von Zweitakt-Dieselmotoren aufgenommen worden. Als erste Maschine wurde eine solche von 300 PSe und 500 U/min herausgebracht. Die Spülung erfolgte durch Ventile, der Auspuff erfolgte durch Schlitze, die vom Kolben selbst gesteuert wurden.

Motoren dieser Bauart wurden für verschiedene Marineverwaltungen gebaut.

Neben diesen Motoren leichter Bauart wurden auch schwerere für Fahrzeuge der Handelsschiffahrt geliefert.

Während die kleineren und mittleren Maschinen mit Tauchkolben, und zwar in Stufenform, ausgeführt wurden (wobei die untere Stufe mit größerem Kolben die Spülpumpe bildete), wurde für größere Leistungen der einfach-

die größten Erfolge erzielt worden waren, ist es ganz erklärlich, daß dieser Bauart der Vorzug gegeben wurde, handelte es sich doch darum, für die hohen Ansprüche, die gestellt wurden, absolut betriebssichere Maschinen zu ver-

Abb. 2. Erster deutscher Unterseeboots-Dieselmotor 850 PSe v. J. 1908 09

wirkenden Zweitaktmotoren die Kreuzkopfbauart angewendet.

In Weiterentwicklung des Zweitaktes wurde schon 1908 der doppeltwirkende Zweitakt in Angriff genommen und in einigen Maschinen verwirklicht. Als Spitzenleistung dieser Bauart gelang es, nach Ueberwindung zahlreicher Schwierigkeiten eine Sechszylindermaschine von 12 000 PSe bei 160 U min fertigzustellen. Die Hauptabmessungen waren: Zylinderdurchmesser 850 mm, Kolbenhub 1050 mm. Dieser Motor war als Hauptantriebsmaschine für die mittlere Welle

wenden. Die Erwartungen, die man zeitweise in den Zweitaktmotor hinsichtlich der Gewichtsverminderung gesetzt hatte, waren damals nicht erfüllt worden; auch genügte der Zweitakt-Diesel-Motor in seiner damaligen Ausführung keineswegs den Ansprüchen hinsichtlich Betriebssicherheit.

So kam es denn, daß in U-Booten bis zum Kriegsende nur einfachwirkende Viertaktmotoren verwendet wurden, und zwar mit allergrößtem Erfolg und bis zu Leistungen, wie sie auch heute noch von Tauchkolbenmaschinen nicht erheblich übertroffen werden.

Abb. 3. Größter deutscher Unterseeboots-Dieselmotor 3030 PSe v. J. 1917 18

eines Schlachtschiffes bestimmt, konnte aber wegen der Kriegsverhältnisse nicht eingebaut werden und wurde nach Kriegsende verschrottet, da er durch inzwischen gewonnene Fortschritte sowohl technisch wie auch wirtschaftlich überholt war.

Mit Kriegsausbruch wurde die Entwicklung des Dieselmotors zur Antriebsmaschine für Handelsschiffe in Deutschland vollständig unterbrochen. Um so mehr wurde der Bau von Antriebsmotoren für U-Boote gefördert. Da im Bau von einfachwirkenden Viertaktmotoren, sowohl als ortsfeste wie als Schiffsmaschinen, die meisten Erfahrungen vorlagen und

Entsprechend den Forderungen des Reichsmarineamtes wurden für die verschiedenen Bootstypen Dieselmotoren von 250, 300, 550, 1200, 1750 und 3330 PSe hergestellt.

Außer von der M.A.N. wurden diese Motoren unter der Lizenz der M.A.N. von Blohm & Voß, Hamburg, Vulcan, Hamburg und Stettin, und der A. G. „Weser" Bremen gebaut. Die größten Maschinen mit 3030 PSe sind nur von der M.A.N. gebaut worden. Diese allein haben während des Krieges eine Gesamtleistung an U-Boots-Dieselmotoren von über ½ Million PSe ausgeführt.

Erwähnt seien auch Dieselmotoren ähnlicher Bauart wie die U-Boots-Motoren, welche teils vorher, teils im Kriege als sogenannte „Bord-Diesel-Dynamos" für große Kriegsschiffe geliefert wurden, sowie eine Anzahl von Antriebsmotoren für Sonderfahrzeuge der Marine, z. B. Torpedo-Fangboote, Beiboote usw.

Nach Beendigung des Krieges verhinderte die trostlose Lage in Deutschland zunächst Neubauten mit Dieselmotorenantrieb. Auch im Ausland war es für die deutschen Firmen schwierig, ja fast unmöglich, Neubauaufträge zu erhalten. Man behalf sich also in erster Linie mit vorhandenem Material. Die bereits fertiggestellten, aber nicht mehr eingebauten U-Boots-Motoren wurden, nachdem die Forderung der Entente auf Zerstörung fallengelassen worden war, sowohl in Handelsschiffen wie in ortsfesten Anlagen verwendet. Dabei wurden natürlich Höchstdrehzahl und Höchstleistung erheblich herabgesetzt. Auch hier haben sich die Maschinen ausgezeichnet bewährt und sind z. T. noch heute im Betrieb.

die Gestellfüße zwischen den Zylindern verhältnismäßig schmal gehalten werden, wodurch große Oeffnungen zwischen den Grundplattenlagern frei werden und die Zugänglichkeit zum Kurbelraum bequem möglich ist.

Auch für die Zugänglichkeit aller übrigen Teile, besonders der Brennstoffpumpen, des Steuerungsantriebes, der Ventile usw. ist bestens gesorgt.

Die normale Bauart der Dieselmotoren dieses Typs hat luftlose, direkte Brennstoffeinspritzung; es entfällt daher der Kompressor.

Bei den direkt umsteuerbaren Maschinen wird die Steuerwelle, die einen doppelten Satz von Nocken für Vor- und Rückwärtslauf hat, in axialer Richtung verschoben, und zwar bei kleineren Motoren durch ein Handrad, bei größeren Motoren durch Verwendung eines Getriebes mit Druckluft-Oel-Betätigung.

Der Vorgang des Umsteuerns dauert nur wenige Sekunden. Das Anlassen geschieht durch Druckluft.

Abb. 4. Doppeltwirkender Zweitakt-Schiffs-Dieselmotor 12 000 PSe v. J. 1916/17

Auf Grund der reichen Erfahrungen entwickelte die M.A.N. Viertakt-Tauchkolben-Dieselmotoren mit Leistungen von 100 bis 3000 PSe in einer Maschineneinheit. Die Maschinen dieses Typs — bezeichnet GV — werden bei Zylinderzahlen von sechs und darüber direkt umsteuerbar, bei kleineren Zylinderzahlen und Leistungen zum Antrieb von Schiffen mit Wendegetriebe ausgeführt. Sie werden auch in sehr großer Anzahl als Hilfsmotoren für große Seeschiffe verwendet, und zwar sowohl für große Motorschiffe als auch für Turbinenschiffe. Es dürfte interessieren, daß unter vielen anderen auch die beiden großen Schnelldampfer „Bremen" und „Europa" solche Hilfs-Dieselmotoren haben. Nebenbei bemerkt spielt dieser Typ GV, der als Einheitstyp gebaut ist, auch eine große Rolle als ortsfeste Maschine für die angegebenen Leistungen.

Diese Bauart verwendet die sogenannte „Zugankerkonstruktion", bei welcher die durch den Verdichtungs- und Verbrennungsdruck hervorgerufenen Zugkräfte von Stahlankern, die von Oberkante Zylinderblock bis zur Grundplatte durchgehen, aufgenommen werden und, mit entsprechender Vorspannung eingesetzt, den gußeisernen Zylinderblock sowie die Grundplattenwände von den erwähnten Zugkräften entlasten. Diese Bauart bietet große Sicherheit; gleichzeitig wird durch die blockförmige Bauart die für Schiffsmaschinen besonders wichtige Steifigkeit erreicht. Außerdem können infolge der Entlastung von Zugkräften

Alle wichtigen Maschinenteile werden durch eine Druckschmierung ausreichend mit Oel versorgt.

Die Dieselmotoren dieses Typs GV haben eine ausgedehnte Verwendung gefunden; im In- und Auslande, als Schiffsanlagen wie auch als ortsfeste Anlagen haben sie sich gleichmäßig gut bewährt. Eine besondere Ausführung des einfachwirkenden Viertaktmotors ist diejenige mit Kreuzkopf, bezeichnet mit Typ KV. Er wird bis heute mit Vorliebe für mittlere Frachtschiffe mit Leistungen von wenig mehr als 3000 PSe verwendet, anfänglich mit Lufteinblasung des Brennstoffes, neuerdings mit luftloser Einspritzung.

Die Leistungen, die mit den Motoren der eben beschriebenen Typen GV und KV erreicht werden, genügen jedoch nicht, um die im Laufe der Zeit immer größer werdenden Anforderungen an Leistungssteigerung zu erfüllen. Mit dem immer größer werdenden Vertrauen der Reedereien in den Dieselmotor wuchs das Anwendungsgebiet und damit auch die Ansprüche in bezug auf höhere Leistungen der Maschineneinheiten.

Die M.A.N. hatte schon in den Jahren 1908 bis 1913 eingehende und wertvolle Erfahrungen mit dem Bau von doppeltwirkenden Viertakt-Dieselmotoren für ortsfeste Anlagen gewonnen. Sie hatte auch sehr bedeutsame Kenntnisse errungen in der Ausführung von einfachwirkenden

Zweitaktmaschinen für ortsfeste und für Schiffsanlagen. Auf Grund dieser reichen Erfahrungen, wie sie keiner anderen Firma zur Verfügung standen, war es ihr schon sehr frühzeitig klargeworden, daß die höchsten Leistungen nicht mit diesen Bauarten zu erreichen sind, sondern daß dieses Gebiet nur vom doppeltwirkenden Zweitakt, der die beste Ausnützung von Zylinderraum und Triebwerk ermöglicht, erschlossen werden kann.

Auf Grund des Baues und der Erprobung des bereits erwähnten doppeltwirkenden Zweitakt-Dieselmotors von 12 000 PSe war aber auch die sichere Erkenntnis gewonnen, daß mit der Ventilspülung nicht weiterzukommen sei und daß nur eine möglichst einfache, wirksame und zugleich wirtschaftliche Schlitzspülung zum Ziele führen könne. Mit dieser Absicht wurde in eingehenden, systematisch durchgeführten Versuchen die sogenannte Umkehrspülung gefunden, welche der M.A.N. im In- und Ausland durch Patent geschützt ist. Erst mit einer solchen Spülung war es möglich, Zweitakt-Dieselmotoren, besonders der doppeltwirkenden Bauart, bis zu den größten Leistungen wirtschaftlich und betriebssicher zu bauen. Tatsächlich kann die M.A.N. auch Spitzenleistungen auf diesem Gebiet aufweisen. Ein Vertreter dieser Bauart ist der im Elektrizitätswerk Hamburg-Neuhof seit 1926 in Betrieb befindliche 15 000 PSe-Motor, viele Jahre hindurch der größte Dieselmotor der Erde. Ein Beispiel einer neuzeitlichen Groß-Dieselmotoranlage von rund 24 000 PSe ist das Umspannwerk Hennigsdorf bei Berlin mit zwei doppeltwirkenden Zweitakt-M.A.N.-Dieselmotoren mit luftloser Einspritzung.

Auch das größte Motorschiff der Erde, der „Augustus" der Navigazione Generale Italiana mit 33 000 B.-R.-T. hat M.A.N.-Dieselmotoren, und zwar als Antriebsleistung maximal 28 000 PSe, mit den Hilfsmaschinen zusammen als gesamte Bordleistung rund 32 000 PSe. Zu nennen ist auch das größte französische Motorschiff „Lafayette" mit einer Antriebsleistung von 18 000 PSe und die größten deutschen Motorschiffe „St. Louis" und „Milwaukee" der Hamburg-Amerika-Linie mit 12 600 PSe bzw. 12 000 PSe.

Bis Ende 1934 sind an doppeltwirkenden Zweitakt-Dieselmotoren für Schiffe von der M.A.N. und ihren Lizenznehmern insgesamt abgeliefert und in Bau genommen worden rund 225 Motoren mit zusammen rund 900 000 PSe.

Dieser stattliche Erfolg ist um so bemerkenswerter, als er in der verhältnismäßig kurzen Zeit von etwa 9 Jahren, seitdem dieser Motortyp zum Verkauf steht, erzielt wurde. Die M.A.N. darf sich rühmen, daß sie als erste und nachhaltigste Verfechterin des doppeltwirkenden Zweitakt-Dieselmotors diesen Typ geschaffen und ihm zu seiner heutigen hohen Entwicklung und Bedeutung verholfen hat. Mit ihm war es möglich geworden, große und ganz große Maschinenleistungen mit Dieselmotoren zu erreichen. Auf Grund der bereits vorhandenen Ausführungen und der darauf aufgebauten weiteren Konstruktionen können heute bereits M.A.N.-Dieselmotoren in Maschineneinheiten von 25 000 PSe und mehr gebaut werden. Wenn einerseits das Gebiet der ganz großen Leistungen überhaupt erst durch den doppeltwirkenden Zweitakt erschlossen worden ist, so ist doch andererseits auch die Grenze der Verwendbarkeit dieses Typs nach den kleineren Leistungen zu wesentlich verschoben worden. So werden heute schon mit Vorteil Handelsschiffsmaschinen von 1800 PSe in doppeltwirkendem Zweitakt ausgeführt, wobei der Vorzug der geringen Zylinderzahl — nur 3 Arbeitszylinder! — neben den allgemeinen Vorzügen des geringen Gewichtes, Raumbedarfes, der einfachen Bedienung usw. besonders hervortritt.

Es ist der M.A.N. gelungen, das Anwendungsgebiet des doppeltwirkenden Zweitaktdieselmotors noch in ganz wesentlichem Maße zu erweitern durch Schaffung solcher Maschinen in schnellaufender, leichtester Bauart. Das eröffnet Möglichkeiten, die früher kaum geahnt wurden. Auf diesen Punkt soll weiter unten noch eingegangen werden.

Welches sind nun die Umstände, die es ermöglichten,
1. den doppeltwirkenden Zweitakt-Dieselmotor mit Vorteil zu bauen, und ferner
2. ihm ein so großes Verwendungsgebiet zu eröffnen?

Zu 1.

Bekanntlich ist bei allen Zweitaktmotoren die Art des Ausschubes der verbrannten Gase von ausschlaggebender Bedeutung; es müssen diese möglichst restlos aus dem Arbeitszylinder ausgetrieben werden und es muß für die folgende Verbrennung der Verbrennungsraum mit genügend Frischluft unter geringstem Arbeitsaufwand aufgefüllt werden. Die M.A.N.-Spülung erfüllt diese Forderungen in vollkommenster Weise.

Das Wesen dieses Spülverfahrens besteht in Folgendem: Auspuff- und Spülschlitze liegen auf derselben Seite des Zylinderumfanges und nehmen ungefähr die Hälfte des Umfanges ein. Die Spülschlitze sind derart ausgebildet, daß der Luftstrom zunächst tangential dem Kolbenboden entlanggeblasen, dort abgelenkt wird und an der entgegengesetzten Zylinderseite entlang zum Zylinderdeckel strömt. Dort wird er umgekehrt und in gegenläufiger Richtung zu den Auspuffschlitzen und durch diese hinaus gedrückt. Vor sich her schiebt der Spülstrom die Auspuffgase aus dem Zylinder hinaus und reinigt diesen vollkommen, so daß bei Beginn der Verdichtungsperiode reine Luft für den folgenden Arbeitshub zur Verfügung steht. Nach dem Wesen der Spülung wird diese auch Umkehrspülung genannt. Ihr besonderer Vorzug ist, daß der Spülluftstrom einen vollkommen geregelten Verlauf nimmt, daß also keine schädlichen Wirbelungen entstehen und, als unmittelbare Folge davon, daß mit geringem Spüldruck eine sehr gute Spülung des Zylinderraumes bewirkt wird.

Dieses so geartete Spülverfahren bildet die Grundlage für die Schaffung eines hochwertigen und wirtschaftlich arbeitenden Groß-Dieselmotors. Die besondere Art des Spülverfahrens, bei welcher Spül- und Auspuffschlitze so mit auch die zugehörigen Leitungen auf derselben Seite des Zylinders sind, hat aber auch Vorteile konstruktiver Art. Die eine Maschinenseite wird von den Spül- und Auspuffleitungen vollkommen frei und kann für die Steuerungsteile, für die Anbringung der Brennstoffpumpen, Bedienungsvorrichtungen usw. sehr günstig ausgenutzt werden, so daß die Maschine einen klaren, einfachen und ruhigen Aufbau erhält und alle Teile rasch und bequem zugänglich sind.

Wichtig für den Erfolg waren auch die großen Erfahrungen, welche die M.A.N. nicht nur, wie bereits erwähnt, mit den verschiedenartigen Typen von Dieselmotoren im allgemeinen, sondern auch mit allen Konstruktionseinzelheiten, z. B. Zylinder, Zylinderdeckel, Kolben, Stopfbüchsen gesammelt hatte. Auch die genaue Kenntnis der für die einzelnen Bauteile zu verwendenden Sonderbaustoffe förderte in hohem Maße die Ausführung dieser Maschinen. Daß auch der neuere Motortyp, bezeichnet sei Typ DZ, die Zugankerkonstruktion verwendet hat, sei besonders erwähnt.

Diese Großdieselmotoren, die anfänglich mit Lufteinblasung des Brennstoffes gebaut wurden, werden in neuester Zeit ausschließlich mit luftloser Brennstoffeinspritzung ausgeführt, wodurch die Maschinen noch weiter vereinfacht werden. Auch das Gewicht wird damit nicht unerheblich verringert, die Bedienung wird vereinfacht und der Raumbedarf noch mehr verkleinert.

Diese Hinweise leiten bereits über

zu 2,

zur kurzen Erörterung der Umstände, welche dem doppeltwirkenden Zweitaktmotor so viele Anwendungsmöglichkeiten sichern.

Es ist an früherer Stelle bemerkt worden, daß dieser Motortyp den Zylinderraum und das Triebwerk am vorteilhaftesten ausnutzt. Er gleicht hier vollkommen der

Dampfmaschine, die ebenfalls im doppeltwirkenden Zweitakt arbeitet und infolge ihrer gleichmäßigen Kraftabgabe, besonders bei Mehrzylinderanordnung, für jede Art von Antrieb aufs beste geeignet ist. Die unmittelbare Folge des erwähnten Umstandes ist, daß der doppeltwirkende Zweitaktmotor von allen gleichstarken Dieselmotoren den geringsten Platzbedarf hat und das geringste Gewicht aufweist, vorausgesetzt natürlich, daß Maschinen mit ungefähr gleichen Drehzahlen verglichen werden. Schon bei Dreizylindermaschinen ist, was für Schiffsantrieb wichtig ist, Anlassen aus jeder beliebigen Kurbelstellung möglich. Die Gleichmäßigkeit des Drehmomentes ist außerordentlich hoch, der Massenausgleich sehr günstig zu bewerkstelligen. Auch die Bedienung der Maschine ist im Vergleich zu den anderen Typen erheblich vereinfacht. Endlich sind auch die Preise — von Sonderkonstruktionen abgesehen — unter gleich starken Typen gleicher Drehzahlen beim doppeltwirkenden Zweitaktmotor am niedrigsten. Nimmt man noch die hohe Wirtschaftlichkeit im Brennstoffverbrauch und die große Betriebssicherheit hinzu, so hat man die Erfüllung aller Forderungen, die an eine Kraftanlage beliebiger Art gestellt zu werden pflegen.

Es ist kein Zufall, daß unter den Besitzern solcher doppeltwirkender Zweitakt-M.A.N.-Dieselmotoren Reedereien sind, welche in fortlaufender Folge bis zu 15 Schiffe mit solchen Maschinen beschafft haben. Es ist ein ebenso hoher Beweis des Zutrauens, daß heute rund ein Viertelhundert Werften und Fabriken auf der ganzen Erde, worunter allerbeste und leistungsfähigste sich befinden, nach Lizenz der M.A.N. bauen.

Kann aus dem Vorstehenden entnommen werden, welch große Bedeutung heute schon der doppeltwirkende Zweitakt-Dieselmotor in Elektrizitätswerken und in der Handelsschiffahrt gewonnen hat, ein Anwendungsgebiet, das noch große Möglichkeiten eröffnet, so werden sich die Verwendungsmöglichkeiten noch um ein Erhebliches, ja fast unbegrenzt vermehrt, wenn man Schnellauf und leichte Bauart auf diesen Motor überträgt.

Auch für den Bau solcher Hochleistungsmaschinen ist die M.A.N. infolge verschiedener sehr günstiger Umstände befähigt. Sie hat fürs erste, wie schon früher erwähnt, im Bau von schnellaufenden, hochwertigen Viertaktmotoren (U-Boot-Motoren) so reiche Erfahrungen und Erfolge wie keine andere Firma. Im besonderen Falle kommt nun zustatten, daß die M.A.N.-Umkehrspülung auch bei hohen Kolbengeschwindigkeiten sehr günstige Wirkung und Ergebnisse aufweist, so daß die mit ihrer Anwendung verbundenen Vorteile auch schnellaufenden Maschinen zugute kommen. Die bereits erwähnten 12 000 pferdigen Maschinen in Hennigsdorf haben bei einer mittleren Kolbengeschwindigkeit von 6,45 m sec, auf die nach Abzug der Spülpumpenarbeit sich ergebende reine Nutzleistung bezogen, einen Brennstoffverbrauch von 170 bis 175 g je PSe und Stunde; das ist angesichts der bereits ziemlich hohen Kolbengeschwindigkeit gewiß ein sehr günstiges Ergebnis. Es können nun aber die Kolbengeschwindigkeiten noch erheblich weiter gesteigert werden.

Ferner hat die M.A.N. einen ganz besonderen Aufbau der Maschinen unter Schweißung der Gestelle entwickelt, bei welchem überhaupt kein Gußmaterial, weder Gußeisen noch Stahlguß, verwendet wird. Wiederum durch Zuganker werden die Kräfte zwischen Zylinder und Kurbelwellenlagern auf kürzestem Wege übertragen.

Durch solche Maßnahmen und unter Anwendung der luftlosen Brennstoffeinspritzung ist es gelungen, eine höchste Konzentration von Maschinenleistung in geringstem Raum und Gewicht unterzubringen. Die Maschinenanlagen des Panzerschiffes „Deutschland" und seiner Schwesterschiffe „Admiral Scheer" und „Admiral Graf Spee" mit Wellenleistungen von je 54 000 PSe sind Beispiele die diesen Maschinentyp. Die ganze Anlage besteht jeweils aus 8 Hauptmaschinen und 4 Hilfsmaschinen; je 4 Hauptmaschi-

nen arbeiten mit Zahnrädergetrieben und Vulcan-Kupplungen auf je eine der beiden Propellerwellen. Die Hilfsmaschinen zum Antrieb der Spülgebläse und verschiedener Pumpen haben genau gleiche Zylindereinheiten wie die Hauptmaschinen; diese haben 9, die Hilfsmaschinen 5 Zylinder. Welch enormer Gewinn im Gewicht erzielt wird, möge daraus entnommen werden, daß die Maschinen nur etwa 8 kg je PSe wiegen, während beispielsweise die Viertakt-U-Boot-Maschinen, die während des Krieges gebaut wurden, etwa 25 kg wogen, die Hennigsdorfer Maschinen etwa 35 kg aufweisen und die Viertaktmaschinen des Typs GV je nach Größe 60 bis 90 kg wiegen. Des Interesses wegen sei hinzugefügt, daß die vor dem Krieg gebauten ortsfesten, langsamlaufenden Viertakt-Dieselmotoren der sogenannten A-Gestell-Bauart ein Einheitsgewicht von etwa 150 bis 200 kg je PSe hatten.

Ein weiteres Beispiel solcher Hochleistungsmaschinen ist die Anlage für den Antrieb der Mittelwelle von Kreuzer „Leipzig". Auch hier wird die Leistung von 4 Motoren durch Zahnradgetriebe mit Vulcan-Kupplungen auf die Schraubenwelle übertragen. Außer den genannten sind noch andere ähnliche Dieselmotorenanlagen bei der M.A.N. in der Ausführung begriffen.

Nach dem Gesagten kann leicht ermessen werden, welche Anwendungsmöglichkeiten für solche leichtgebaute Hochleistungsmaschinen bestehen. Diese erstrecken sich nicht nur auf die Fahrzeuge der Kriegsmarine, sondern auch z. B. auf die Erstellung von Maschinenanlagen bis weit über 100 000 PSe für große Fahrgastschiffe.

Ferner werden solche Maschinen möglicherweise künftig noch eine Rolle spielen für den Antrieb von starken Lokomotiven und schließlich in entsprechender Weiterbildung auch zum Antrieb von Luftfahrzeugen. Die Vorarbeiten und Versuche hierzu, die sehr aussichtsreich erscheinen, sind im Gange.

Außer diesen sämtlichen vorbeschriebenen Typen wurde von der M.A.N. unmittelbar nach dem Kriege mit der Entwicklung eines Motortyps begonnen, der zwar in erster Linie für Straßenkraftfahrzeuge bestimmt war, aber schon in den Anfängen auch für andere Verwendung, insbesondere auch für leichte Wasserfahrzeuge konstruiert wurde. Von größter Wichtigkeit und Bedeutung war bei diesem Motortyp die luftlose Einspritzung des Brennstoffes, da ein Fahrzeug-Motor mit Lufteinblasung und Kompressor wegen der damit verbundenen Nachteile (hohes Gewicht, großer Raumbedarf, umständliche Bedienung, Betriebsunsicherheit, Unwirtschaftlichkeit) von vornherein zum Mißerfolg verurteilt war. Die M.A.N. zielte deshalb von Anfang an auf

MAN   361494

Abb. 5. Erster kompressorloser Fahrzeug-Dieselmotor 45/55 PSe vom Jahre 1923
(jetzt im Deutschen Museum, München)

2

den kompressorlosen Fahrzeug-Dieselmotor ab. In den Jahren 1924/25 konnten bereits die ersten Dauererprobungen solcher Motoren in Lastkraftwagen und in einem Motorpflug erfolgen. Die hervorragenden Erfolge in bezug auf den Brennstoffverbrauch und damit die wirtschaftliche Ueberlegenheit des Dieselfahrzeuges gegenüber dem mit Benzin und Benzol arbeitenden Vergaser-Motorwagen spornten zu weiteren eingehenden Versuchen und Ausführungen sowie zu gründlichsten Dauererprobungen im praktischen Betrieb an. Infolge der für diesen Motor großen Neuaufgaben waren jahrelange Bemühungen, die anfänglich manche Enttäuschung brachten, erforderlich, einen für den besonderen Zweck durchaus geeigneten Motor zu schaffen. Es ist dies der sogenannte Typ WV, ein einfachwirkender Viertakt-Dieselmotor mit Tauchkolben mit Drehzahlen bis zu 1500 U/min und mehr. Für Wasser- und Landfahrzeuge aller Art wurden zunächt Motoren von 50 PSe aufwärts verwendet.

In Weiterentwicklung dieses Motortyps, der ein Gewicht je PSe von etwa 10 bis 15 kg, je nach Motorgröße, hat, wurden große Maschineneinheiten von mehreren hundert bis über 1000 PSe geschaffen, die heute in großer Zahl für leichte, raschlaufende Boote, wie Wachboote, Zollkreuzer, Vergnügungsfahrzeuge, Bagger, Krane, ferner als Hilfsmaschinen für Seeschiffe, endlich aber auch für Eisenbahntriebwagen, Lokomotiven, geliefert werden. Sie haben sich auf das beste bewährt und erweitern auch nach dieser Richtung hin das Anwendungsgebiet des Dieselmotors. Auch bei einfachwirkenden Viertakt-Dieselmotoren hat die M.A.N. mit größtem Vorteil und Erfolg die geschweißte Bauart ausgeführt, wodurch das Gewicht je PSe noch ganz erheblich weiter herabgedrückt werden konnte.

Wenigstens mit kurzem Hinweis sei an dieser Stelle der Tatsache gedacht, daß die M.A.N. die Dieselmotoren für die ersten brauchbaren starken Vollbahnlokomotiven geliefert hat.

Ein Verfahren, welches in letzter Zeit in höherem Maße angewandt wird, ist das Aufladen von Dieselmotoren zum Zweck der Leistungssteigerung. Die M.A.N. hat nach Durchführung längerer und eingehender Versuche eine Reihe von Anlagen geliefert, bei denen eine Erhöhung der Normalleistung der Maschinen um 30 vH und mehr erreicht wird. Diese Aufladung kommt, in erster Linie in Betracht bei Viertakt-Maschinen, und zwar besonders dann, wenn ein Fahrzeug vorübergehend seine Geschwindigkeit erhöhen, oder aber wenn es, zur genauen Einhaltung eines festen Fahrplanes, schlechtem Wetter und Gegenwind durch erhöhte Maschinenkraft begegnen muß. Sehr bewährt hat sich das Abgas-Turbogebläse, mit dem bei neueren Versuchen vorübergehend Leistungssteigerung bis auf 100 vH der Normalleistung erzielt worden sind. Bei einfachwirkenden Viertakt-Maschinen mit Kreuzkopf wurde die untere Seite des Arbeitskolbens in Verbindung mit einer Verlängerung des Zylinders verwendet und bildet das Aufladegebläse.

Eines neueren Typs von Dieselmotoren muß noch gedacht werden, den die M.A.N. seit einigen Jahren baut. Es ist dies ein einfachwirkender Zweitaktmotor mit Tauchkolben, als Typ GZ bezeichnet, bei dem ebenfalls das Umkehrspülverfahren der M.A.N. Anwendung findet. Die Maschine ist von äußerst einfacher und kräftiger Bauart, die ebenfalls unter Verwendung der Zugankerkonstruktion entwickelt ist. Die Spülluft wird durch ein Kapselgebläse geliefert, das unmittelbar an die Maschine angebaut und von dieser angetrieben wird. Dieser Motortyp hat in der See- und Binnenschiffahrt bereits sehr guten Eingang gefunden und sich infolge seiner einfachen und bequemen Bedienung und Wartung recht beliebt gemacht. Er verspricht weiterhin eine größere Rolle zu spielen.

Ueberblickt man das Arbeitsprogramm der M.A.N., so wird man überrascht sein über die Vielseitigkeit im Dieselmotorenbau. Auf ihrem ureigensten Gebiet hat die M.A.N. von Anfang an in über vier Jahrzehnten nicht nur Pionierarbeit in praktischer Verwirklichung neuer Ideen geleistet, sondern sie hat auch in der Forschung, in der Setzung neuer Ziele und in der Aufschließung der Wege dorthin ihre Betätigung gesucht und gefunden. Die Arbeiten von Büro und Werkstatt wurden und werden unterstützt durch wissenschaftliche Fachleute und durch leistungsfähige Einrichtungen in Laboratorium und Versuchsstand, die fortlaufend verbessert und ergänzt werden. So nimmt bei der M.A.N. neben der Herstellung von Dieselmotoren die Forschung nach Neuerungen einen erheblichen Raum ein und hat es im Laufe der Jahre erreicht, daß immer wieder neue Anwendungsgebiete dem Dieselmotor erschlossen wurden.

Die im Vorausgehenden geschilderte Entwicklung zeigt, daß der Dieselmotor im Laufe seines nunmehr 38jährigen Bestehens in alle Gebiete der Krafterzeugung zu Wasser, zu Lande und in der Luft eingedrungen ist und diese teilweise schon daran ist zu erobern im Begriffe steht. Besonders aber seine Verwendung in der hier zur Erörterung stehenden Schiffahrt jeglicher Art ist vielleicht eine der vielseitigsten, welche je eine Kraftmaschine erlebt hat.

DIE ENTWICKLUNG DES KRUPP-SCHIFFSDIESELMOTORS

Der Dieselmotor ist eine Verbrennungskraftmaschine für flüssige, insbesondere schwer flüchtige Brennstoffe, wie sie beispielsweise die Destillate des Erdöls und das Braunkohlenteeröl darstellen, und ist in den Jahren 1893 bis 1897 von dem Erfinder, dem deutschen Ingenieur Rudolf D i e - s e l, entwickelt worden. An der Entwicklung des Dieselmotors aus einer genialen Idee heraus bis zu einer praktisch brauchbaren und verkaufsfähigen Maschine hat die Firma Krupp insofern hervorragenden Anteil, als sie nach Ueberwindung mannigfacher Schwierigkeiten bereits im Februar 1897 einen betriebsfähigen Einzylindermotor von 20 PSe bei 170 U/min herstellen und erproben konnte und schon im Juli des gleichen Jahres mit der fabrikmäßigen Herstellung des Dieselmotors in Essen begann.

In den Jahren 1897 bis 1899 wurden dann in den Essener Werken und dem Krupp-Gruson-Werk in Magdeburg-Buckau, das bereits seit Jahren Gasmaschinen baute, 2 Einzylinder-Dieselmotoren von 35 PSe Leistung bei 170 U/min bzw. von 50 PSe Leistung bei 160 U/min sowie weitere Einzylindermotoren für Versuchszwecke ausgeführt. Der ge-

nannte 35-PSe-Einzylindermotor hat in der im Jahre 1898 stattgefundenen 2. Kraft- und Arbeitsmaschinen-Ausstellung in München eine Hochdruckkreiselpumpe betrieben und damals großes Aufsehen erregt.

Die Firma Fried. Krupp Germaniawerft Aktiengesellschaft nahm im Mai 1902 den Unterseebootsbau in ihr Fabrikationsprogramm auf und wurde damit auch an der Schaffung eines brauchbaren Schiffsölmotors interessiert. Als Vorstudie für die damit einsetzende neue Entwicklungsrichtung wurde in den Jahren 1906 bis 1907 ein Viertakt-Vierzylinder-Schiffsdieselmotor von 300 PSe bei 450 U/min gebaut, der im Oktober 1907 auf dem Prüfstand in Betrieb kam und das für damalige Verhältnisse geringe Gewicht von nur 33 kg/PS hatte (Abb. 1).

In den folgenden Jahren erteilte die Deutsche Marine Aufträge auf Oelmotoren höherer Leistungen als Antriebsmaschinen für Unterseeboote, und gleichzeitig setzte auch der Bau von großen Dieselmotoren für die Handelsschiffahrt ein. Damit sah sich der Dieselmotorenbau genötigt, zwei verschiedene Wege zu beschreiten. Im Unterseebootsbau

RUDOLF DIESEL
GEB. AM 18. MÄRZ 1858   GEST. AM 30. SEPT. 1913.
ER SCHUF GEMEINSAM MIT DER MASCHINENFABRIK AUGSBURG UND DEN WERKEN
FRIED. KRUPP IN DEN JAHREN 1893-1897 DEN DIESELMOTOR.

Aufnahme: Deutsches Museum, München

Diesel-Plakette im Ehrensaal des Deutschen Museums in München

waren durch die gegebenen Raumverhältnisse auch die Abmessungen der Dieselmotoren einer Begrenzung unterworfen, so daß sich die verlangten Leistungen nur durch eine hohe Drehzahl erreichen ließen (Abb. 2). Bei den Handels-

niedriger Drehzahl, den Viertaktmotor hingegen für Maschinen kleinerer Abmessungen, leichterer Ausführung und höherer Drehzahl in ihr Herstellungsprogramm aufzunehmen.

Im Juli 1911 bestellte die Deutsch-Amerikanische Pe-

Abb. 1. Erster Viertakt-4-Zylinder-Krupp-Schiffs-Dieselmotor von 300 PSe bei 450 Umdr min
aus den Jahren 1906 07

schiffen dagegen spielte die Raumfrage nur eine untergeordnete Rolle, so daß die Antriebsmotoren für die in Frage kommenden schweren Dauerbelastungen ausreichend bemessen und die Drehzahlen niedrig gehalten werden konn-

troleum-Gesellschaft in Hamburg die ersten großen Zweischrauben-Motortankschiffe „Hagen" und „Loki" von je 8000 t Tragfähigkeit. Jedes der beiden Schiffe wurde mit 2 umsteuerbaren einfachwirkenden Zweitakt-Krupp-Schiffs-

Abb. 2. Viertakt-6-Zylinder-Krupp-U-Boots-Motor von 450 PSe bei 400 Umdr min
für das Untersee-Handelsschiff „Deutschland"

ten. Von den verschiedenen Anforderungen ausgehend, entschloß sich die Germaniawerft nach reiflicher Ueberlegung und eingehenden Versuchen, den Zweitaktmotor für Anlagen großer Abmessungen bei schwerer Ausführung und

Dieselmotoren von zusammen 2300 PSe Leistung bei 140 U/min ausgerüstet. Noch in demselben Jahr erteilte die gleiche Gesellschaft einen weiteren Auftrag auf ein fast doppelt so großes Motortankschiff „W. A. Riedemann" von

15 750 t Tragfähigkeit, das ebenfalls 2 Zweitakt-Dieselmotoren von zusammen 3400 PSe Leistung bei 106 U/min als Antriebsmaschinen erhielt. In der Folge sind bis zum heutigen Tage für die Standard Oil Comp. insgesamt 26 Tank-

Ursprünglich konnte eine einwandfreie Verbrennung im Motor nur bei Einspritzung des Brennstoffes in die Arbeitszylinder mittels hochgespannter Druckluft erreicht werden. Die Einrichtungen für Erzeugung der Einblaseluft, wie

Abb. 3. Zweischrauben-Motor-Tankschiff „Geo. W. McKnight"
Tragfähigkeit: 10 000 ts. Geschwindigkeit: 12,5 kn. Uebergabefahrt: Januar 1933
Besteller: Standard Shipping Co., New York

schiffe von zusammen rund 360 000 t Tragfähigkeit mit 47 Krupp-Dieselmotoren von mehr als 88 000 PSe Gesamtleistung ausgerüstet worden (Abb. 3 und 4).

Um der Forderung nach einfacher Bauart und leichtester Bedienung voll gerecht zu werden, nahm die Firma Krupp schon im Jahre 1912 Versuche zur Durchbildung einer Querspülung auf, die bei einem von der Deutschen Marine vor dem Kriege bestellten doppeltwirkenden Zweitaktmotor von 2000 PSe Zylinderleistung erfolgreich an-

Einblaseluftpumpe, Einblasegefäße, Luftkühler, Hochdruckleitungen usw., erhöhten Preis und Gewicht der Anlage recht bedeutend, erforderten mehr Raum und setzten den Wirkungsgrad herunter. Später ist es nach sorgfältigem Studium der Zerstäubung von Flüssigkeiten bei dem Austritt aus engen Düsen und durch Verbesserung der Herstellungsverfahren gelungen, eine einwandfreie Verbrennung auch bei Einspritzung des Brennstoffes unmittelbar durch die Brennstoffpumpe, ohne Zuhilfenahme von Druckluft, zu erzielen.

Abb. 4. Einer der zwei einfachwirkenden kompressorlosen Zweitakt-Sechszylinder-Krupp-Schiffs-
Dieselmotoren von je 2250 PSe bei 118 Umdr/min für das Motor-Tankschiff „Geo. W. McKnight"

gewandt wurde. Darauf aufbauend wurde dann in der Nachkriegszeit auch für Handelsschiffsmotoren eine die Krupp-Motoren kennzeichnende Schlitzspülung entwickelt, die sich bestens bewährt hat.

Der so entstandene kompressorlose Dieselmotor bewirkte eine wesentliche Vereinfachung im Aufbau, im Betrieb und in der Bedienung des Motors und damit auch eine Erhöhung der Betriebssicherheit. Neben der Verbilligung in der Herstellung konnte auch ein geringerer Brennstoffverbrauch, also höhere Wirtschaftlichkeit erreicht und durch den Wegfall der bewegten Massen der Einblaseluftpumpe eine bessere Auswuchtung erzielt werden. Heute und Binnenschiffahrt in Verbindung mit Wendeschrauben und Wendegetrieben, sowie für den Generator- und Kompressorantrieb auf Motor- und Dampfschiffen in großem Maße Verwendung. Besonders erwähnenswert sind noch die

Abb. 5. Zweischrauben-Motorjacht „Orion".
3100 B.-R.-T. Geschwindigkeit: 16 kn. Uebergabefahrt: Juli 1929
Besteller: Julius Forstmann, New York

werden Motoren mit Lufteinspritzung nur noch auf besonderen Wunsch der Abnehmer und bei Verwendung von besonders schwer zündenden Brennstoffen gebaut.

Während sich der Krupp-Zweitaktmotor in der Folge als Antriebsmaschine von großen Fracht- und Fahrgastschiffen, Tankschiffen usw. besonders bewährte, wurde der Krupp-Viertaktmotor für den Antrieb von mittelgroßen und kleineren Motorschiffen, Motorjachten usw. bis zu Einzelleistungen von 2600 PSe geliefert. Für den direkten Antrieb wurde

von der Firma Krupp in den Nachkriegsjahren für den Antrieb von größeren Motorluxusjachten gelieferten Viertakt-Dieselmotoren. Auf insgesamt 25 größeren Motorjachten, die fast ausschließlich auf amerikanische Rechnung zum größten Teil auf der Germaniawerft gebaut worden sind, sind insgesamt 48 Krupp-Dieselmotoren mit über 30 000 PSe Gesamtleistung eingebaut worden (Abb. 5 und 6).

Der wirtschaftliche Wärmeverbrauch des Dieselmotors macht ihn allen anderen Kraftmaschinen gegenüber überlegen

Abb. 6. Einer der beiden kompressorlosen Viertakt-8-Zylinder-Krupp-Schiffs-Dieselmotoren von 1800 PSe bei 175 Umdr min für die Motorjacht „Orion"

vorzugsweise der umsteuerbare Motor gewählt. Dagegen fand der nicht umsteuerbare Motor für dieselelektrischen Antrieb von Schiffen, für den direkten Antrieb von Motorseglern und sonstigen kleineren Motorfahrzeugen für See- und sorgt für seine weitestgehende Verbreitung. Stete Betriebsbereitschaft, einfache Wartung, geringer Bedarf an Raum und Gewicht, bequeme Uebernahme und Unterbringung des Brennstoffes sind von größter Bedeutung für die Schiffahrt.

DER BAU VON DIESELMOTOREN UND MOTORSCHIFFEN AUF DEN HOWALDTSWERKEN IN KIEL

In Zusammenarbeit mit dem Konstrukteur Loutzkoy wurden bereits im Anfang des Jahrhunderts Oelmotoren auf den Howaldtswerken gebaut, von denen wohl der interessanteste der 500 pferdige Motor für das Rennboot „Zariza" ist. Es muß nicht ganz einfach gewesen sein, mit dieser Maschine, die ihrer Zeit weit voraus war, zu arbeiten, aber

Abb. 1. Erstes seegehendes Motorschiff „Monte Penedo" der Hamburg-Südamerikanischen Dampfschiffahrtsgesellschaft

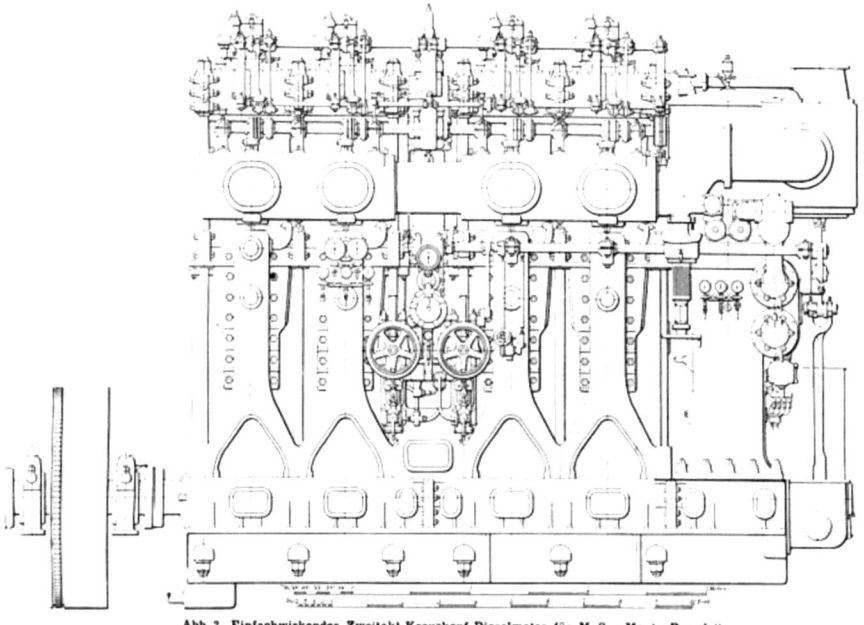

Abb. 2. Einfachwirkender Zweitakt-Kreuzkopf-Dieselmotor für M. S. „Monte Penedo"
Ansicht

Abb. 4. Howaldt-Sulzer-Zweitakt-Schiffsdieselmotor auf dem Prüfstand

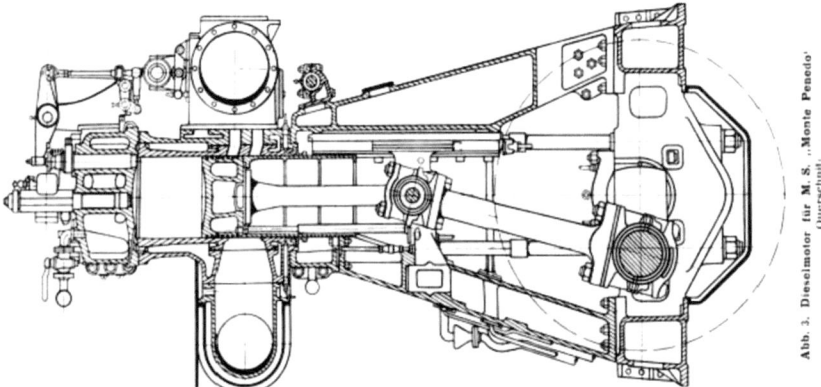

Abb. 3. Dieselmotor für M. S. „Monte Penedo"
Querschnitt.

dennoch war die Anlage als ein Erfolg anzusprechen, und noch heute zieren eine Reihe von wertvollen Regattapreisen das Kasino der Howaldtswerke. Eine 3000 pferdige Maschine machte in den Werkstätten der Howaldtswerke einen eineinhalbjährigen Probebetrieb durch, bis sie durch eine bis heute unaufgeklärte Zylinderexplosion außer Betrieb gesetzt wurde. Infolge der Schwierigkeiten, die sich einem lohnenden Vertrieb der Motoren entgegenstellten, wurden schließlich die Versuche abgebrochen und der Motorenbau nach eigenen Konstruktionen aufgegeben. Im Februar 1911 erhielten die Howaldtswerke von der Hamburg-Südamerikanischen Dampfschiffsgesellschaft einen Auftrag auf ein Frachtschiff mit Motorenantrieb, das im August 1912 unter

Lieferwerk entsendet hatte, wo sie als Monteure in der Werkstatt, auf dem Prüfstand und der Außenmontage arbeiteten, war das Maschinenpersonal mit der Anlage vertraut, so daß sich die „Monte Penedo" im Betrieb bestens bewährte. Während des Krieges wurde sie in Südamerika interniert, wobei die Zylinderdeckel der Hauptmotoren gesprengt wurden, um eine Flucht des Schiffes zu verhindern. Nach Kriegsende trat sie als „Sabara" in den Dienst des Lloyd Brasileiro, für den sie noch einige Jahre gefahren ist, bis sie schnelleren Schiffen weichen mußte.

Den Bau von Motoren haben die Howaldtswerke erst sehr spät wieder aufgenommen. Im Jahre 1926 wurden zwei einfachwirkende Zweitakt-Schiffs-Dieselmotoren mit je

Abb. 5. Howaldt-M. A. N.-Viertakt-Schiffsdieselmotor in der Montage

dem Namen „Monte Penedo" als erstes seegehendes Frachtmotorschiff abgeliefert wurde (Abb. 1). Bereits bei diesem Motorschiff trat die Schwierigkeit auf, den für den Vermessungsabzug von 32 vH erforderlichen Maschinenraum von 13 vH zu erreichen. Die beiden Motoren waren direkt umsteuerbare, einfachwirkende Sulzer-Zweitakt-Kreuzkopf-Motoren (Abb. 2 u. 3).

Die Maschinen haben je 4 Zylinder von 470 mm Durchmesser und 680 mm Hub und leisten je 850 PSe bei 160 U/min. Bei der Konstruktion der Motoren war anzustreben, „soviel wie möglich die im Schiffbau bei Dampfmaschinen üblichen Maschineneinzelheiten anzuwenden". Die Zylinder hatten Auspuff- und Spülschlitze. Die Spülluft wurde von einem als fünften Zylinder angehängten Kolbengebläse geliefert, das durch einen Kolbenschieber mit einer Stephenson'schen Umsteuerung gesteuert wurde. Der Brennstoffverbrauch wurde auf dem Prüfstand mit 210 g/PSe festgestellt. Als besonders erwähnenswert ist bei der Anlage noch die mit Druckluft betriebene Rudermaschine zu erwähnen, für die die Druckluft in einem besonderen Lufterwärmer vorgewärmt wurde. Da die Reederei bereits bei Baubeginn der Motoren die für „Monte Penedo" bestimmten Ingenieure ins

4 Zylindern, einem Zylinderdurchmesser von 600 mm, einem Hub von 1060 mm, einer Leistung von je 1350 PSe bei 100 U/min für das Motortankschiff „Calliope" der Deutsch-Amerikanischen Petroleumgesellschaft nach Lizenzen von Sulzer gebaut (Abb. 4). Die Motoren haben sich im Betrieb bestens zur Zufriedenheit der Reederei bewährt. Nach einer durch den allgemeinen Rückgang der Beschäftigung der Werften bedingten Pause wurde im Januar 1934 mit dem Bau eines kompressorlosen Viertakt-Schiffs-Dieselmotors mit 8 Zylindern, 650 mm Zylinderdurchmesser und 1400 mm Hub und einer Leistung von 3500 PSe bei 120 U/min für das Motortankschiff „Gadila" der Anglo-Saxon Petroleum Co. begonnen (Abb. 5). Der Motor wird nach Lizenzen der Maschinenfabrik Augsburg-Nürnberg gebaut und erhält Aufladung System Werkspoor. Der Bau dieses Motors, der trotz der erheblichen Abmessungen der einzelnen Teile auf keine nennenswerten Schwierigkeiten stieß, hat es den Howaldtswerken mit bestem Erfolg ermöglicht, ihren Maschinenbauerstamm mit dem Motorenbau vertraut zu machen, so daß mit den weiteren z. Z. in Bau befindlichen Motoren die begründete Hoffnung besteht, daß dieser Motor den Anfang einer neuen Entwicklung bedeutet.

ENTWICKLUNG DER VERBRENNUNGSKRAFTMASCHINE
BEI DER MOTORENFABRIK DEUTZ

Im Jahre 1934 konnte die Firma Deutz auf ihr siebzig-jähriges Bestehen zurückblicken. Sie ist damit die älteste Motorenfabrik der Welt. Im Jahre 1864 begann mit der Erfindung des atmosphärischen Gasmotors (Abb. 1) durch Otto und Langen in Köln das Zeitalter der Motorisierung, in dessen Sturm- und Drangperiode wir heute stehen, denn erst die atmosphärische Maschine bot die Möglichkeit zur fabrikatorischen Herstellung in größeren Serien, während alle früheren Versuche kaum zur Betriebsreife, in keinem Falle zur Fabrikationsreife geführt haben. Unter den Männern, die im Jahre 1867 auf der Pariser Weltausstellung unter dem Eindruck der überragenden Wirtschaftlichkeit dieser deutschen Erfindung dem atmosphärischen Motor die

für die Herstellung in größeren Leistungen, und in unermüd-licher zäher Arbeit gelang es schließlich 1876, eine alte Idee Otto's zu verwirklichen, den ersten marktfähigen Viertakt-Motor der Welt zu bauen (Abb. 2). Nunmehr war die Bahn frei für eine unerhörte Entwicklung auf dem Motorengebiet. Weitaus die meisten Schöpfungen auf dem Gebiet der Verbrennungskraftmaschine beruhen noch heute auf dem damals genial erdachten und erstmalig konstruktiv durchgeführten Viertakt-Prinzip.

1884 folgte dem Viertakt - G a s motor der Motor mit flüssigem Brennstoff für Benzin und Spiritus, bei dem die Brennstoffvergasung in einem heute vorsintflutlich an-mutenden Oberflächenvergaser vor sich ging. 1892 folgte der erste Petroleummotor. Die Leistungen der Maschine stiegen den Anforderungen der Praxis folgend, und schon 1895, als eben gerade die ersten Anfänge der Diesel-maschine sich regten, kam der erste 100 PS-Motor auf den Markt. Als Flüssigkeitsmotor und noch mehr als Sauggas-motor, der sich das Betriebsgas in eigener Vergasungsanlage erzeugte, weitete sich sein Anwendungsgebiet von Jahr zu Jahr.

Abb. 1. Der atmosphärische Gasmotor von
Otto und Langen 1864.

Abb. 2. Der erste 4-Takt-Motor 1876.

höchste Auszeichnung zuerkannten, wird kaum einer ge-wesen sein, der die Bedeutung dieser Maschine auch nur geahnt hat. 5000 atmosphärische Gasmotoren sind im Laufe der nächsten Jahrzehnte gebaut worden, jeder die Kraft-quelle für einen aufstrebenden Industrie- und Gewerbe-betrieb.

Otto und Langen gaben sich nicht mit dem Erreichten zufrieden. Die atmosphärische Maschine eignete sich nicht

Hier setzte, wie gesagt, die Entwicklung der Diesel-maschine ein, eine der letzten großen genialen Schöpfungen des deutschen Motorenbaues. Auch die Firma Deutz war an der Entwicklung maßgebend mitbeteiligt und schuf 1897 ihren ersten marktfähigen stehenden Dieselmotor (Abb. 3).

Die wirtschaftliche Bedeutung der Dieselmaschine lag von vornherein klar auf der Hand. Kein Wunder, daß sich diesem Verfahren das ganze Interesse der Motorenbauer

28

und durch die wirtschaftliche Bedeutung des geringen Brennstoffverbrauches verschaffte sich der kompressorlose Dieselmotor als Antriebsmaschine auf allen Gebieten schnell Eingang.

Wieder 10 Jahre später gelang es Deutz, den stehenden Dieselmotor kompressorlos zu bauen (Abb. 5). Im Gegensatz zu dem liegenden kompressorlosen Dieselmotor mit Verdrängerkolben war hierbei ein Hohlkolben angeordnet, dessen Hohlraum am Ende des Verdichtungshubes den Verbrennungsraum bildete, in den der Brennstoff mit einem Pumpendruck von 300 bis 350 atü in die verdichtete Luft eingespritzt wurde. Diese Maschinen arbeiten mit direkter strahlenförmiger Einspritzung und einem Brennstoffverbrauch von 165 gr PS-Std. bei einem Kompressionsdruck von 26 atü und einem Wirtschaftlichkeitsgrad von 40 vH. Sie werden heute in Leistungen von 80 bis 1800 PS in 2- bis 12-Zylinder-Ausführung hergestellt sowohl als ortsfeste Kraftmaschinen wie auch für Schiffszwecke. Für den Schiffsbetrieb werden sie von 100 PS ab direkt umsteuerbar eingerichtet, wobei die Umsteuerung in 7 Sekunden erfolgt, wodurch eine große Manövrierfähigkeit erreicht wird.

Schon bald nach der Jahrhundertwende begann man sich auch in Schifffahrtskreisen für die kleinen Antriebsmaschinen zu interessieren. Etwa 1905 entwickelte der Holländer Brons einen stehenden Motor, dessen Arbeitsverfahren wegen seiner Einfachheit aussichtsreich erschien (Abb. 6). Die Firma Deutz erwarb die Baulizenz für diesen Motortyp. Der Deutzer Brons-Motor hatte keine Zündvorrichtung. Dadurch entfielen eine Reihe von Teilen, die bei dem mehr oder weniger rohen Bootsbetrieb leicht Anlaß zu Störungen gaben. Die Maschine arbeitete je nach Wunsch mit Rohöl oder Lampenpetroleum. Die Verbrennung erfolgte ähnlich der Dieselmaschine in der durch hohe Kompression stark erhitzten Luft. Sie ist fast ganz rußfrei. Der Verbrauch der Maschine ist dementsprechend recht gering (220—300 g für die PS-Std.). Die Einführung gelang mit vielem Erfolg, und Jahrzehnte hindurch bildete der

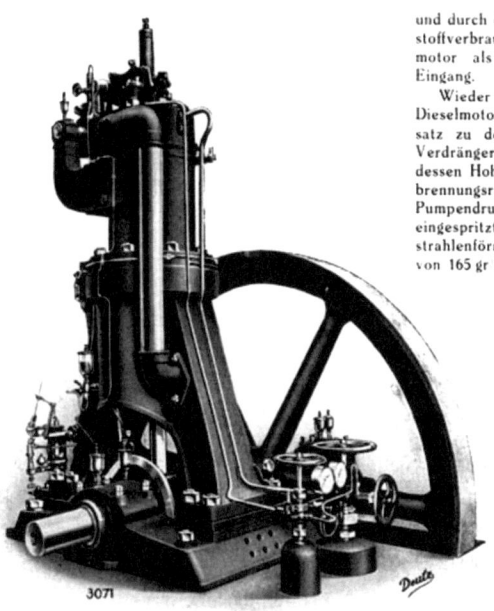

Abb. 3. Der älteste Deutz-Dieselmotor 1897.

und der Motoreninteressenten zuwandte. Trotzdem hat es noch Jahre gedauert, ehe der Dieselmotor allgemein einführungsreif gewesen ist.

Schon bei den ersten Dieselmaschinen konnte ein Wirkungsgrad erreicht werden, der den aller anderen Kraftmaschinen übertraf und der dem Dieselmotor auch heute noch seine überragende Stellung als Antriebsmaschine für alle Verwendungszwecke sichert

Das Jahr 1912 brachte bei Deutz einen weiteren Fortschritt. Nach längeren Versuchen und Studienarbeiten gelingt es, den kompressorlosen Dieselmotor zu entwickeln und erst jetzt das Dieselprinzip auch in kleineren Leistungen anzuwenden (Abb. 4). Es war eine liegende Maschine nach dem „Luftwirbelverfahren" durch einen auf den Kolben aufgesetzten „Verdränger". Der große wirtschaftliche Vorteil dieser Maschine lag darin, daß der kraftverzehrende und teure Kompressor, der bisher zum Einblasen des Brennstoffes notwendig war und ⅕ der ganzen Maschinenanlage kostete, wegfallen konnte. Außerdem ging der Brennstoffverbrauch von 230 g bei der bisherigen Kompressor-Dieselmaschine auf 200 g beim kompressorlosen Dieselmotor weiter zurück. Durch die herabgesetzten Erzeugungskosten, durch Wegfall des Kompressors

Abb. 4. Der erste „Kompressorlose" Dieselmotor 1912.

Deutz-Brons-Motor eine zuverlässige Hilfskraft im Fischerei-
gewerbe, bis dieser Motor im Jahre 1924 durch den Vorkammer-Dieselmotor abgelöst wurde (Abb. 7), den wir hier
als Zweitakt-Motor mit Spülpumpe zeigen.

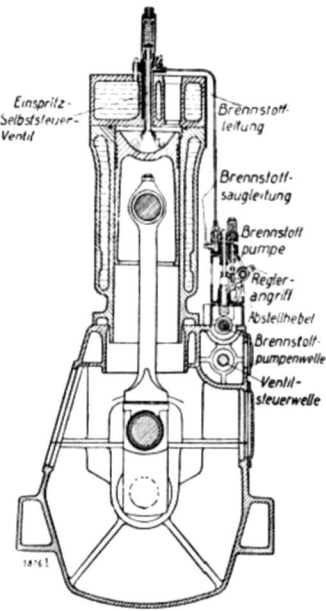

Abb. 5. Stehender kompressorloser Deutz-
Dieselmotor mit direkter Brennstoffeinspritzung 1922

Durch die Entwicklung des Vorkammer-Dieselmotors
wurde das Anwendungsgebiet für den Dieselmotor unbegrenzt. 1927 baute Deutz schon den stehenden Vorkammer-
Dieselmotor als Fahrzeugmotor für Lastwagen-, Omnibus- und
Schiffsverkehr. Heute wird dieser Vorkammer-Fahrzeugmotor
als Leichtgewichts-Dieselmotor in 1- bis 8-Zylinder-Anord-
nungen für Leistungen von 6 bis 150 PS gebaut (Abb. 8). Die
kleinste liegende Vorkammer-Dieselmaschine wird schon in
4 PS-Leistung für stationäre und Einbauzwecke gebaut.

Abb. 6. Deutz-Brons-Schiffsmotor 1905.

Abb. 7. Kompressorloser 2-Takt-Vorkammer-Dieselmotor mit angebauter Spülpumpe 1924

Bemerkt sei hier, daß von diesen letztgenannten liegenden Vergaser-, Diesel- und Gasmotoren kleiner Leistung im
Mai 1935 nach wenig mehr als zehnjähriger Entwicklung die

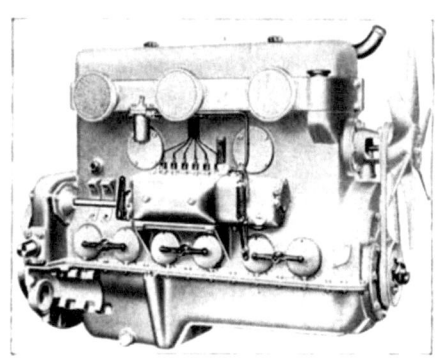

Abb. 8. Deutz-Fahrzeug-Dieselmotor 1934.

100 000. Maschine hergestellt wurde und daß Produktions-
zahlen von 1500 Stück je Monat erreicht werden (Abb. 9).
Mit den an anderer Stelle beschriebenen stehenden
Viertakt-Motoren neuer Konstruk-
tion nimmt Deutz führenden Anteil
an der Versorgung der Schiffahrt
und der Wirtschaft mit Kraftmaschinen. Insgesamt dürften etwa
400 000 PS Maschinenleistung heute
jährlich von Deutz in die ganze
Welt geliefert werden.

Damit hat die Firma Deutz ihre
Tradition als älteste Motorenfabrik
der Welt durch sieben Jahrzehnte
zu wahren gewußt und wird auch
weiterhin durch Lieferung bewährter und erprobter Kraft-

Abb. 9. Deutz-Vorkammer-
Dieselmotor kleinerer
Leistung 1935

maschinen für die Weltgeltung des deutschen Motorenbaues Zeugnis ablegen.

DIE ENTWICKLUNG DES ÖLMASCHINENBAUES BEI DER AEG

Inhaltsverzeichnis: Die AEG hat den Oelmaschinenbau im Jahre 1910 aufgenommen und zunächst die gegenläufige Oelmaschine nach der Bauart Oechelhäuser-Junkers entwickelt. Während des Krieges wurden Viertakt-Unterseebootsmaschinen hergestellt. Nach Kriegsende nahm die AEG den Bau großer Handelsschiffsölmaschinen nach dem System Burmeister & Wain auf, von denen sie eine große Zahl einfachwirkender Viertaktmaschinen an deutsche und ausländische Schiffseigner lieferte. 1924 begann die AEG mit der Entwicklung des Druckeinspritzverfahrens, und bald darauf wurde der erste doppeltwirkende kompressorlose Zweitaktmotor gebaut, womit eines der schwierigsten Probleme des Oelmaschinenbaues erstmalig gelöst worden ist.

Im Jahre 1905 leitete die AEG Verhandlungen mit Rudolf Diesel ein einem Lizenzvertrag zum Bau von „Motoren und Motorteilen zu Automobilfahrzeugen, die sich ohne Schiene fortbewegen", abzuschließen. Die damit verbundene Absicht, die großen Vorteile des eben über seine ersten Anfänge hinausgewachsenen und zu einer betriebsbrauchbaren Maschine entwickelten Dieselmotors, insbesondere seine von keiner anderen Maschine erreichte Brennstoffausnutzung, dem Kraftwagenverkehr nutzbar zu machen, konnte aber nicht in die Tat umgesetzt werden, da der Vertrag nicht zustande kam. Wahrscheinlich wäre auch die Anpassung des Dieselmotors an die Bedürfnisse des Kraftwagenbetriebes eine bei dem damaligen Stand der Technik unlösbare Aufgabe gewesen, wie die spätere Entwicklung gezeigt hat, die erst etwa 20 Jahre später zur Schaffung eines brauchbaren Lastwagen-Dieselmotors führte.

Schon mehrere Jahre vor den ersten Verhandlungen mit Diesel hatte die AEG als eine der ersten deutschen Firmen den Bau von Dampfturbinen aufgenommen, die alsbald ihrer Natur entsprechend zu Antriebsmaschinen von Stromerzeugern großer Leistung entwickelt wurden. Für kleine Leistungen, von wenigen Kilowatt anfangend bis zu einer bei einigen hundert Kilowatt liegenden Grenze, ist die Dampfturbine als Antriebsmotor für Generatoren wegen ihres verhältnismäßig hohen Dampfverbrauches nur in Sonderfällen geeignet, wo der Dampfverbrauch keine Rolle spielt und die Vorteile der Einfachheit und der Einheitlichkeit der Antriebsart überwiegen. Daneben blieb ein Bedürfnis nach Antriebsmaschinen für Stromerzeuger kleiner Leistung bestehen. Im Jahre 1909 nahm daher die AEG die Studien zur Entwicklung einer Oelmaschine wieder auf, um eine Antriebsmaschine für Generatoren zu schaffen, die in bezug auf Einfachheit und Betriebssicherheit der Dampfturbine nicht nachstehen sollte und die auch bei kleinsten Leistungen sparsam arbeitete.

Für derartige Zwecke kam als wirtschaftliche Antriebsmaschine nur der Dieselmotor in Frage. Da eigene Erfahrungen fehlten, schien es ratsam, sich den Beistand des Erfinders des Dieselmotors zu sichern. Am 3. Oktober 1910 wurde für die Dauer von sechs Jahren mit Diesel ein Vertrag geschlossen, durch welchen die AEG „ein ausschließliches Anwendungsrecht von Diesels jetzigen und künftigen deutschen Patenten auf Dieselmotoren, mit Ausnahme der Anwendung auf Thermo-Lokomotiven", erhielt. Nach dem Wortlaut des Vertrages hatte Diesel ferner Konstruktionszeichnungen „der vorhandenen Klein-Dieselmotoren mit und ohne Umsteuerung" zu liefern, denn man beabsichtigte schon damals, den Bau von Schiffs-Dieselmaschinen in das Fabrikationsprogramm der AEG einzubeziehen. In demselben Vertrag wurde Diesel auch als beratender Ingenieur der AEG verpflichtet.

Bei der nunmehr beginnenden Entwicklung des AEG-Dieselmotors war zunächst die Frage zu entscheiden, ob eine für den Dauerbetrieb geeignete Kraftmaschine besser nach

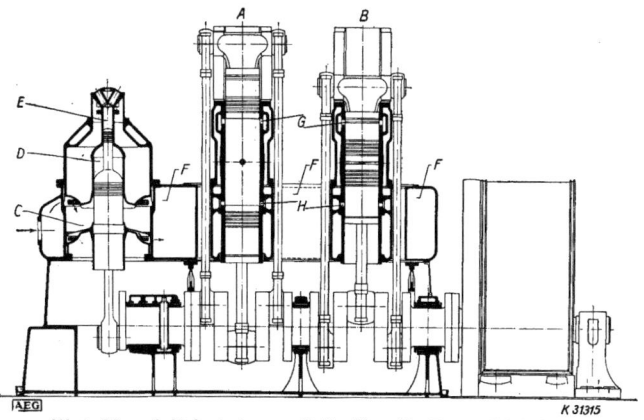

Abb. 1. Längsschnitt durch eine gegenläufige Ölmaschine Bauart AEG-Junkers (1910)

A, B = Arbeitszylinder   E = Einblasepumpe HD-Stufe
C = Spülpumpe   F = Aufnehmer
D = Einblasepumpe ND-Stufe   G = Auspuffschlitze
               H = Einlaßschlitze

dem Zweitakt- oder nach dem bis dahin überwiegend ausgeführten Viertaktsystem zu bauen sei. Nach gründlicher Prüfung aller damals vorhandenen Bauarten entschloß man sich, die AEG-Oelmaschine nach dem Zweitaktsystem von Oechelhäuser-Junkers mit gegenläufigen Kolben zu entwickeln, einem System, das besondere Vorteile zu versprechen schien. Die Maschine arbeitet in jedem Zylinder (A, B in Abb. 1) mit zwei gegeneinanderlaufenden Kolben, von denen der untere auf eine mittlere Kurbel arbeitet, während der obere Kolben durch ein Querhaupt und zwei seitlich angeordnete Flügelstangen, die nur auf Zug beansprucht sind, mit je zwei seitlichen Kurbeln verbunden ist. Man erkannte, daß diese Bauart besondere Vorteile hinsichtlich der Steuerung der Auspuff- und Spülvorgänge bot. Die Steuerung konnte im Gegensatz zu der damals noch vielfach üblichen Ventilsteuerung die einfachere Steuerung durch Schlitze in den Zylinderwänden ausführen, so daß die Spül- und Auspuffventile, die gelegentlich Anlaß zu Störungen gegeben hatten, in Fortfall kamen. Die Steuerung des Auspuffs und

Abb. 2. Die erste von der AEG gebaute Ölmaschine (1911)

des Eintritts der Spülluft durch je einen besonderen Kolben bot ferner die Möglichkeit, den Zylinder mit Luft von höherer als atmosphärischer Spannung aufzuladen, denn wenn man die innere Kurbel um einen geeigneten Winkel gegen die beiden äußeren versetzte, so konnte man erreichen, daß der die Spülluft steuernde Kolben die Spülschlitze später abschloß, wenn der zweite Kolben die Auspuffschlitze schon wieder überdeckt hatte. Das Problem der Aufladung und der hiermit verbundenen Leistungssteigerung, das erst neuerdings größere Bedeutung erlangt hat, schien dadurch in einfachster Weise lösbar. Weitere Vorteile waren die Aufnahme der Verbrennungsdrücke ausschließlich durch das Triebwerk, ferner die Möglichkeit eines fast vollkommenen Massenausgleiches selbst bei Zwei- und Dreizylindermaschinen und schließlich die Herstellung eines großen Hubverhältnisses, das günstigsten Brennstoffverbrauch versprach.

Die Anwendung des von den Gasmaschinen her bekannten gegenläufigen Prinzips auf Dieselmaschinen war zu jener Zeit Hugo Junkers durch das DRP 220 124 geschützt. Die AEG erwarb daher durch einen im Juli 1911 mit Junkers abgeschlossenen Lizenzvertrag das Recht, dieses Patent zu benutzen. Dieser Vertrag ist bis zu seinem Ablauf (1922) in Kraft geblieben, während der Vertrag mit Diesel schon im Jahre 1916 ablief und wegen des inzwischen erfolgten Todes Diesels nicht erneuert wurde.

Die Entwicklung der neuen AEG-Oelmaschine mit gegenläufigen Kolben wurde nunmehr mit aller Energie betrieben. Bereits im Jahre 1911 leistete die erste zweizylindrige Dieselmaschine im Prüffeld der AEG-Turbinenfabrik in Betrieb gesetzt werden (Abb. 2). Die nach der Gegenkolbenart ausgeführte Maschine leistete in zwei Zylindern bei 375 U/min 200 kW an den Klemmen des direkt gekuppelten Gleichstromgenerators. Der mittlere Rahmenteil, der auf sechs mit der Grundplatte verschraubten Säulen ruhte, war als Spülluftaufnehmer ausgebildet; die Spülluft wurde von einer in Abb. 2 links sichtbaren Kolbenpumpe geliefert, die an Stelle der sonst üblichen Spülventile durch einen Drehschieber gesteuert wurde. Die Welle des senkrecht angeordneten Drehschiebers diente gleichzeitig zum Antrieb der oberhalb des Rahmens liegenden Nockenwelle, welche die Brennstoff- und Anlaßventile betätigte. Jeder Zylinder war mit einem Anlaß- und zwei Brennstoffventilen versehen, von denen je eines an der Vorder- und an der Rückseite des Arbeitszylinders befestigt war. Der Brennstoff wurde in den von den gegenläufigen Kolben bei ihrer inneren Totlage gebildeten Brennraum durch beide Ventile gleichzeitig eingespritzt, wobei das auf der Rückseite angeordnete Brennstoffventil durch ein Gestänge gleichzeitig mit dem vorderen Ventil betätigt wurde.

Zu jener Zeit kam nur die Preßluftzerstäubung des Brennstoffes in Frage, denn das Problem der kompressorlosen Maschine war damals schon als Aufgabe bekannt, jedoch noch bei weitem nicht gelöst. Es mußte

somit ein Luftverdichter vorgesehen werden, welcher Luft auf den erforderlichen Einblasedruck (etwa 65 kg/cm²) verdichtete. Dieser Kompressor war unmittelbar oberhalb der Spülpumpe angeordnet; sein Oberteil ist in Abb. 2 links über der Spülpumpe sichtbar. Der Kompressor verdichtete die Luft in zwei Stufen auf den zur Zerstäubung des Brennstoffes benötigten Druck.

Bald zeigten sich indessen Schwierigkeiten, von denen keine Fabrik in den Anfängen ihres Oelmaschinenbaues verschont geblieben ist. Gerade die Hochdruck-Oelmaschine bietet von allen Kraftmaschinen vielleicht die größten Schwierigkeiten, weil sie nicht, wie die Dampfmaschine oder der Gasmotor, ihr Arbeitsmittel fertig zubereitet erhält, sondern es sich in Bruchteilen von Sekunden unmittelbar vor der Arbeitsleistung bei jedem Hub von neuem herstellen muß. Ueber die Gesetze, nach denen sich die Bildung des Arbeitsmittels in der Dieselmaschine vollzieht, hatte man damals noch unklare und zum Teil falsche Vorstellungen; die Beherrschung der Verbrennungsvorgänge war mehr Sache des Zufalles und des Probierens, als der planmäßigen wissenschaftlichen Forschung, und die Werkstoffe, die zur Verfügung standen, genügten kaum den auftretenden hohen thermischen und mechanischen Beanspruchungen. Die Drücke und Temperaturen, die im Brennraum eines Dieselmotors vorkommen, sind erheblich höher als bei anderen Kraftmaschinen, und es hat noch mehr als ein Jahrzehnt gedauert, ehe die Werkstofftechnik dem Dieselmotorenbau hinreichend widerstandsfähige Baustoffe zur Verfügung stellen konnte.

Hier kam hinzu, daß man den Oelmaschinenbau von seiner schwierigsten Seite her in Angriff genommen hatte. Man hatte sich als Ziel gesetzt, besonders kleine und sehr raschlaufende Dieselmaschinen herzustellen (Abb. 3), und beides erschwerte die Lösung der Aufgabe. Die niedrige Zylinderleistung von etwa 10 PS, die man sich als untere Grenze gesetzt hatte, und die hohen Drehzahlen bei der kleinen Leistung hatten zur Folge, daß die für einen Arbeitshub eingespritzte Oelmenge außerordentlich klein wurde. Es bedurfte langwieriger Arbeiten, ehe es gelungen war, Brennstoffpumpen zu bauen, die dem erforderlichen hohen Druck gewachsen und dabei so genau hergestellt waren, daß jede am Regler eingestellte Brennstoffmenge auch bei Teillasten für jeden Zylinder genau gleich ausfiel. Die waagerechte Anordnung der Brennstoffventile war für den Einspritzvorgang ungünstig, denn der Brennstoff lagerte sich auf der unteren Seite der Zerstäuberhohl-

Abb. 3. Teil des Prüffeldes der kleinen Ölmaschinen (1912)

Abb. 4. Gestell und Antriebsmotor einer dieselelektrischen Rangier-
lokomotive (1913)

räume, und die Einblaseluft konnte daher die einseitig vorgelagerte Brennstoffmenge nicht gleichmäßig erfassen.
Immer erfolgte die Einspritzung des Brennstoffes zu plötzlich, und es hat Jahre gedauert, ehe man eine Zerstäuber-
bauart fand, die ein gleichmäßiges, nicht zu schnelles Ein-
führen des Brennstoffes ermöglichte und damit den ruhigen
Verlauf des Verbrennungsvorganges und niedrige Verbrennungsdrücke sicherte.

Kurz vor dem Kriege hatte man diese Schwierigkeiten
einigermaßen überwunden, und größere Serien gegenläufiger
Maschinen wurden in Arbeit genommen und teils an kleinere Kraftstationen, teils an die Handels- und Kriegsmarine geliefert. Man nahm sogar das Problem der dieselelektrischen Lokomotive in Angriff und baute eine Rangier-
lokomotive (Abb. 4), die längere Zeit auf dem Grundstück
der Turbinenfabrik ihren Dienst versehen hat. Auch ein
dieselelektrischer Triebwagen wurde an die Reinicken-
dorf-Liebenwalder Kleinbahn geliefert, wo er Züge im Ge-
samtgewicht von 80 t befördert und Höchstgeschwindig-
keiten bis zu 40 km h erreicht hat.

Der Krieg unterbrach diese Entwicklung, doch waren
Mühe und Kosten nicht vergeblich angewandt, da sie die
Grundlage für den späteren Großölmaschinenbau der AEG
geliefert haben.

Die Bedürfnisse der Kriegsführung machten eine Umstellung des AEG-Oelmaschinenbaues erforderlich. Man
versuchte sogleich, die gegenläufige Oelmaschine dem Antrieb von Unterseebooten dienstbar zu machen, doch zeigte

Abb. 5. Sechszylindrige Viertakt-Unterseeboots-Oelmaschine
Leistung 550 PSe bei 450 U/min (1916)

sich bald, daß es mit den damaligen Mitteln nicht möglich
war, die verhältnismäßig hoch bauende Gegenkolben-
maschine in dem Druckkörper des U-Bootes unterzubringen.
Der lange Hub erwies sich hier als nachteilig, und auch die
Baulänge der Maschine wurde durch die seitlich angeordneten Flügelstangen, welche die Zylinderabstände vergrö-
ßerten, so vermehrt, daß man von dem Plan, die Gegen-
kolbenmaschine zum Unterseebootsmotor zu entwickeln,
Abstand nehmen mußte. Inzwischen hatte sich das Viertaktverfahren auf den U-Booten bewährt, und man beschloß
daher, um keine Zeit zu verlieren, zum Viertaktsystem überzugehen, das keine räumlichen Schwierigkeiten bot. Um
nicht die schon zu große Zahl von U-Boots-Maschinentypen
zu vermehren, schloß die AEG einen Lizenzvertrag mit
Gebr. Körting, dessen Abschluß insbesondere deshalb notwendig war, weil Körting im Besitz eines Anlaßverfahrens
für Dieselmaschinen war, dessen Anwendung die Kriegsmarine vorschrieb. In kürzester Zeit wurde nunmehr eine
Serie von sechszylindrigen Unterseebootsmaschinen in Arbeit genommen, die bei 450 U min 550 PSe leisteten (Abb. 5).
Mit dem Kriegsende kam auch diese Entwicklung zum

Abb. 6. Ortfeste AEG-Glühkopfmaschine
Leistung 10 PSe bei 300 U/min 1919

Stillstand, und die noch vorhandenen Unterseebootsmaschinen wurden als ortsfeste Maschinen an verschiedene Kraftstationen geliefert, wo sie heute noch ihren Dienst ver-
richten.

Schon vor dem Kriege hatte sich das Bedürfnis nach
einer einfacheren Oelmaschine geltend gemacht, da der
hochwertige Dieselmotor mit seinem (damals unentbehr-
lichen) Einblaseluftverdichter eine immerhin nicht ganz einfache Maschine darstellte, die eine sorgfältige Bedienung
erforderte. Man suchte nach einer Schwerölmaschine für
kleine Leistungen, die auch einem ungeschulten Bedienungs-
personal überlassen werden konnte und deren Anschaffungskosten niedriger als die eines Dieselmotors waren. Hierfür
schien der Glühkopfmotor am besten geeignet, der, aus dem
alten Hornsby-Akroyd-Motor entstanden, insbesondere von
skandinavischen Firmen für die nordischen Fischerkreise
zu brauchbaren Bootsmotor entwickelt worden war. Der
Glühkopfmotor mit seinem geringen Verdichtungsgrad
und seinen niedrigen Verbrennungsdrücken entsprach vor
allem der Forderung nach Einfachheit; infolge seiner niedrigen Verdichtung konnte er selbst bei größeren Zylinder-
durchmessern von Hand angeworfen werden, und da er meist
als Zweitaktmotor mit Schlitzspülung und Kurbelkasten-

33

Abb. 7. Glühkopfmaschinen-Werkstatt (1921)

spülpumpe gebaut wurde, so ergab sich ein recht einfacher und billiger Motor. Seine Nachteile waren die geringe spezifische Leistung als Folge der mangelhaften Spülung sowie die Notwendigkeit, wegen der niedrigen Verdichtung zum Anfahren einer fremden Wärmequelle zu bedürfen, wozu in der Regel eine Lötlampe benutzt wurde. Auch der Brennstoffverbrauch des Glühkopfmotors war verhältnismäßig hoch, doch nahm man diese Nachteile in Kauf, weil der Motor billig war und auch von ungeschultem Personal leicht bedient werden konnte.

Die AEG hatte sich schon vor dem Kriege mit der Entwicklung eines eigenen Glühkopfmotors beschäftigt, jedoch verhinderte der Krieg die Fortsetzung dieser Arbeiten, die

erst nach Kriegsende von neuem aufgenommen wurden. Anfang 1919 wurde eine Serie von Glühkopfmaschinen mit Zylinderleistungen von 5, 10 und 25 PSe gebaut, die später auf 40 und 60 PSe gesteigert wurden. Abb. 6 zeigt eine der ersten ortsfesten AEG-Glühkopfmaschinen von 10 PS Zylinderleistung bei 500 U/min. Der Aufbau war einfach; ein Achsenregler steuerte den Hub der waagerecht angeordneten Brennstoffpumpe, die den Brennstoff durch ein Rückschlagventil in den Verbrennungsraum förderte. Die Glühhaube wurde durch eine Heizlampe angewärmt; zur Schalldämpfung diente ein stehender Auspufftopf. Diese erste Maschinentype war noch mit Wassereinspritzung eingerichtet, wozu ein Tropfapparat etwas Wasser dem Zylinderkühlmantel entnahm und in die Spülschlitze einführte, so daß das Wasser durch den eintretenden Spülluftstrom mitgerissen wurde. Hierdurch erhielt man in einfachster Weise eine Leistungssteigerung von etwa 30 vH, weil das Einspritzwasser den Ablauf der Verbrennungsreaktionen beschleunigt. Gleichwohl hat man die Wassereinspritzung sehr bald wieder aufgegeben, weil das Wasser die Schmierung des Kolbens in der Zylinderlaufbüchse nachteilig beeinflußte und ein unzulässig großer Verschleiß der Laufwände die Folge war.

Im ganzen wurden von der AEG etwa 800 Glühkopfmaschinen gebaut, die mehrere Jahre den Werkstätten eine lebhafte Beschäftigung gaben (Abb. 7). Auch für den Antrieb von Fischerbooten, Küstenfahrzeugen, von Gleichstromgeneratoren und kleinen Luftverdichtern wurden die Glühkopfmaschinen verwendet. Abb. 8 zeigt einen zweizylindrigen Glühkopfmotor von 80 PSe bei 350 U/min, der mit einer von der Germaniawerft gebauten Drehflügelschraube gekuppelt und als Hilfsmaschine für einen Motorsegler von 275 t Tragfähigkeit bestimmt war.

Abb. 8.
Glühkopfmotor mit Drehflügelschraube für Motorsegler (1923)
Leistung 80 PSe bei 350 U/min

Auf die Dauer konnte sich jedoch die Glühkopfmaschine nicht neben den kompressorlosen Klein-Dieselmotoren behaupten, denn inzwischen war der Dieselmotor durch die Ausbildung der Druckzerstäubung, wodurch der Einblaseluftverdichter in Fortfall kommt, so vervollkommnet und vereinfacht worden, daß er in bezug auf leichte Bedienbarkeit dem Glühkopfmotor kaum noch nachstand, während er durch den besseren Brennstoffverbrauch und die höhere spezifische Leistung den Glühkopfmotor bei weitem übertraf. Schon früher war in der Vorkammermaschine dem Glühkopfmotor ein scharfer Konkurrent erwachsen, und aus beiden Gründen hat der Glühkopfmaschinenbau, wenigstens in Deutschland, seither an Bedeutung sehr verloren, während er in den skandinavischen Ländern und in Holland noch zum Teil weiter betrieben wird. Im Jahre 1924 gab

Recht zur Benutzung der Patente und Konstruktionen der dänischen Firma in Deutschland auf die zu diesem Zweck gegründete Deutsche Oelmaschinen-Gesellschaft übertrug. Diese Rechte sind dann 1919 von der AEG übernommen worden, die im gleichen Jahre den Bau von H a n d e l s - s c h i f f s - O e l m a s c h i n e n im großen Maßstab aufnahm und seither im Zusammenarbeiten mit der Deutschen Werft zahlreiche Dieselmaschinen der Bauart Burmeister & Wain geliefert hat. Die bewährte dänische Ausführung wurde in den Grundzügen beibehalten und nur in Einzelheiten den Bedürfnissen der deutschen Seeschiffahrt angepaßt. Eine für den Schiffbau günstige Konjunktur führte den Werkstätten der Turbinenfabrik während einer Reihe von Jahren große Aufträge zu; im Zusammenarbeiten mit der Deutschen Werft in Hamburg und anderen Seeschiffswerften Deutsch-

Abb. 9. Schiffsölmaschine Bauart AEG-Burmeister & Wain
Leistung 4000 PSi bei 125 U min (1925)

die AEG daher den Glühkopfmaschinenbau auf, um sich um so eingehender mit der Ausbildung des kompressorlosen Einspritzsystems zu beschäftigen.

Inzwischen hatte schon früher, in die Vorkriegszeit zurückreichend, eine Entwicklung eingesetzt, die für den Handelsschiffbau von größter Bedeutung werden sollte: die Anpassung des Dieselmotors an die Bedürfnisse der H o c h - s e e s c h i f f a h r t. Vielleicht wäre Deutschland, das den Dieselmotor erfunden hat, auch in dieser Entwicklung führend geworden, wenn nicht der Krieg den deutschen Dieselmotorenbau gezwungen hätte, sich ganz auf die Anforderungen der Kriegsmarine einzustellen. So war es die dänische Firma Burmeister & Wain, die nach beachtlichen Anfangserfolgen, die in die letzten Jahre vor dem Kriege zurückreichen, während des Krieges den Dieselmotor zur Antriebsmaschine für Handelsschiffe entwickelt hat. Schon während des Krieges erkannte die Hamburg-Amerika Linie die Bedeutung, welche diese Entwicklung in der Nachkriegszeit haben würde, und sie ließ durch ihren Beauftragten, den nachmaligen Leiter der Deutschen Werft in Hamburg, Dr. Scholz, im Jahre 1917 einen Vertrag mit Burmeister & Wain schließen, welcher das ausschließliche

lands wurden deutsche, schwedische, norwegische, englische, französische und italienische Reedereien mit Handelsschiffsmotoren beliefert. Unter anderem erhielt die AEG für die Prince Line Ltd., London, im Jahre 1925 den Auftrag auf Lieferung von 10 Schiffsölmaschinen, von denen jede 4000 PSi bei 125 U min leistete (Abb. 9).

Auch die für den Betrieb eines Motorschiffes erforderlichen Hilfsdieselmaschinen wurden von der Turbinenfabrik hergestellt. Hier bevorzugte man die Bauart mit zwei und drei Zylindern entsprechend den damals hauptsächlich in Frage kommenden Leistungen von 66, 75 und 100 kW. Die Hilfsdieselmaschinen waren teils mit Gleichstromgeneratoren gekuppelt, teils dienten sie zum Antrieb der für das Anlassen der Hauptmaschinen nötigen Luftverdichter. Sehr häufig war die Anordnung so getroffen, daß der Dieselmotor einen Gleichstromgenerator antrieb und außerdem durch eine lösbare Kupplung mit der Einblaseluftpumpe verbunden war, die nur in Betrieb gesetzt wurde, wenn die Anfahrluftgefäße des Hauptmotors aufzufüllen waren (Abb. 10).

Eine besonders bemerkenswerte Gruppe ist in Abb. 11 dargestellt. Sie zeigt einen sechszylindrigen Dieselkompressor der Bauart AEG-Burmeister & Wain, von denen

Abb. 10. Dieselgenerator mit Luftpumpe
Leistung des Generators 75 kW; Leistung der Luftpumpe 410 m³/h auf 65 atü bei 300 U/min (1921)

sechs gleiche Anlagen für die italienischen Motor-Fahrgast-schiffe „Saturnia" und „Vulcania" geliefert worden sind. Die in der Tauchkolbenbauart ausgeführte Dieselmaschine treibt einen Drillingkompressor und entwickelt eine indizierte Leistung von 1800 PSi bei 175 U/min, während der Kompressor eine Nutzleistung von 5400 m³/h angesaugte Luft bei einem Enddruck von 65 atü hat. Die Kompressoren liefern die Einblaseluft für die je zwei 10 000 PSi-Haupt-maschinen der genannten Schiffe und dienen außerdem zum Aufladen der Anlaßluftkessel. Die beiden Schiffe, die mit ihrer Antriebleistung von 20 000 PSi zu den größten Motor-schiffen der Welt zählen, haben in ihrer Druckluftanlage

Abb. 11. Sechszylindriger AEG-Dieselkompressor
Indizierte Leistung des Dieselmotors 1800 PSi; Nutzleistung des Drillingkompressors 5400 m³/h Luft auf 65 atü bei 175 U/min (1926)

Abb. 12. 1000 PSe-Versuchszylinder zum Studium der Druckeinspritzung bei Großdieselmaschinen (1926)

nicht weniger als 4800 PSi an Bord, wobei die Druckluft
zum kleineren Teil zum Anfahren der Haupt- und Hilfsmaschinen benötigt wird: der weitaus größere Teil ist erforderlich, um die für die Einspritzung des Brennstoffes
notwendige Druckluft zu liefern. Es ist klar, daß es einen
erheblichen technischen Fortschritt darstellen muß, wenn
es gelingt, die Einblasedruckluft entbehrlich zu machen und
die Hauptdieselmaschinen mit rei-
ner Druckeinspritzung zu betreiben. Die Kompressoren erhalten
dann nur noch einen kleinen
Bruchteil der früheren Leistung:
sie haben nur die zum Anfahren
und Manövrieren erforderliche
Preßluft zu liefern, wozu auch für
größte Motorschiffe wenige 100 PS
genügen.

Das Problem der k o m p r e s -
s o r l o s e n Dieselmaschine
war als Aufgabe seit langem bekannt, doch seine Lösung bis
in die Mitte der zwanziger Jahre
nur für kleine Zylinderleistungen
gelungen. Insbesondere den kompressorlosen doppeltwirkenden
Zweitaktmotor hielt man um jene
Zeit vielfach für unmöglich. Diese
Anschauung hat die AEG als
erste unter allen Dieselfirmen
widerlegt und, gestützt auf ihre
früheren Erfahrungen im Zwei-
takt- und Viertakt-Dieselmaschi-
nenbau, in verhältnismäßig kurzer
Zeit den ersten d o p p e l t w i r -
k e n d e n k o m p r e s s o r l o s e n
Z w e i t a k t m o t o r geschaffen.

Bereits 1920 hatte die AEG
die Druckeinspritzung des Brenn-

stoffes in ihre Untersuchungen einbezogen. Hierbei wurde
sie auf die Arbeiten des schwedischen Ingenieurs
K. J. E. Hesselman aufmerksam, der auf dem Gebiete der
kompressorlosen Einspritzung bahnbrechend gewirkt hat.
Im Jahre 1925 erwarb sie die Patente Hesselmans, welche
grundlegende Lehren für die Gemischbildung im kompressorlosen Dieselmotor enthalten. Von den Arbeiten Hesselman's ausgehend hat die AEG sodann als erste Firma den
Beweis erbracht, daß die Druckeinspritzung auch bei Dieselmaschinen größter Abmessungen, einschließlich doppel-
wirkender Motoren, den Bau betriebssicherer Maschinen
ermöglicht.

Es bedurfte freilich noch umfangreicher eigener Versuche
in größtem Maßstab, bevor das Ziel des doppeltwirkenden
kompressorlosen Zweitaktmotors erreicht war. Hierzu
wurde ein 1000pferdiger Versuchszylinder (Abb. 12) gebaut,
an dem alle Fragen der kompressorlosen Betriebsweise auf
das sorgfältigste studiert wurden. Daneben liefen umfangreiche Versuche zur Erforschung der Vorgänge bei der
Druckeinspritzung, um insbesondere die Durchschlagskraft
der Brennstoffstrahlen in verdichteter Luft zu messen,
worüber die Literatur keine Auskunft gab. Weitere Versuche erstreckten sich auf die Erforschung der Gemischbildung in kompressorlosen Dieselmaschinen, das Studium
der Spülvorgänge, die Untersuchungen der Schwingungen in
Oeldruckleitungen und manche andere Einzelfragen.

Ende 1926 waren die Vorversuche soweit abgeschlossen,
daß ihre paktische Verwertung an Bord seegehender Motorschiffe kein unzulässig großes Risiko mehr darstellte. Im
Frühjahr 1927 gab die Hamburg-Amerika Linie der Deutschen Werft in Hamburg drei Motorschiffe in Auftrag, die
mit je einem doppeltwirkenden kompressorlosen Zweitaktmotor ausgerüstet wurden, der bei 90 U min 4500 PSe in
sechs Zylindern leistete (Abb. 13). Der Umstand, daß man
keine Bedenken trug, diese Schiffe als E i n w e l l e n s c h i f f e
zu bauen, bei denen die Sicherheit des Fahrzeuges nur von
der einen Hauptmaschine abhing, darf als Beweis für den
Unternehmermut der beteiligten Firmen gelten. Der Erfolg
hat ihnen recht gegeben, und die drei Motorschiffe „Leverkusen", „Duisburg" und „Kulmerland", von denen das erste

Abb. 13. Der erste doppeltwirkende kompressorlose Zweitaktdieselmotor,
gebaut für MS. „Leverkusen" der Hamburg-Amerika Linie
Leistung 4500 PSe bei 90 U/min (1928)

sich seit 7 Jahren in Betrieb befindet, haben nach Ueberwindung der unvermeidlichen anfänglichen Schwierigkeiten sich als wirtschaftliche Motorschiffe erwiesen.

Auch für Dieselmotoren kleinerer Leistung, insbesondere Viertaktmaschinen, wurde das AEG-Hesselman-Verfahren zu einem brauchbaren Einspritzsystem entwickelt, und es konnte eine Reihe von kompressorlosen Viertaktmaschinen geliefert werden, die auf deutschen Motorschiffen seit Jahren in Betrieb sind (Abb. 14).

Die für die Motorschiffe „Berganger", „Moldanger" und „Trondanger" der norwegischen Reederei Westfal-Larsen & Co. in Bergen im Jahre 1932 gelieferten 7000 PSe-Hauptmaschinen (Abb. 15) zählen zu den größten jemals gebauten kompressorlosen Dieselmaschinen. Sie leisten 7000 PSe bei 115 U/min und sind entsprechend dem Wunsch des Reeders mit angehängter Kolbenspülpumpe versehen. Bei diesen Maschinen hat die von der AEG entwickelte Bauart von Stahlguß-Zylinderdeckeln mit im Wasserstoffofen eingelöteten schmiedeeisernen Platten weitgehende Verwendung gefunden. Auch die älteren Motorschiffe wurden mit diesen Deckeln, die eine außerordentlich große Lebensdauer bewiesen haben, ausgerüstet. Die neue Deckelbauart hat auch bei Motoren fremder Herkunft vielfach Verwendung gefunden.

In der gleichen Bauart werden die im Laufe dieses Jahres für norwegische Reedereien an die Deutsche Werft in Hamburg zu liefernden zwei 4100 PSe-Motoren ausgeführt. Sie sind für Einwellen-Tankschiffe bestimmt und erhalten je sechs Zylinder von 600 mm Bohrung und 1100 mm Hub. Ihre Drehzahl wird etwa 118 U/min betragen.

Abb. 14. Sechszylindriger kompressorloser Viertakt-Dieselmotor
Bauart AEG-Hesselman
Leistung 550 PSe bei 540 U/min (1928)

Die von der AEG auf dem Gebiet des kompressorlosen Dieselmaschinenbaues geleistete Entwicklungsarbeit ist von einer Reihe in- und ausländischer Firmen übernommen worden. Zu den Lizenznehmern der AEG gehören die Firmen Fried. Krupp A.-G., Essen, und Fried. Krupp Germaniawerft A.-G., Kiel, ferner die N. V. Machinefabriek Gebr. Stork & Co. in Hengelo (Holland) sowie die Busch-Sulzer Bros.-Diesel Engine Co. in St. Louis.

Abb. 15. Doppeltwirkender kompressorloser Zweitaktmotor Bauart AEG-Hesselman
Leistung 7000 PSe bei 115 U/min (1932)

DIE ENTWICKLUNG DER DIESELMASCHINE
BEI DER DAIMLER-BENZ AKTIENGESELLSCHAFT

Ein Rückblick auf die Entwicklungsgeschichte der schnellaufenden Dieselmaschine der Daimler-Benz A. G. zeigt, daß ihre Anfänge in den Abteilungen für ortsfeste Motoren der damals noch getrennten Firmen, Daimler-Motorengesellschaft und Benz & Cie., wurzeln. Das Werk Marienfelde der Daimler-Motorengesellschaft stellte bereits lange vor dem Kriege ortsfeste und Bootsmotoren für Benzin-, Spiritus- und Petroleumbetrieb her, während das Mannheimer Werk von Benz vorzugsweise Sauggas-Motoren baute. Vom Jahre 1908 ab nahmen beide Werke auch den Bau von Dieselmotoren auf.

Der Begriff „Dieselmotor" war in dieser Zeit eine durchaus klar umrissene Bezeichnung, unter der man (nach Diesels eigener Defination) eine Maschine mit brennstofffreier Verdichtung, gesteuerter Brennstoffeinführung und Selbstzündung verstand. Zu diesen Merkmalen gesellte sich praktisch die Einblasung des Brennstoffes in den Verbrennungsraum mit Hilfe hochgespannter durch einen besonderen Verdichter erzeugter Einblaseluft. Diese Lufteinblasung war ursprünglich kein kennzeichnendes Merkmal des Verfahrens und von Diesel selbst erst angewandt worden, als seine Bemühungen, den Brennstoff lediglich durch Pumpendruck in den Zylinder zu fördern, bei der Unzulänglichkeit der damaligen Einspritzförderung erfolglos waren.

Obwohl die Kompressoren für die Einblaseluft im Laufe der Zeit so weit entwickelt wurden, daß namhafte Betriebsstörungen im allgemeinen vermieden wurden, galt der Kompressor doch von jeher als ein unerwünschter Bestandteil, der immerhin eine gewisse Wartung bedarf und letzten Endes auch die Baukosten des Motors nicht unwesentlich verteuert. Dazu kommt, daß der Arbeitsaufwand für den Kompressor, selbst unter Berücksichtigung der Tatsache, daß ein Teil der für die Luftverdichtung aufgewendeten Leistung im Arbeitszylinder durch die Ausdehnungsarbeit der Luft wieder gewonnen wird, etwa 5 bis 7 vH der Motornutzleistung beträgt. Dieses Verhältnis wird noch weit ungünstiger, je kleiner der Motor und damit der Arbeitsaufwand für den Kompressor im Vergleich zur der ganzen Maschine wird. Vergegenwärtigt man sich weiter den Aufbau eines mehrstufigen Kompressors mit jedesmaliger Zwischenkühlung der Luft, den dazu gehörigen zahlreichen Rohrleitungen, Ventile, Luftflaschen, Oelabscheider usw., so wird man begreifen, daß ein derart verwickelter Mechanismus nur dann in wirtschaftlichen Wettbewerb mit betrieblich einfacheren Maschinen treten konnte, wenn die höheren Anschaffungs- und Wartungskosten durch eine wesentliche Brennstoffersparnis ausgeglichen wurden.

Unter diesen Umständen ist es nicht verwunderlich, daß nicht nur in der Patentliteratur zahlreiche Vorschläge auftauchten, die Lufteinblasung des Brennstoffes durch einfachere Mittel zu ersetzen, sondern daß tatsächlich auch zahlreiche Versuchsmaschinen dieser Art ausgeführt wurden. Alle diese Verfahren, welche entweder die Einblaseluft unmittelbar aus dem Arbeitszylinder entnahmen oder durch Vorverbrennung einer abgespaltenen Brennstoffmenge den Hauptteil des Brennstoffes in den Zylinder hinein zerstäuben

sollten (Haselwander, Vogel, Trinkler, Brons u. a.), haben sich mit ganz geringen Ausnahmen aber nicht bewährt, so daß es in der Vorkriegszeit eigentlich nur eine Oelmaschine gab, welche — allerdings nur für kleinere Einheiten — mit dem Dieselmotor konkurrieren konnte, nämlich den Glühkopfmotor nach Akroyd Stuart. Sein kennzeichnendes Merkmal war eine mit dem Hubraum durch eine weite Halsöffnung verbundene Kammer, deren ungekühlte Wände ständig eine hohe Temperatur besaßen. Der Brennstoff wurde während des Verdichtungshubes gegen diese heißen Wände gespritzt, verdampfte und entzündete sich unter dem Zusammenwirken von Verdichtungs- und Wandtemperatur. Da der Wärmezustand des Glühkopfes in sehr erheblichem Maße von der Belastung der Maschine abhängig war, verlief die Zündung im wesentlichen ungesteuert, d. h. zu einem nicht mit absoluter Sicherheit beherrschbaren Zeitpunkt. Trotz dieser grundsätzlichen Mängel hatte sich der Glühkopfmotor, der fast durchweg als Zweitaktmaschine mit Schlitzspülung und Kurbelkammer-Spülpumpe gebaut wurde, für einfache und anspruchslose Verwendungszwecke recht gut bewährt und wurde besonders in England sowie in den skandinavischen Ländern als Antriebsmaschine für Fischerboote u. dgl. gern benützt.

Die Brücke zwischen dieser zwar einfachen, aber unvollkommenen Oelmaschine, die man im Ausland vielfach als Semi-Dieselmaschine bezeichnete, zu dem klassischen (Lufteinblasungs-) Dieselmotor mit seinem unübertroffen sparsamen Brennstoffverbrauch zu schlagen, beschäftigte daher in der Vorkriegszeit einen großen Teil unserer besten Diesel-Konstrukteure.

Eine für die Entwicklung der kompressorlosen Dieselmaschine richtungsbildende Erfindung erfolgte im Jahre 1909 im stationären Motorenbau von Benz & Cie., die in dem DRP. 230 517 vom 14. März 1909 ihren Ausdruck gefunden hat. Dem Erfindungsgedanken zufolge sollten die Unvollkommenheiten des bisherigen Verfahrens, den Brennstoff durch Vorverbrennung eines vorgelagerten Hilfsgemisches in den Zylinder einzuführen, durch eine zeitlich zu beherrschende und möglichst gleichmäßig verlaufende Strömung hochgespannter Verbrennungsgase ersetzt werden. Das hierzu dienende Mittel war die Unterteilung des Verbrennungsraumes in zwei Teile, den eigentlichen Hubraum und eine mit diesem durch einen engen Kanal in Verbindung stehende Kammer, die sogenannte Vorkammer. Der gesamte Brennstoff wurde am Ende des Verdichtungsraumes durch eine Brennstoffpumpe zum beabsichtigten Zeitpunkt in die Vorkammer eingespritzt. Hier entzündet sich ein Teil der eingespritzten Brennstoffmenge, wodurch der Druck in der Vorkammer plötzlich zu einer beträchtlichen Höhe anwächst; die zwischen Vorkammer und Hauptraum bestehende Druckdifferenz bewirkt ein Abströmen heißer Verbrennungsgase nach dem Hubraum, wodurch die Hauptmenge des in die Vorkammer eingeführten, aber noch nicht zur Entzündung gelangten Brennstoffes mit nach dem Hauptraum gerissen wird; hier erst erfolgt die Zündung und Verbrennung des mengenmäßig größeren Brennstoffanteiles. Da die Wir-

3*

kung der aus der Vorkammer nach dem Hauptraum strömenden heißen Verbrennungsgase in bezug auf die Verwirbelung und Verteilung des Brennstoffes im wesentlichen derjenigen der Einblaseluft des klassischen Dieselmotors gleichzusetzen war, schien damit die Verwirklichung der kompressorlosen Dieselmaschine in nächste Nähe gerückt zu sein.

Tatsächlich aber war man von diesem Ziel noch weit entfernt. So richtig auch — wie man jetzt weiß, die der Erfindung zugrundeliegenden Gedankengänge waren, so standen doch der praktischen Verwirklichung noch große Schwierigkeiten entgegen, so vor allem das häufige Verkoken der offenen Düse. Trotz dem war zuletzt bei einem Versuchsmotor mit 240 mm Hub und 160 mm Bohrung ein Dauerbetrieb möglich, der 180 Stunden durchgeführt wurde, und bei dem der Verbrauch etwa 245 g/PSh betrug. So weit waren etwa um 1910 die Versuche gediehen, als sie anderer Umstände wegen abgebrochen werden mußten. Die Trennung der Abteilung Automobilbau vom stationären Motorenbau der Firma Benz bedingte gewisse Umstellungen, vor allem die Schaffung verkaufsfähiger moderner Gas- und Dieselmotoren, so daß die Versuche an der kompressorlosen Maschine bis zum Jahre 1914 ruhten. Die kurz vor Kriegsbeginn wieder aufgenommenen Versuche wurden plötzlich durch den Krieg unterbrochen, in welchem die Hauptarbeit sich auf die Schaffung kriegsbrauchbarer Typen für U-Bootsmaschinen erstreckte. Maschinenleistungen bis zu 600 PS bei Benz und bis zu 700 PS bei Daimler bewiesen, daß beide Firmen auch diesen schwierigen Aufgaben des Motorenbaues in vollstem Maße gewachsen waren.

Nach Beendigung des Krieges standen die deutschen Motorenfirmen einer völlig veränderten Situation gegenüber. Wohl hatte man in den Vorkriegsjahren die grundlegenden Pionierarbeiten für die Entwicklung der kompressorlosen Bauart geleistet, jedoch war man zögernd an ihre betriebsreife Ausbildung herangegangen, sicherlich aus dem Gedankengang heraus, daß die Industrie — bei dem damals zweifellos vorhandenen Hochstand des deutschen Dieselmotorenbaues — Bedenken hatte, Maschinen zu entwickeln, welche — wenn auch nur vorübergehend — nicht alle Anforderungen erfüllten, die man in bezug auf Betriebssicherheit und Wärmeausnutzung an die Dieselmaschine zu stellen gewöhnt war.

Abb. 1. Mercedes-Benz Sechszylinder-Dieselmotor, Typ OM 5
Einspritzpumpenseite

Das Ausland hingegen, welches, von Tradition weniger beeinflußt, in dieser Beziehung viel unbefangener war, hat in seinem Bestreben auf Vereinfachung der Dieselmaschine einerseits die Glühkopfmaschine nach mehreren Richtungen

hin weiterentwickelt, anderseits, zurückgreifend auf ältere deutsche Arbeiten, die luftlose Einspritzung des Brennstoffes unter hohem Druck zur praktischen Brauchbarkeit durchgebildet (McKechnie-Vickers).

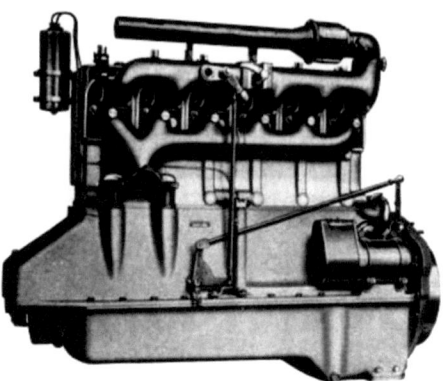

Abb. 2. Mercedes-Benz Sechszylinder-Dieselmotor, Typ OM 5
Auspuffseite

Die wirtschaftlichen Zustände der Nachkriegszeit, insbesondere die Inflationsjahre, waren es denn auch, welche in Deutschland den gewaltigen Anstoß zur Weiterentwicklung der kompressorlosen Dieselmaschine gaben; der durch die Reparationslieferungen bedingte Kohlenmangel, die bei der zerrütteten Währung unerträglich hochscheinenden Preise des Leichtöles und des elektrischen Kraftstromes steigerten das Bedürfnis nach einfachen und billigen Schwerölmotoren derart, daß die Entwicklung der Dieselmaschine nach dieser Richtung hin erfolgen mußte, falls sie nicht Gefahr laufen wollte, bis zu Leistungen von etwa 100 PS von der thermisch wesentlich unvollkommeneren Glühkopfmaschine verdrängt zu werden.

Unter diesen Umständen war es naheliegend, daß man bei Benz die in der Vorkriegszeit günstig verlaufenen Versuche mit dem Vorkammer-Motor wieder aufnahm. Als wertvoller Vergleich diente hierbei eine in der Kriegszeit entwickelte schwedische Maschine, der Ljusne-Woxna, die im wesentlichen der Vorkammer-Maschine nach DRP. 230 517 glich, bei der jedoch die gekühlte Vorkammer durch einen mit Bohrung versehenen Rohransatz in zwei Räume unterteilt war. Aus der Zweigliederung des Verbrennungsraumes der ursprünglichen Benz-Vorkammer-Maschine wurde hier eine Dreigliederung, wobei der um den gelochten Rohransatz liegende Ringraum ähnliche Wirkung äußern sollte, wie man sie heute den sogenannten „Luftspeichern" und „Nachkammern" zuschreibt. Es zeigte sich jedoch, daß der Rohransatz, selbst wenn er aus wärmebeständigem Material hergestellt war, zum Abbrand neigte und daß man dieselbe, wenn nicht eine bessere Wirkung durch eine zweckentsprechende Gliederung der Vorkammer erzielen konnte, wenn man an ihren flach-zylindrischen Teil einen trichterförmig ausgebildeten Raum anschloß. Als besonders günstig erwies sich hierfür die im wesentlichen noch heute übliche Form eines Ansatzes aus wärmebeständigem Material, bei der der obere Teil so weit an der gekühlten Deckelwand anlag, daß kein Verbrennen stattfand, daß sie aber im Mittelteile von den gekühlten Wandungen isoliert wurde, so daß die Trichterfläche heiß genug blieb, um eine rasche Entzündung der auf sie auftreffenden Brennstoffteilchen zu erzielen (DRP. 397 142 vom 18. März 1919).

So geringfügig auch nach dem Wortlaut des Patentes diese Verbesserung zu sein scheint, so hat sie sich doch als

Abb. 3. Zylinderkopf

uberaus wichtig erwiesen; mit ihr ist eigentlich erst die Benz-Maschine betriebsbrauchbar geworden. Der unmittelbar in der Verbrennungszone liegende Einsatz nimmt nämlich, da er die Wärme nur unvollkommen an die Wandungen ableiten kann, im Betrieb eine hohe Temperatur an und begünstigt so die Anfangszündung des eingespritzten Brennstoffes. Im übrigen aber erfüllt er durch seine Wärmekapazität noch einen anderen Zweck, nämlich im Expansionshub Wärme aus den abströmenden Kammergasen aufzunehmen und diese den im Verdichtungshube einströmenden Luftmengen wieder zuzuführen. Er erfüllt damit sozusagen die Aufgabe eines Temperaturreglers und ermöglicht einwandfreie Verbrennung auch bei sehr wechselnden Belastungen.

Da die neueren Versuchsmaschinen sowohl bezüglich der spez. Belastungen als auch in bezug auf ihre Verbrauchszahlen auch höher gespannten Anforderungen in jeder Weise genügten, so ging man bereits im Jahre 1920 an den Bau verkaufsfähiger Maschinen, die zunächst durch den Umbau vorhandener Benzolmotoren hergestellt wurden. Die bei den ersten Maschinen vorübergehend verwendete Drossel-Regulierung der Brennstoffpumpe wurde später wieder durch die Uberstrom-Regulierung mit veränderlichem Einspritzende, wie sie bei den ersten Maschinen verwendet war und noch heute üblich ist, ersetzt. Gleichzeitig wurde eine Einrichtung zur Erleichterung des Anlassens mit Hilfe von Glimmpapieren geschaffen.

In derselben Zeit, also Anfang 1920, hatte man bei Benz bereits erkannt, daß die Verwendung des billigen und feuerungefährlichen Rohöls für Automobilmotoren eine aussichtsreiche Zukunftsaufgabe sei. Die Schwierigkeiten der Verwendung von Treiböl in Vergasermotoren waren bekannt, und es lag der Gedanke nahe, die nunmehr an sich betriebsreife kompressorlose Dieselmaschine zum schnelllaufenden Automobilmotor zu entwickeln.

Als Vorstufe wurde 1921 zunächst ein Zweizylindermotor (Type ZKD) mit 180 mm Hub und 120 mm Bohrung konstruiert, der bei 800 Umdr. min 20 PS leistete. Ihm folgte im Jahre 1922 ein Vierzylinder mit 180 mm Hub und 125 mm Bohrung und einer Leistung von 50 PS bei n — 1000.

Vom Jahre 1922 ab gabelte sich die Entwicklung der ortsfesten und der Fahrzeugmaschine derart, daß der stationäre Motorenbau von Benz von der Automobilfabrik abgetrennt wurde und als Motorenwerke Mannheim vorm. Benz & Cie. als selbständiges Unternehmen den Bau von ortsfesten und Schiffsmaschinen größerer Leistungen nach den Benz-Patenten übernahm. Auch hier hat sich das Vorkammerverfahren bis zur Motorleistung von 1000 PS ausgezeichnet bewährt.

Dieselbe Erwägung wie bei Benz hatte auch Daimler dazu geführt, sich mit dem Problem des schnellaufenden Fahrzeugmotors zu beschäftigen. Hier stand man allerdings noch ganz unter dem Eindruck der Erfolge, die man im Kriege mit raschlaufenden Lufteinblasungsmotoren erzielt hatte, und glaubte, das Problem von dieser Seite aus erfassen

zu können. Bereits im Jahre 1921 war dort ein Kompressor-Dieselmotor (Typ AD) entstanden, der 40 PS bei 1000 Umdr. min leistete.

Als im Jahre 1924 zwischen Daimler und Benz die Interessengemeinschaft abgeschlossen wurde, die dann 1926 zu einer Verschmelzung beider Firmen mit dem Namen Daimler-Benz Aktiengesellschaft führte, wurde beschlossen, die gegenseitigen Erfahrungen auf dem Gebiete des Fahrzeugdieselmotors auszutauschen und Vergleichsversuche mit den bei beiden Firmen vorhandenen Dieselschnelläufern, nämlich dem Daimler-Einblasungsmotor Typ AD und dem Benz-Vorkammer-Motor OB 2 (ein weiter entwickelter BO 1 mit denselben Abmessungen), anzustellen. Die Versuche zeigten sehr bald die Ueberlegenheit der kompressorlosen Bauart, besonders im rauhen Fahrbetrieb. Zwar hatte der Lufteinblasungsmotor im Leerlauf eine etwas sauberere und rauchfreie Verbrennung, jedoch erwies er sich vornehmlich wegen der zweistufigen Lufteinblasungspumpe als überaus empfindlich und benötigte eine Wartung durch geschultes Personal, wie sie wohl in der Versuchsabteilung eines Werkes, nicht aber im praktischen Fahrbetrieb erwartet werden konnte. Man entschloß sich daher, den Lufteinblasungsmotor aufzugeben und den Vorkammermotor BO 2 weiter zu entwickeln. Diese Bemühungen hatten vollen Erfolg. Ein mit diesem Motor ausgerüsteter 5 Tonner-Lastwagen, Typ 5 K 3, wurde 1924 auf der Amsterdamer Automobil-Ausstellung gezeigt, ein anderer Wagen derselben Bauart im September 1924 an die Firma Robert Bosch, Stuttgart, zur Ablieferung gebracht. Dieser Wagen hat bis zum Jahre 1932 bei Bosch in Dienst gestanden. Ein weiterer Anfang 1925 an eine andere Firma gelieferter Wagen (Abb. 5) hat ebenfalls bis in die allerjüngste Zeit unverändert und befriedigend seinen Dienst getan, bis er von Daimler-Benz für das historische Museum angekauft wurde.

Selbstverständlich hat der Uebergang von der langsamlaufenden Vorkammermaschine zum schnellaufenden Dieselmotor einen großen Aufwand konstruktiver Arbeit gekostet. Schwierigkeiten bereitete insbesondere der Entwurf und die

Abb. 4. Schnitt durch einen Mercedes-Benz Dieselmotor mit schräger Vorkammer

Herstellung der Brennstoff- und der Einspritzdüsen, bei denen man sich nicht ohne weiteres auf die Vorbilder ortsfester Motoren stützen konnte. Erleichtert wurde die Arbeit andererseits aber durch den Umstand, daß sich gerade das Vorkammersystem in einem vom Erfinder wahrscheinlich noch gar nicht vorausgesehenen Umfange besonders für den kleinen Schnelläufer eignete. Es zeigte sich, daß die Vorkammermaschine mit besonders niedrigen Einspritzdrücken von etwa 80 at auskam, was für die Zuverlässigkeit und

165 mm Hub und 105 mm Bohrung 70 PS bei 1300 U/min leistete, wurde von der Lastwagenfabrik Gaggenau gebaut und erwies sich bald nicht nur als ein außerordentlicher technisch-konstruktiver, sondern auch als ein vorzüglicher

Abb. 5. Mercedes-Benz Vierzylinder-Dieselmotor, Typ OM 59 55 PS
Auspuffseite

Abb. 6. Mercedes-Benz Vierzylinder-Dieselmotor, Typ OM 59 55 PS
Einspritzpumpenseite

Dauerhaftigkeit von Brennstoffpumpe und Düse außerordentlich wichtig ist. Die Vorkammerwirkung ermöglicht ferner eine gute Zerstäubung und Verteilung des Brennstoffes und infolgedessen bei richtiger Konstruktion des sogenannten Brennereinsatzes eine rauch- und geruchfreie Verbrennung auch bei wechselnden Drehzahlen und Belastungen.

Unter diesen Umständen war zu erwarten, daß der Fahrzeugdieselmotor in jeder Weise auch mit der inzwischen gesteigerten Drehzahlerhöhung der Benzinmotoren Schritt halten würde, und man entschloß sich Ende 1925 zur Konstruktion eines 70PS-Sechszylindermotors für 5 Tonner-Lastwagen, der in größeren Serien aufgelegt werden sollte. In diesem Entwicklungsstadium erwies es sich als außerordentlich günstig, daß die Firma Bosch, die ihrerseits den zukünftigen Entwicklungsgang durchaus richtig beurteilt hatte, inzwischen selbst im Verfahren der luftlosen Brennstoffeinspritzung angekauft hatte (Acro) und daranging, Pumpen und Düsen eigener Konstruktion zu entwickeln. Dieser Umstand bedeutete natürlich für die Konstrukteure des leichten Dieselmotors eine wesentliche Erleichterung, denn die Fabrikation dieser Teile fiel doch

Abb. 7. Mercedes-Benz Sechszylinder-Dieselmotor, Typ OM 67
Auspuffseite

mehr oder weniger aus dem Rahmen einer Automobilfabrik heraus und konnte sicherlich besser und billiger von den feinmechanischen Werkstätten eines Hauses wie Bosch geleistet werden. In enger Zusammenarbeit mit Bosch wurden Brennstoffpumpen, Einsatzdüsen und Glühkerzen für den neuen in Untertürkheim konstruierten Fahrzeugmotor Typ OM 5 (Abb. 1 und 2) entwickelt. Diese Maschine, die mit

Verkaufserfolg. Wie sehr man die Leistung dieser Maschine anerkannte, geht daraus hervor, daß 1927 der Königliche Automobilklub von England die Dewar Trophy, einen 1906 gestifteten Goldpokal, der alljährlich für besondere Leistungen auf dem Gebiete des Kraftfahrzeugbaues verliehen wird, der Daimler-Benz A.-G., Gaggenau, für hervorragende Leistung eines vorgeführten Mercedes-Benz-Rohöllastwagens zuerkannte. Zum ersten Male war damit diese Auszeichnung an eine nicht englische Firma gefallen. Der amtliche Bericht des englischen Automobilklubs besagt, daß ein 5 Tonner Mercedes-Benz-Lastkraftwagen bei einer Durchschnittsgeschwindigkeit von 28,5 km/h über 1110 km gefahren wurde. Der Brennstoffverbrauch betrug hierbei 21 l auf 100 km, der Ölverbrauch 0,4 l 100 km. Die beförderte Nutzlast betrug 6000 kg. — Der gleiche 5 Tonner mit einem 5 Tonnen-Anhänger verbrauchte bei einer Durchschnittsgeschwindigkeit von 12,7 km/h 42,5 l Brennstoff pro 100 km. Der Lastzug war mit 11 000 kg beladen.

Der OM 5 ist bis etwa Anfang 1932, und zwar im allgemeinen mit unwesentlichen Abänderungen in fast 700 Exemplaren gebaut worden. Dem allgemeinen Zuge der Zeit folgend, hatte man die Drehzahl bis zu n = 1700 und damit die Leistung auf etwa 95 PS erhöht. In umfangreicher Versuchsarbeit hatte man alle besonders dem Verschleiß unterworfenen Teile, wie Zylinderbüchsen, Kolben und Lager, durch geeignete Materialauswahl um ein Beträchtliches in ihrer Dauerhaftigkeit erhöht, so daß die Lebensdauer eines

Dieselmotors derjenigen eines Vergasermotors in nichts mehr nachstand.

Im Anfang des Jahres 1931 machte sich die allgemeine wirtschaftliche Krise im Lastwagengeschäft stark bemerk-

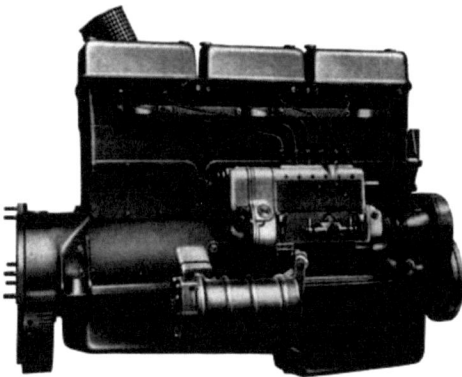

Abb. 8. Mercedes-Benz Sechszylinder-Dieselmotor, Typ OM 67
Einspritzpumpenseite

bar, und der Absatz von 5 Tonner-Lastwagen, für welche der OM 5 hauptsächlich in Frage kam, verminderte sich in steigendem Maße. In Erkennung dieser Sachlage wurde daher beschlossen, einen neuen leichten und preiswerten 2 Tonner-Lastwagen zu entwickeln, der zum Zwecke höchster Betriebsökonomie mit einem 50 PS-Dieselmotor ausgerüstet werden sollte. Dieser Beschluß stellte den Konstrukteur vor ganz neue Aufgaben, galt es doch, einen außerordentlich leichten und schnelllaufenden Dieselmotor zu entwickeln, der überaus einfach und betriebssicher sein mußte, da man bei einem 2 Tonner weniger als bei dem meistenteils von Chauffeuren gefahrenen 5 Tonner auf sachverständige Wartung rechnen durfte. Die Erhöhung der Drehzahl von 1700 auf 2000 U min war technisch allerdings kein Problem mehr, da Vorversuche, die man vorher zum Zwecke der Untersuchung der Haltbarkeit von Kolben unternommen hatte, gezeigt hatten, daß man mit dem Vorkammerverfahren mühelos Drehzahlen bis zu 3000 U min erreichen konnte. Gewisse Schwierigkeiten aber machte die Unterbringung der bei den hohen Kolbengeschwindigkeiten notwendigen Ventilquerschnitte. Die Unterbringung der Vorkammer senkrecht im Zylinderkopf, wie beim OM 5 (Abb. 3), hatte bereits gewisse Schwierigkeiten in bezug auf die gußtechnische Ausbildung des Zylinderkopfes, die Kühlung der Ventilsitze und die Unterbringung der Ventilfedern mit sich gebracht. Man entschloß sich daher, für den neuen Motor eine geneigte Anordnung der Vorkammer zu wählen, wie sie bereits vorher an einem in Untertürkheim konstruierten größeren Motor (OM 54) zur Anwendung gekommen war. Mit dieser Verwendung der schrägen Kammer (Abb. 4) waren alle Schwierigkeiten fast mit einem Schlage überwunden. Die neue Konstruktion gestattete mühelos die Verwendung reichlich bemessener Ventilquerschnitte und erleichterte die gußtechnische Ausbildung des Zylinderkopfes. Die nunmehr schräg über den Kolbenboden streichenden Vorkammergase vermieden jede lokale Über-

hitzung des Kolbenbodens, wie sie bei senkrechter Kammerstellung nicht immer zu umgehen war.

Als dieser neue Vierzylinder-Motor (Typ OM 59 — Abb. 5 und 6), der mit 120 mm Hub und 100 mm Bohrung 55 PS bei n 2000 leistete, Anfang 1932 zugleich mit dem neu entwickelten 2 Tonner-Lastwagen LO 2000 auf den Markt kam, erregte in technischen Kreisen berechtigtes Aufsehen und wurde geradezu zu einem Markstein in der Entwicklung des Fahrzeug-Dieselbetriebes. Mit ihm wurde eigentlich zum ersten Male der Dieselmotor einer weit ausgedehnten Fahrerschicht in die Hand gegeben und damit ein gewisses Mißtrauen beseitigt, das bisher in automobilistischen Kreisen noch immer gegen den Fahrzeug-Dieselmotor bestanden hatte. Wie richtig seinerzeit Daimler-Benz die wirtschaftliche Lage und damit die Verkaufsaussichten des neuen Fahrzeuges eingeschätzt hatte, geht daraus hervor, daß dieser Wagen einen überwältigenden Verkaufserfolg aufzuweisen hatte, und daß bis April 1935 mehr als 10 000 Wagen im In- und Auslande zur vollsten Befriedigung ihrer Besitzer laufen. Auf Grund der günstigen Erfahrungen wurden unter Zugrundelegung der Konstruktionsprinzipien des OM 59 noch weitere Vier- und Sechszylinder für schwerere Lastwagen entwickelt (Typ OM 65, OM 67 usw. Abb. 7 und 8), welche dazu beitrugen, das Verwendungsgebiet des Fahrzeug-Dieselmotors in einer Weise zu verbreiten, daß er heute geradezu als der Standard-Typ des Lastwagenmotors angesprochen werden kann.

Auch als Antriebsmotor für Boote und Eisenbahntriebwagen hat sich der Vorkammer-Dieselmotor hervorragend eingeführt, für letztere Verwendungszwecke bis zu Leistungen von mehr als 300 PS (Typ OM 85 — Abb. 9).

Die Krönung der Entwicklung bilden die 1200 PS-Antriebsmotoren des neuen Luftschiffes „Graf Zeppelin", von denen zu hoffen ist, daß sie in vielen erfolgreichen

Abb. 9. 300-330 PS Zwölfzylinder-Dieselmotor

Fahrten den Ruf deutschen Erfindergeistes und deutscher Wertarbeit in die Welt tragen.

Die Entwicklung der Hochleistungs-Diesel-Schiffs- und Bootsmotoren war nur über den Fahrzeug-Dieselmotorenbau möglich und verdankt es der Boots- und Schiffbau lediglich der Fahrzeugmotorenindustrie, daß die im Aufsatz beschriebenen deutschen Hochleistungsdieselmotoren überhaupt konstruiert und gebaut werden konnten.

DIE ENTSTEHUNG DES MAYBACH-DIESELMOTORS

Als nach Kriegsende die Fabrikation des Maybach-Motorenbaues auf Friedensbedarf umgestellt werden mußte, lag es nahe, die großen Erfahrungen im Bau von Flug- und Luftschiffmotoren zu verwerten. Man entschloß sich deshalb, neben hochwertigen Automobilen raschlaufende Dieselmotoren größerer Leistung, wie sie zum Antrieb von Schnellbooten, Zollkreuzern, Yachten sowie für Eisenbahntriebwagen, Lokomotiven usw. Verwendung finden konnten, zu entwickeln.

Zu jener Zeit lagen Erfahrungen im Dieselmaschinenbau in bezug auf Schnellauf nur mit U-Bootsmotoren vor, die in der Regel keine höhere Drehzahl als n 500 aufwiesen. Raschlaufende Fahrzeug-Dieselmotoren selbst kleinerer Leistung gab es noch nicht; die diesbezüglichen Versuche befanden sich zu jener Zeit vielmehr durchaus noch im Anfangsstadium.

Da auch mit der luftlosen Brennstoffeinspritzung in der Zeit der Entwicklung der ersten raschlaufenden Maybach-Dieselmotoren, d. h. in den Jahren 1920 bis 1923, noch nicht genügend Erfahrungen vorhanden waren und Hochdruck-Einspritzpumpen und -Ventile erst von Grund auf neu ent-

Abb. 1. Erster 150 PS Maybach - Dieselmotor, Type G 4.
Baujahr 1923; Gewicht: 1100 kg; Drehzahl: 1300 U. p. M.

wickelt werden mußten, entschloß man sich zunächst zu der bei langsamlaufenden Maschinen bewährten Drucklufteinblasung. Die erste Sechszylinder-Versuchsmaschine, die Anfang 1920 fertiggestellt wurde und bei n 1200 eine Leistung von 120 PS entwickelte, wurde demzufolge mit Lufteinblasung des Brennstoffes ausgeführt. Auch der daraus entstandene gebrauchsreife 150 PS-Motor Type G 4 mit einer Drehzahl von n 1300 und einem Gewicht von nur 1100 kg wurde in Kompressor-Ausführung geliefert (Abb. 1).

Wenn man hinsichtlich der Verbrennung auf Bekanntem fußen konnte, indem man das klassische Dieselprinzip den bei hochtourigen Maschinen herrschenden Verhältnissen anpaßte, so war in bezug auf die konstruktive Durchbildung der Motoren eine um so größere Entwicklungsarbeit zu leisten.

Mit welcher Gründlichkeit hierbei vorgegangen werden mußte, geht auch daraus hervor, daß man sich nicht mit den bekannten Verfahren zur Ermittlung der Beanspruchung in den verschiedenen Konstruktionsteilen zufrieden geben konnte, sondern in systematischer Forschungsarbeit eigene Meßmethoden zu entwickeln gezwungen war.

Schon zu jener Zeit wurde neben dem weiteren Ausbau der Materialprüfeinrichtung der Grund für die Untersuchung aller möglichen Konstruktionsteile bei hohen Wechselbean-

Abb. 2. Holzmodell eines Kurbelarmes
normaler Bauart.
Die Länge der Stifte ist proportional der
an der betreffenden Stelle auftretenden Beanspruchung.

spruchungen gelegt. Letzteres war damals noch ein vollständiges Neuland. Es gelang jedoch dem Maybach-Motorenbau, mit dem sogenannten „Dehnungslinienverfahren" [*] auf diesem Gebiet bahnbrechende Arbeit auch für die Allgemeinheit zu leisten. Tatsächlich wurden bereits zu Beginn des Baues der raschlaufenden Maybach-Dieselmotoren durch die erwähnte Meßmethode geradezu verblüffende Feststellungen gemacht. So wurde z. B., wie aus nebenstehenden Abbildungen ersichtlich, durch Materialwegnahme an dem gefährlichen Querschnitt eines Werkstückes die Bean-

Abb. 3. Verbesserte Form des Kurbelarmes,
die auf Grund von Messungen nach dem
Dehnungslinienverfahren gewählt wurde.
Man vergleiche die, die jeweilige Bean-
spruchung — kg mm² — kennzeichnende
Länge der Stifte.

spruchung an der gleichen Stelle auf etwa ein Drittel reduziert (Abb. 2 und 3). Ein schlagender Beweis dafür, wie falsch es ist, die Festigkeit eines dynamischen Beanspruchungen ausgesetzten Maschinenelements lediglich nach

Vergl. Dietrich, Lehr-VDI-Zeitschrift, Bd. 76, Nr. 41 vom 8. X. 32.

seinen Abmessungen zu beurteilen ohne Berücksichtigung der konstruktiven Durchbildung. Aber nicht nur die richtige Formgebung der einzelnen Konstruktionsteile war anzustreben, sondern es mußten auch besondere Materialvergütungsverfahren für verschiedene hochbeanspruchte Konstruktionselemente neu entwickelt werden.

Schiffskörpern sowie in Eisenbahnfahrzeugen eingebaut werden konnten. In dieser Beziehung waren die Erfahrungen, die man mit dem parallel entwickelten Hochleistungsmotor für Handelsluftschiffe sammelte, von allergrößtem Wert. Denn auch dieser Motor wurde mit Rollenlagerung ausgerüstet, da neben niedrigem Gewicht im Interesse eines

Abb. 4. 550 PS Maybach 12 Zylinder Vergasermotor des Luftschiffes „Graf Zeppelin"

Abb. 6. Luxusjacht „Moana" mit 2 · 150 PS Maybach-Dieselmotoren

Da, ihrem Bestimmungszweck als Eisenbahn- bzw. Schiffsmotoren entsprechend, bei den neu entwickelten Dieselmotoren neben geringen Abmessungen und niedrigem Gewicht vor allen Dingen eine lange Lebensdauer angestrebt werden mußte, gelangte man schon frühzeitig zur Ueberzeugung, daß die allgemein übliche Gleitlagerung nicht bei-

Abb. 5. Das mit Maybach-Motoren ausgestattete Luftschiff „Graf Zeppelin"

behalten werden konnte. Es wurde deshalb Rollenlagerung der Triebwerksteile vorgesehen, die die Aufnahme der Lagerdrücke bei geringster Lagerbreite gestattet. Erst durch diese Maßnahme wurde es überhaupt möglich, die Maybach-Motoren so gedrängt und leicht zu bauen, daß sie in geeigneter Weise in verhältnismäßig kleinen, schnittigen

wirtschaftlichen Betriebes lange Laufzeiten zwischen den Ueberholungen angestrebt wurden (Abb. 4 und 5).

Die Bewährung dieser 550 PS-Antriebsmotoren des Luftschiffes „Graf Zeppelin" ist zur Genüge bekannt, als daß darauf besonders eingegangen werden müßte. Der 150-PS-Sechszylinder-Dieselmotor Type G 4 wurde erstmalig gelegentlich der Eisenbahntechnischen Ausstellung Seddin im Jahre 1924, in einem Triebwagen eingebaut, der Oeffentlichkeit vorgeführt. Der Motor erregte berechtigtes Aufsehen, wurde doch hier zum erstenmal ein raschlaufender 150 PS-Dieselmotor mit einem solch geringen Einheitsgewicht wie 7 kg PS gezeigt. Gleichzeitig wurde ein geeignetes Triebwagengetriebe und für die Bootsmotoren ein vom Steuerhaus aus leicht zu betätigendes Untersetzungs- und Wendegetriebe herausgebracht, so daß sowohl die Bootswerften als auch die Waggonbauanstalten von der Motorenfirma eine geschlossene Anlage geliefert erhielten, eine Gepflogenheit, die vom Maybach-Motorenbau auch in der Zukunft beibehalten wurde.

Diese Motortype, deren Drehzahl unter Anwendung von Aluminiumkolben von 1300 auf 1400 U/min und deren Leistung im Laufe der Entwicklung auf 175 PS gesteigert werden konnten, wurde in großer Anzahl sowohl für Schiffs- als auch Eisenbahnbetrieb geliefert. Besonderer Beliebtheit erfreute sich diese Maschine bei Bootswerften, nachdem hier erstmalig ein Dieselmotor geboten wurde, der infolge seines niedrigen Gewichtes und geringen Raumbedarfs an Stelle der bis dahin verwendeten Vergasermotoren eingebaut werden konnte (Abb. 6). Unter anderen wurden auch viele amerikanische Luxusyachten mit den G 4-Motoren von Maybach ausgerüstet. Als Antriebsmaschine von Eisenbahntriebwagen versieht der Motor noch heute auf den Strecken der Reichsbahn und verschiedener ausländischer Bahnen zur vollsten Zufriedenheit der Abnehmer seinen Dienst.

Im Jahre 1930 wurde ein Zwölfzylinder-Dieselmotor der V-Bauart hergestellt, dessen konstruktive Grundsteinlegung noch in das Jahr 1926 fällt. Diese ebenfalls noch mit einem Kompressor versehene Maschine entwickelte eine Leistung von 400 PS bei 1400 U/min und wog einschließlich Kompressor 2300 kg. Während der 175 PS-G 4-Motor eine Bohrung von 140 mm und einen Hub von 180 mm aufwies, wur-

Abb. 7. Dieselelektrischer 820 PS 160 km Maybach-Schnelltriebwagen der Reichsbahn — „Fliegender Hamburger"

den diese Abmessungen bei der 400 PS-Maschine auf 150 mm bzw. 200 mm vergrößert. Bei der Konstruktion dieser Zwölfzylindertype konnten die inzwischen mit der G 4-Maschine und den Luftschiffmotoren gesammelten Erfahrungen verwertet werden.

Der Motor fand ebenfalls für Eisenbahntriebwagen und Schiffsanlagen Verwendung. Durch das Vorhandensein dieser Maschine war es übrigens der Reichsbahn möglich, die ersten Triebwagen in den Dienst zu stellen, die an Stelle von Eilzügen mit einer Geschwindigkeit von 100 km/Std. auf Hauptstrecken eingesetzt werden konnten. Damit war der erste Schritt in Richtung des Triebwagen-Schnellverkehrs auf Hauptstrecken getan.

Da in der Zwischenzeit die Entwicklung kompressorloser Dieselmotoren verschiedenster Ausführungen einen gewissen Abschluß gefunden hatte, genügend Erfahrungen in bezug auf Ausbildung der Einspritzpumpen und der Einspritzgarnituren vorhanden waren und darüber hinaus Spezialfirmen sich mit dem Bau dieser Apparate befaßten, entschloß man sich im Jahre 1931, von der Lufteinblasung zur kompressorlosen Ausführung überzugehen. Hierbei wählte man das Verfahren der direkten Strahlzerstäubung, weil dieses die Ausbildung eines kompakten Kompressionsraumes und damit u. a. auch eine gleichmäßige Verteilung der Wärme gestattete, was in bezug auf die Beherrschung der auftretenden Druck- und Temperaturspitzen insbesondere bei hochtourigen Motoren größerer Leistung für sehr wichtig erachtet wurde. Es entstanden daraufhin die an anderer Stelle beschriebenen 150, 210 und 410 PS kompres-

sorlosen Maybach-Dieselmotoren, welche durchweg eine Betriebsdrehzahl von n = 1400 und Einheitsgewichte von rund 5 bis 6 kg/PS aufwiesen.

Welches Bedürfnis nach solchen leichten, jedoch für angestrengten Dauerbetrieb geeigneten Motoren vorlag, geht aus der Tatsache hervor, daß allein von der großen 410-PS-Type in der verhältnismäßig kurzen Zeit seit deren Erscheinen nicht weniger als 269 Stück für in- und ausländische Abnehmer in Bau genommen werden konnten (Abb. 7). Als Anwendungsbeispiel sei der bekannte Schnelltriebwagen der Reichsbahn, genannt „Fliegender Hamburger", erwähnt, der mit seinen zwei 410 PS-Maybach-Motoren zum erstenmal in der Geschichte der Eisenbahnen fahrplanmäßig Geschwindigkeiten von 150 km/Std. und darüber hinaus entwickelte. Die Anordnung der 2 × 410 PS-Schiffsanlage geht aus nebenstehender Abbildung hervor (Abb. 8).

Gegenwärtig wird an der Entwicklung noch größerer kompressorloser Motoren sowohl für Schiffsbetrieb als auch für andere Zwecke gearbeitet. Der vor Abschluß seiner Entwicklung stehende 600 PS-Zwölfzylinder-Dieselmotor arbeitet mit Aufladung. Die Maschine hat eine Bohrung von 160 mm und einen Hub von 200 mm. Die Drehzahl beträgt 1400 U/min. Aufladegebläse und Abgasturbine sind mit dem Motor zu einem geschlossenen Aggregat vereinigt. In bezug auf konstruktiven Aufbau ähnelt die Maschine dem eingangs erwähnten, in großer Zahl gelieferten 410 PS-Motor. Bei einem Motorgewicht von 2400 kg wurde ein Einheitsgewicht von 4 kg/PS erreicht (Abb. 9).

Abb. 8. 2 × 410 PS Schnellboot-Motorenanlage

Abb. 9. Zwölfzylinder-Dieselmotoren 600 PS, n = 1400.
Gewicht: 2400 kg.

DIE ENTWICKLUNG DES DIESELMOTORENBAUES DER DEUTSCHE WERKE KIEL AKTIENGESELLSCHAFT

Als die Kaiserliche Werft nach Kriegsende auf Friedensfabrikation umgestellt werden mußte und den Bau von Handelsschiffen begann, war es wegen der wachsenden Bedeutung des Oelmotors in der Schiffahrt notwendig, auch den Bau von Dieselmotoren aufzunehmen. Dieser Entschluß wurde dadurch besonders begünstigt, daß durch die Reparaturarbeiten an U-Boot-Motoren während des Krieges geschultes Personal für die Montage und Erprobung der Dieselmotoren zur Verfügung stand.

Nach eigenen Entwürfen wurde zunächst ein schwerer, betriebssicherer Handelsschiff-Dieselmotor gebaut und anschließend die für die großen Maschinenanlagen benötigten Hilfsmotoren durchkonstruiert. Schon im Jahre 1921 erhielt die Deutsche Werke Kiel Aktiengesellschaft den ersten Auftrag auf ein Dieselmotor-Tankschiff, das auf Reparationsrechnung für Italien gebaut wurde. Dieses Schiff „Urano" wurde mit zwei einfachwirkenden Viertakt-Dieselmotoren ausgerüstet. Jeder Motor entwickelte in 6 Zylindern von 550 mm Durchmesser und 900 mm Hub bei 135 U/min eine effektive Leistung von 1000 PS. Bei der Konstruktion dieser Maschine war besonders auf einen leichten Ausbau der einzelnen Motorteile Rücksicht genommen. So konnte der Kolben ohne Abnahme des Zylinderdeckels nach unten ausgebaut werden. Durch entsprechende Anordnung der Ständer ließen sich die Grundlager und das Triebwerk leicht ausbauen. Einblase- und Anlaßluftkompressor, je eine Kühlwasser-, Lenz- und Schmierölpumpe wurden vom Motor mittels Schwinghebel angetrieben.

Der Erfolg dieser Maschinentype, der auch zu mehrfachen Nachbestellungen führte, veranlaßte die Werft, sofort einen ähnlichen Motor mit größeren Zylinderabmessungen zu bauen. Gleichzeitig wurde durch verschiedene Verbesserungen die Zylinderleistung bei gleicher Drehzahl erhöht, so daß mit einer Achtzylindermaschine von 750 mm Durchmesser und 1200 mm Hub eine effektive Leistung von 2600 PS bei etwa 115 U/min erreicht wurde. 12 Motoren dieser Ausführung wurden in den Jahren 1926 bis 1930 in Doppelschrauben-Motorschiffe der Reederei Wilh. Wilhelmsen, Oslo, eingebaut.

Die letzte Entwicklungsstufe der langsamlaufenden Viertakt-Dieselmotoren stellt der Motor des im Januar 1934 abgelieferten Motorschiffes „Toulouse" dar. Durch Vergrößerung des Hubes auf 1400 mm und Uebergang zur kompressorlosen Einspritzung konnte die Zylinderleistung auf 425 PS bei 115 U/min erhöht werden. Durch eine grundsätzliche Aenderung des Gestellaufbaues des Motors, Anwendung von durchgehenden Zugankern und den Wegfall des Kompressors wurde eine erhebliche Verminderung von Gewicht und Raumbedarf erreicht. Für eine weitere Verminderung des Verhältnisses Gewicht : Leistung wurden gleichzeitig ein-

gehende Versuche zur Aufladung erfolgreich durchgeführt. Da für die modernen schnellaufenden Frachtschiffe jedoch noch größere Leistungen bei geringerem Gewicht verlangt wurden, begann die Deutsche Werke Kiel Aktiengesellschaft gleichzeitig mit dem Bau von doppeltwirkenden Zweitaktmotoren. Zunächst waren diese Motoren mit Einblasemotoren. Zunächst waren diese Motoren mit Einblasekompressoren versehen, wurden jedoch auch später für kompressorlosen Betrieb umgebaut.

In einer Zweigabteilung der Deutsche Werke Kiel Aktiengesellschaft wurden in den Jahren 1919 1926 in großem Umfang Glühkopfmotoren bis zu etwa 100 PS gebaut, die für Küsten- bzw. Fischereifahrzeuge zur Verwendung kamen, entweder in Verbindung mit Wendegetriebe oder Wendeschraube. Die beginnende Entwicklung des einfachen und

Abb. 1. Bau von Großdieselmotoren im Jahre 1928

besonders wirtschaftlichen kompressorlosen Motors brachte jedoch diesen Zweig der Fabrikation bald zum Erliegen, und es entstand nun in folgerichtiger Entwicklung eine ganze Reihe von kompressorlosen Viertaktmotoren in einem Leistungsbereich von 50 bis 2000 PS. Alle Motoren dieser Reihe sind sogenannte Tauchkolbenmaschinen, die mit direkter Strahleinspritzung arbeiten. Während die großen Typen als ausgesprochene Schiffsmaschinen ausgebildet sind, eignen sich die kleineren Motoren für alle Zwecke, für die überhaupt bisher Dieselmotoren zur Verwendung kommen. Zwei- bis Vierzylindermotoren werden als Schiffsmotoren mit Wendegetriebe ausgerüstet und werden jährlich in großer Anzahl als Antriebsmotoren von 50 bis 200 PS in Frachtschiffe, Fischerei- und Passagierfahrzeuge eingebaut. Für größere Leistungen werden Motoren von Sechs- bis Achtzylinder-Anordnung der gleichen Type in ähnlichen Fahrzeugen als direkt umsteuerbare Motoren verwendet. Das Umsteuern geschieht dabei durch den Maschinisten von Hand

Abb. 2. Großdieselmotoren auf dem Prüffeld

durch Drehen eines Handrades. In neuerer Zeit ist mehrfach von der Schiffahrt die Forderung gestellt worden, daß das Umsteuern von der Brücke aus erfolgen kann (Aufsatz Heft Nr. 12). Diese Fernbedienung von direkt umsteuerbaren Motoren wurde von der Deutsche Werke Kiel Aktiengesellschaft auch mit Erfolg entwickelt, so daß heute der Küstenschiffahrt direkt umsteuerbare Motoren zur Verfügung stehen, für deren Bedienung nicht ein besonderer Maschinist notwendig ist.

Selbstverständlich sind die kompressorlosen Viertaktmotoren ebensogut als Schiffshilfsmaschinen und stationäre Motoren verwendbar. Durch die Forderung der neuesten Zeit, bevorzugt einheimische Brennstoffe zu verwenden, ist ein neuer Entwicklungsweg dieser Motoren entstanden. Es gelang, eine Anzahl von Motoren so auszubilden, daß sie wahlweise als Diesel- oder Gasmotoren betrieben werden können. Die Umstellung für diese sogenannten Wechselmotoren ist in wenigen Stunden durchführbar. Sie arbeiten mit Generatorgas, Leuchtgas oder Erdgas mit einer allerdings gegenüber der Dieselleistung entsprechenden Minderleistung und können bei Gasmangel wieder auf Dieselbetrieb umgestellt werden.

Schon frühzeitig wurde die Bedeutung des Schnellaufes und Leichtbaues erkannt. Hier mußte man bei der Konstruktion neue Wege gehen, wenn die Motoren als Antriebs-

maschinen für Schnellboote, für Lokomotiven und Triebwagen zur Verwendung kommen sollten. Die neuesten Forschungsergebnisse und Erfahrungen über Werkstoff und Fabrikationsmethoden mußten angewendet werden, um Einheitsgewichte von 7 bis 10 kg/PSe zu erreichen. Die Kolbengeschwindigkeiten wurden auf 8 bis 9,5 m/sec erhöht. Teilweise mußten aus diesem Grunde doppelte Einlaß- und Auslaßventile im Zylinderdeckel vorgesehen werden. Gedrungene Konstruktion mit kurzen, steifen Kurbelwellen und Spezialausführung hochbeanspruchter Lager im Triebwerk waren eine Grundbedingung. Geschweißte Gehäuse und Leichtmetall werden in großem Umfange verwendet.

Unter Anwendung dieser Grundsätze hat die Deutsche Werke Kiel Aktiengesellschaft eine Typenreihe solcher schnellaufenden Viertaktmotoren mit einer Leistung von 60 bis 700 PS entwickelt. Von besonderem Interesse ist hierbei der kleinste Typ V 18 L, der für den Fahrzeugbetrieb ganz besonderen Bedingungen in bezug auf gute Verbrennung, Elastizität und rauchlosen Auspuff bei allen Leistungen entsprechen mußte. Die Deutsche Werke Kiel Aktiengesellschaft hat daher das Lanova-Luftspeicher-Verfahren in Lizenz genommen, wobei es gelang, bei einer verhältnismäßig hohen Literleistung und Drehzahl einen sehr weichen Gang zu erreichen, so daß der Dieselmotor im Betrieb kaum von einem Benzinmotor zu unterscheiden ist. Durch diese Eigenschaft erfreut sich dieser Motor großer Beliebtheit für den Einbau in Fahrzeuge und Boote. Die Konstruktion dieses Kleinmotors ist im Gegensatz zu ausgesprochenen Fahrzeugmotoren besonders für den Schiffsbetrieb ausgebildet. Das Triebwerk ist ohne Ausbau des Motors zugänglich. Alle mit dem Kühlwasser in Berührung kommenden Teile bestehen aus seewasserbeständigem Material. Die Kühlwasser- und Lenzpumpen sind als Kolbenpumpen ausgebildet. Die Schmierölpumpe ist von außen zugänglich, das Schmierölfilter liegt im Hauptstrom und ist leicht zu reinigen.

Auch die schnellaufenden Dieselmotoren werden zu einer Leistung von etwa 150 PS mit Wendegetriebe ausgerüstet. Für noch größere Leistungen erhalten Sechs- und Achtzylindermotoren ebenfalls direkte Umsteuerung.

Die geschilderte Entwicklung beweist, daß es der Deutsche Werke Kiel Aktiengesellschaft in einer verhältnismäßig kurzen Zeit gelungen ist, eine der vielseitigen Verwendung von Dieselmotoren entsprechende Fabrikation von bewährten Typen zu schaffen.

Abb. 3. Serienbau von Dieselmotoren

FACH-BEITRÄGE

BOSCH-EINSPRITZPUMPEN UND -DÜSEN

Es ist unverkennbar, daß seit der Einführung der Bosch-Einspritzpumpen, Einspritzdüsen und des sonstigen Zubehörs, wie Regler, Schweröl-Förderpumpen, Spritzversteller usw., der Weg in der Entwicklung der Dieselmotoren steil nach oben geht. In richtiger Erkenntnis der Tatsache, daß die an solche Zubehörteile der Dieselmaschine zu stellenden Bedingungen im allgemeinen den Motorenfabriken wenig liegen, hat die Firma Robert Bosch A.-G., Stuttgart, die Fabrikation von Einspritzpumpen und Einspritzdüsen in die Hand genommen und ist heute in der Lage, für alle Motorentypen ein hochwertiges Erzeugnis zu einem Preis zu liefern, zu dem es die einzelnen Motorenfabriken nicht herstellen können.

Bosch-Einspritzpumpen.

Abb. 1 zeigt eine Bosch-Einspritzpumpe, teilweise aufgeschnitten, in ihrer heutigen formschönen Durchbildung, wie sie auch an Bootsmotoren verwendet wird. An einem Ende der im Unterteil der Pumpe gelagerten Nockenwelle sitzt der Regler, dessen Gewichte durch Hebel auf die Regelstange arbeiten; unter seinem Einfluß wird Leerlauf- und Höchst-Drehzahl bestimmt. Eine besondere Ausführung

Abb. 1. BOSCH-Einspritzpumpe mit Regler, Förderpumpe und Spritzversteller

dieses Reglers läßt auch eine Einstellung für jede beliebige Drehzahl zwischen der Leerlauf- und Höchst-Drehzahl von außen her zu.

Am anderen Ende der Pumpe kann ein Spritzversteller angebaut werden, der eine Verdrehung der Pumpenwelle zur Motorwelle ermöglicht, wodurch eine Verlegung des Förder- und Spritzbeginns erreicht wird.

In der Mitte der Pumpe ist vorn die Förderpumpe angeflanscht, angetrieben von der Nockenwelle der Einspritzpumpe. Sie saugt das Treiböl aus dem bei Wasserfahrzeugen meistens tieferliegenden Kraftstofftank an und drückt ihn über ein Filter nach der Einspritzpumpe.

Die Bosch-Einspritzpumpe ist eine Kolbenpumpe, bei der in das Pumpengehäuse so viele Elemente nach Abb. 2 eingebaut werden, als Motorenzylinder mit Kraftstoff zu

versorgen sind. Ein Pumpenelement besteht aus einem Zylinder (3) und einem Kolben (4). Der Pumpenkolben wird durch eine Nockenwelle (9) mittels eines zwischengeschalteten Rollenstößels (8) gehoben (Druckhub) und dann durch eine Feder (12) wieder zurückgeführt (Saughub). Im oberen Teil des Gehäuses ist ein ziemlich großer Saugraum vorgesehen, der einerseits mit der Zuleitung (11) und andererseits durch zwei einander gegenüberliegende Bohrungen im Pumpenzylinder mit dem Druckraum der Pumpe in Verbindung steht. Den oberen Abschluß des Druckraumes bildet das federbelastete Druckventil (2).

1 Druckleitung
2 Druckventil
3 Pumpenzylinder
4 Pumpenkolben
5 Zahnrad
6 Regelstange
7 Hülse
8 Rollenstößel
9 Nockenwelle
11 Zuleitung
12 Kolbenfeder
13 Druckrohrstutzen
14 Düsenkörper
14 a, 14 b Ringnuten
15 Düsennadel
16 Ueberwurfmutter
17 Druckbolzen
18 Druckfeder
19 Gegenmutter
20 Einstellschraube
21 Fühlnadel
22 Leckölrückleitung

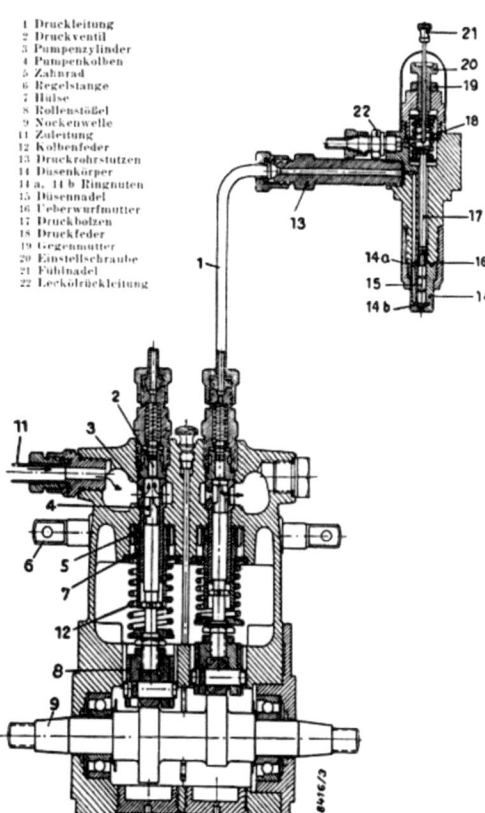

Abb. 2. Einspritzpumpe, Düse und Düsenhalter

In der tiefsten Kolbenstellung liegen die beiden Bohrungen im Pumpenzylinder frei, so daß das Treiböl durch den Saugraum in den Zylinder eintreten kann. Beim Aufwärtsgehen des Kolbens wird zunächst eine gewisse Menge Treiböl in den Saugraum zurückgedrückt, bis der Kolben die Ansaugöffnungen abschließt. Von diesem Augenblick ab steigt der Druck im Pumpenzylinder schnell an, das Treiböl wird durch das Druckventil in die Druckleitung und weiter durch die Einspritzdüse in den Motorzylinder gefördert. Die Kolben sind so sauber in die Zylinder eingepaßt, daß sie trotz der großen Drücke gut abdichten.

Der Hub des Pumpenkolbens ist stets der gleiche. Die Regelung der Fördermenge wird durch Verdrehen des Kolbens bewirkt, indem die am Kolben verlaufende Schräg-

Regelstange, eingreift. In ihrem unteren Teil hat die Hülse 7 zwei einander gegenüberliegende Längsschlitze, in denen ein am Kolben befestigtes Querstück gleitet. Der Kolben muß sich also mit der Hülse verdrehen, sobald die Regelstange verschoben wird.

In Abb. 4, Fig. a, ist das Druckventil gezeigt, das mit einem langen zylindrischen Teil in den Ventilkörper geführt ist. Das Treiböl kann durch eine Längs- und eine Querbohrung in eine ringförmige Nut austreten. Ueber dieser Ausdrehung liegt ein zylindrischer Schaft, der saugend in den Ventilkörper eingepaßt wird, und erst jetzt folgt der eigentliche Ventilkegel. Auf Abb. 4, Fig. b, ist das Ventil von seinem Sitz gehoben, und das Treiböl kann durch die Bohrungen in die Druckleitung eindringen.

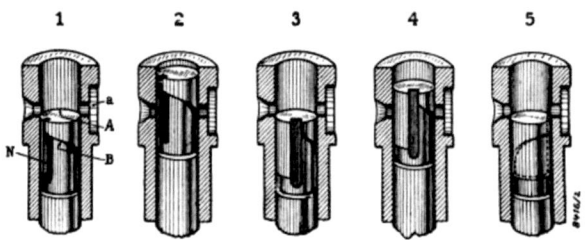

Abb. 3. Schnitt durch den Pumpenzylinder mit verschiedenen Stellungen des Kolbens

1 Anfahrstellung, unterer Totpunkt   5 Stopstellung, Nullförderung
2 Anfahrstellung, Förderende   a Oeffnung zum Saugraum
3 Vollaststellung, unterer Totpunkt   A Obere Kolbenkante
4 Vollaststellung, Förderende   B Schrägkante
N Senkrechte Nut.

kante (B, Abb. 3) je nach Lage die Bohrung a zum Saugraum früher oder später freilegt. Die auf der linken Kolbenhälfte sichtbare senkrechte Nut N steht dann mit dem Saugraum in Verbindung, und die Förderung in die Druckleitung ist somit beendet. Zur Verkleinerung der Fördermenge bis zur absoluten Nullförderung (Abb. 3, Bild 3, 4 und 5) wird der Kolben nach rechts verdreht. Der Beginn der Förderung erfolgt stets zum gleichen Zeitpunkt, wogegen das Ende je nach der Fördermenge früher oder später liegt.

Die Drehbewegung des Kolbens geschieht durch folgende einfache Mittel (Abb. 2): Ueber den Pumpenzylinder (3) ist eine drehbare Hülse (7) geschoben. Oben an dieser Hülse ist ein kleines Zahnrad (5) befestigt, das in eine im Pumpengehäuse längsverschiebbar gelagerte Zahnstange (6), die

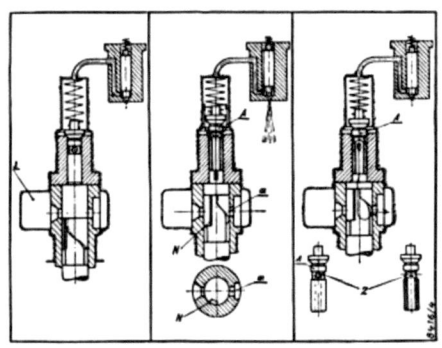

Abb. 4. Wirkungsweise des Druckventils
4 a: Druckventil geschlossen; 4 b: Druckventil offen; 4 c: Druckventil während des abermaligen Schließens
A Zylindrisches Schaftstück des Druckventils; N Oeldurchlaß im Pumpenkolben; S Saugraum der Pumpe; a Oelaustritt im Pumpenzylinder; 2 Querschlitz im Druckventilkörper

Sinkt mit dem Ende der Förderung der Druck im Pumpenzylinder, so schließen die Ventilfeder und der in der Kraftstoffleitung herrschende Druck das Druckventil. Hierbei taucht zunächst das unter dem Kegel liegende Kölbchen in den Ventilkörper ein (Abb. 4, Fig. c), bis die Sitzfläche des Ventilkegels diejenige des Ventilkörpers berührt. Hierdurch vergrößert sich das Volumen der Druckleitung um den Inhalt des Kölbchens, und der Druck in der Leitung sinkt somit beträchtlich. Diese Leitungsentlastung bedingt infolge des plötzlichen Druckabfalles sehr rasches Schließen der Düsennadel und vermeidet Nachtropfen von Treiböl durch die Düse in den Verbrennungsraum. Beim Druckhub des Pumpenkolbens wird zunächst der Senkkolben des Ventilschafts freigelegt und das Entlastungsvolumen dadurch wieder aufgefüllt, ehe die eigentliche Kraftstoffförderung in die Leitung beginnt.

Die bis jetzt dargestellte Bauart ist eine Pumpe (Typ PE, Größe B), bei der die einzelnen Elemente durch eine in das Pumpengehäuse eingebaute Nockenwelle angetrieben werden. Diese Pumpe vereinigt in einem Pumpengehäuse 1, 2, 3, 4 oder 6 Pumpenelemente je nach Zylinderzahl ohne Veränderung der Pumpenabmessungen von 5—10 mm Durchmesser und 10 mm Hub.

Für bestimmte Motoren, besonders aber für solche mit höherer Zylinderleistung, z. B. größere Schiffsdieselmotoren, werden besonders für diese Zwecke gebaute Flanschpumpen (Typ PF) verwendet.

Abb. 6 zeigt eine solche Flanschpumpe, deren Aufbau und Wirkungsweise den Pumpen mit Eigenantrieb vollkommen gleich ist.

Es fehlen nur die Nockenwelle und der Rollenstößel. Als einziger neuer Teil ist die büchsenartige Führungshülse (23) zu erwähnen, gegen deren Boden der Pumpenkolben durch die Kolbenfeder mittels Federteller (24) gedrückt wird. Die Führungshülse ist durch einen Sprengring (25) gegen Herausfallen aus dem Pumpengehäuse gesichert.

Normalerweise werden diese Pumpen als Einzylinder-Pumpen ausgeführt und meistens einzeln vor jeden Motorzylinder gesetzt.

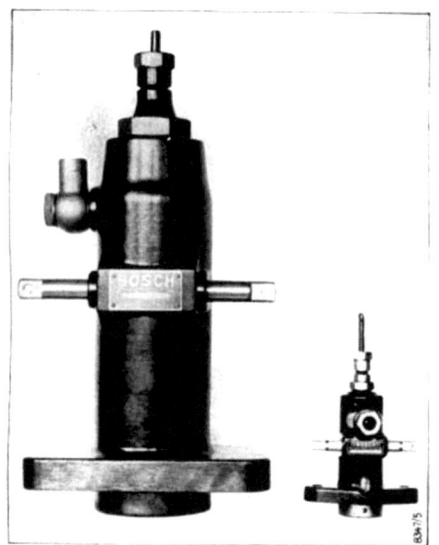

Abb. 5.
Flansch-Einspritzpumpe für größte und kleinste Dieselmotoren

Bosch-Einspritzdüsen.

Die bei jedem Druckhub des Kolbens geförderte Treibölmenge wird durch das Druckventil in die Druckleitung zur Düse (Abb. 2) gedrückt. Die letztere ist ein flüssigkeitgesteuertes Ventil, dessen Ventilschaft, die sogenannte Düsennadel (15), durch eine Feder (18) mit starker Vorspannung auf den Ventilsitz gedrückt wird. Durch den von der Einspritzpumpe erzeugten Flüssigkeitsdruck wird die Ventilnadel betätigt, indem das Treiböl, vom Pumpenzylinder durch die Druckleitung und den Düsenhalter kommend, über die Ringnut (14a) durch drei Längsbohrungen zu der vor der Düsenmündung liegenden Ringnut (14b) gelangt und gegen die in dieser Nut liegende Kegelfläche der Düsennadel wirkt. Die Einspritzung bzw. das Oeffnen der Düsennadel dauert so lange, als der Flüssigkeitsdruck größer als die Federspannung ist.

Es werden zwei verschiedene Düsenarten hergestellt: die Zapfendüse (Abb. 7) und die Lochdüse (Abb. 8).

Die Lochdüsen unterscheiden sich wieder in Einloch- und Mehrlochdüsen. Zapfen- und Einlochdüsen können bei Motoren verwendet werden, welche die Verteilung des Kraftstoffes im Verbrennungsraum mit Hilfe kräftiger Wirbel erreichen, ferner bei Vorkammermotoren. Sie werden in der Regel mit einem Strahlwinkel von 4 bis 45 ausgeführt. Die Mehrlochdüsen finden bei Motoren mit direkter Strahleinspritzung, mit welcher die meisten Schiffsmotoren arbeiten, Verwendung. Anordnung, Anzahl und Abmessungen der Spritzlöcher hängen von der Größe und der Form des Verbrennungsraums ab.

Bosch-Düsenhalter.

Zur Einspritzausrüstung gehört noch der Düsenhalter (Abb. 9), der in den Motorzylinder eingesetzt wird. Er ist die Verbindung zwischen der Druckleitung und der Düse. Die letztere wird mit dem Halter durch eine Ueberwurfmutter (16, Abb. 2) verbunden, und die Abdichtung der beiden Teile gegeneinander erfolgt durch plangeschliffene Flächen.

Der Düsenhalter dient gleichzeitig zur Aufnahme der Feder (18), die durch die Druckstange (17) auf die Düsennadel (15) wirkt und den Oeffnungsdruck bestimmt. Mit der Einstellschraube (20), durch eine Gegenmutter (19) gesichert, kann der Düsenöffnungsdruck verändert werden. Durch die Fühlnadel (21) ist es möglich, das Arbeiten der Düse während des Betriebes zu prüfen. Die aus der Düse hochsteigende geringe Lecköilmenge wird durch die Lecköl-Rückleitung (22) abgeführt.

Abb. 9 zeigt einen Halter mit Entlüftungsschraube, mittelst welcher man vor Inbetriebnahme die Luft aus der Leitung entweichen läßt.

Bosch-Treiböl-Filter.

Außerordentlich wichtig für einen ungestörten Betrieb und für die Lebensdauer der Einspritzpumpen und -düsen ist die Verwendung zweckmäßiger Filter. Nach ausgedehnten Versuchen hat die Firma Bosch ein Filter herausgebracht, das sowohl in einfacher Ausführung als auch als umschaltbares Doppelfilter den Anforderungen in jeder Beziehung genügt.

Die Filter sind entweder als Tuchfilter durchgebildet, bei denen nach einer gewissen Betriebsdauer das Tuch abgewaschen oder ersetzt werden kann, oder als sogenannte Filzplatten-Filter, die ein in seiner Gesamtheit auswechselbares Filzplattenpaket besitzen.

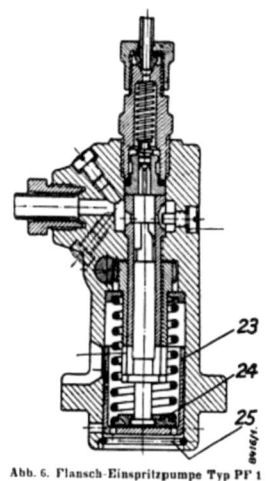

Abb. 6. Flansch-Einspritzpumpe Typ PF 1

23
24
25

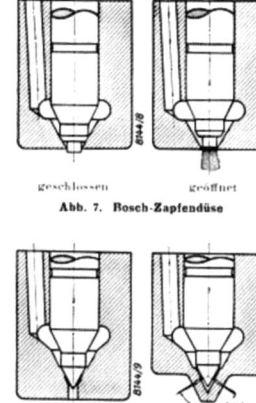

geschlossen — geöffnet

Abb. 7. Bosch-Zapfendüse

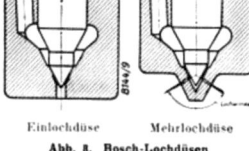

Einlochdüse — Mehrlochdüse

Abb. 8. Bosch-Lochdüsen

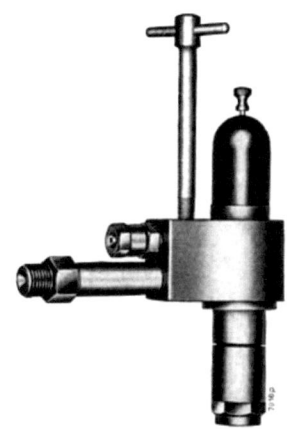

Abb. 9. Düsenhalter mit Entlüftungsschraube

DIE VERSCHIEDENEN ARTEN DER VERBRENNUNGSMOTOREN *)

Verbrennungsmotoren-Uebersicht

Die Bezeichnung „Ottomotor" (Motor mit Fremdzündung) ist das Gegenstück zur Bezeichnung „Dieselmotor" (Motor mit Selbstzündung); Vergasermotoren sind Ottomotoren. Die Bezeichnung Ottomotor nach dem deutschen Erfinder Otto ist auch im Ausland geläufig.

Einteilungsgesichtspunkt A „A r b e i t s s p i e l"
1. Zweitaktmotoren: Arbeitshub auf 1 Kurbelwellen-Umdrehung (Abb. 1),
2. Viertaktmotoren: Arbeitshub auf 2 Kurbelwellen-Umdrehungen (Abb. 2).

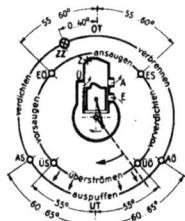

Abb. 1. Zweitakt

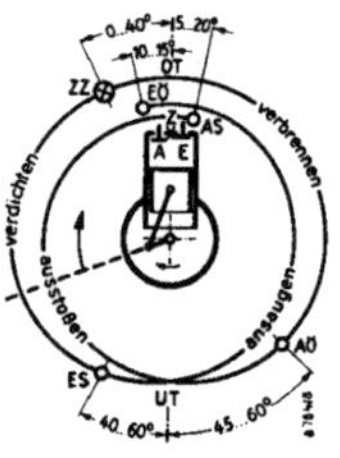

A = Auslaß
AÖ = Auslaß öffnet
AS = Auslaß schließt
E = Einlaß
EÖ = Einlaß öffnet
ES = Einlaß schließt
OT = Oberer Totpunkt
UT = Unterer Totpunkt

Abb. 2. Viertakt

Ü = Überströmkanal
UÖ = Überströmkanal öffnet
ÜS = Überströmkanal schließt
Z = Zündkerze
ZZ = Zündzeitpunkt

Einteilungsgesichtspunkt B „Z y l i n d e r a n o r d n u n g"
1. Reihenmotoren: Zylinder in Reihe (Abb. 3),
2. Boxer-Motoren: Zylinder gegenüberliegend (Abb. 4),
3. V-Motoren: Zylinder in V-Form angeordnet (Abb. 5),
4. Sternmotoren: Zylinder sternförmig angeordnet (Abb. 6).

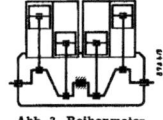

Abb. 3. Reihenmotor

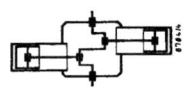

Abb. 4. Boxermotor

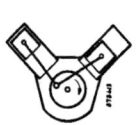

Abb. 5. V-Motor

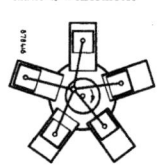

Abb. 6. Sternmotor

Einteilungsgesichtspunkt C „Z ü n d u n g"
1. Fremdzünd-Motoren oder Ottomotoren:
   a) Elektrische Hochspannungszündung: Kst-Luft-Gemisch wird angesaugt, verdichtet und durch elektrischen Zündfunken entzündet (Abb. 7);

*) Aus· „Bosch, Kraftfahrtechnisches Taschenbuch".

b) Glühkopfzündung: Luft wird angesaugt und Kst fein verteilt in Zylinder eingespritzt. Verdichtungstemperatur ist aber zu niedrig, um Kst zu entzünden. Zündung deshalb durch „Glühkopf" (Abb. 8).
2. Selbstzünd-Motoren oder Dieselmotoren: Luft wird angesaugt und hoch verdichtet, Kst am Ende des Verdichtungshubes fein verteilt eingespritzt. Selbstzündung infolge hoher Verdichtungstemperatur. Zum Anlassen vielfach elektrisch beheizte Glühkerzen.

Einteilungsgesichtspunkt D „G e m i s c h b i l d u n g"
1. Motoren mit äußerer Gemischbildung, Kst-Luft-Gemisch wird außerhalb des Zylinders im Saugrohr gebildet:
   a) flüssiger Kst vergast in einem Vergaser (Vergaser-Motoren, Abb. 7);
   b) flüssiger Kst wird in das Saugrohr zur Frischluft eingespritzt;
   c) gasförmiger Kst wird in Gasgeneratoren aus Holz, Holzkohlen oder anderen geeigneten festen Brennstoffen erzeugt (z. B. Holzgas-Motoren);
   d) gasförmiger Kst wird mitgeführten Hochdruck-Gasflaschen entnommen.

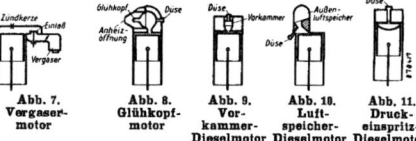

Abb. 7. Vergasermotor
Abb. 8. Glühkopfmotor
Abb. 9. Vorkammermotor Dieselmotor
Abb. 10. Luftspeichermotor Dieselmotor
Abb. 11. Druckeinspritzmotor Dieselmotor

2. Motoren mit innerer Gemischbildung, Kst-Luft-Gemisch wird im Zylinder oder in einer Nebenkammer gebildet:
   a) Niederdruck-Einspritzmotoren (z. B. Hesselman). Kst wird unmittelbar in Zylinder eingespritzt. Zündung durch Zündkerze;
   b) Glühkopfmotoren: Kst wird zu Beginn des Verdichtungshubes in Zylinder eingespritzt. Zündung durch Glühkopf (meist Zweitaktmotoren, Abb. 8);
   c) Vorkammermotoren. Kst wird nicht unmittelbar in Zylinder, sondern in Vorkammer eingespritzt, die mit Zylinder durch einen oder mehrere enge Oeffnungen verbunden ist. Einspritzdruck 80—120 kg/cm² (Abb. 9);
   d) Wirbelkammermotoren. Kst wird in eine Kammer eingespritzt, die mit dem Zylinder durch ziemlich weiten Querschnitt so verbunden ist, daß in der Kammer heftige Luftwirbelung erzeugt wird. Einspritzdruck 80—120 kg/cm²;
   e) Luftspeichermotoren. Kst wird unmittelbar in den Zylinder eingespritzt. Die während des Arbeitshubes aus dem Luftspeicher ausströmende Luft speist die Verbrennung. Einspritzdruck 80—120 kg/cm² (Abb. 10);
   f) Druckeinspritzmotoren. Kst wird unmittelbar in den Zylinder unter hohem Druck fein zerstäubt eingespritzt. Einspritzdruck 200—300 kg/cm² (Abb. 11).

Einteilungsgesichtspunkt E „V e r d i c h t u n g s d r u c k"
1. Niederdruckmotoren (z. B. Ottomotoren): Verdichtungsverhältnis $\approx$ 1 : 5 bis 1 : 8; Verdichtungstemperatur $\approx$ 300°; Verdichtungsenddruck $\approx$ 6 bis 10 kg/cm².

2. Mitteldruckmotoren (Glühkopfmotoren):
Verdichtungsverhältnis $\approx 1 : 9$; Verdichtungstemperatur
$\approx 400°$; Verdichtungsenddruck ≈ 18 kg/cm².
3. Hochdruckmotoren (Dieselmotoren):
Verdichtungsverhältnis $\approx 1 : 12$ bis $1 : 19$; Verdichtungs-
temperatur ≈ 500 bis $600°$;
Verdichtungsenddruck ≈ 23 bis 44 kg/cm².

Einteilungsgesichtspunkt F „Kraftstoff"
Motoren für flüssige Kraftstoffe
a) Leichtölmotoren (meist Ottomotoren); Kst-Verbrauch
250—350 g/PSh;
b) Schwerölmotoren (meist Dieselmotoren); Kst-Verbrauch 160—220 g/PSh.

Berechnungsformeln für Verbrennungsmotoren

α_d Einspritzdauer (Kurbelwinkel an der Einspritzpumpe) [°]
B Kraftstoffverbrauch [g/PSh]
d (Zylinder)-Bohrung [mm]
D Ventildurchmesser [mm]
F Einspritzquerschnitt der Düse [mm²]
γ Wichte [g/cm³]
i Zylinderzahl
$\dfrac{l}{r}$ $\dfrac{\text{Pleuelstangenlänge}}{\text{Kurbelhalbmesser}}$ = Kurbelverhältnis
M_d Drehmoment [mkg]
n Drehzahl des Motors [1/min]
n_1 Drehzahl der Einspritzpumpe [1/min]
ν Beiwert der Zustandsänderung von Gasen
N_e Motorleistung effektiv [PS]
N_i Motorleistung indiziert [PS]
p_e mittlerer Arbeitsdruck¹) [kg/cm²]
p_1 Anfangsdruck [kg/cm²]
p_2 Enddruck [kg/cm²]
Q Fördermenge/Hub [mm³]
s Hub [mm] = 2 × Kurbelhalbmesser
t_1 Anfangstemperatur [°]
t_2 Endtemperatur [°]
v_c Verdichtungsraum/Zylinder [l]
v_h Hubraum/Zylinder [l]
V_h Gesamthubraum des Motors [l]
v_k Kolbengeschwindigkeit [m/s]
φ Kurbelwinkel (im OT 0°, im UT 180°) [°]

Hubraum

Hubraum/Zylinder $\quad v_h = \dfrac{\pi \cdot d^2 \cdot s}{4 \cdot 10^6} = 0{,}785 \cdot 10^{-6} \cdot d^2 \cdot s$ [l]

(Netztafeln hierüber S. 56 und 57)

Gesamthubraum des
Motors $\qquad V_h = v_h \cdot i = 0{,}785 \cdot 10^{-6} \cdot d^2 \cdot s \cdot i$ [l]

Leistung und Drehmoment

$$N_1 = \frac{M_d \cdot n}{716{,}2} \text{ [PS]} \qquad N_2 = \frac{M_d \cdot n}{973} \text{ [kW]}$$

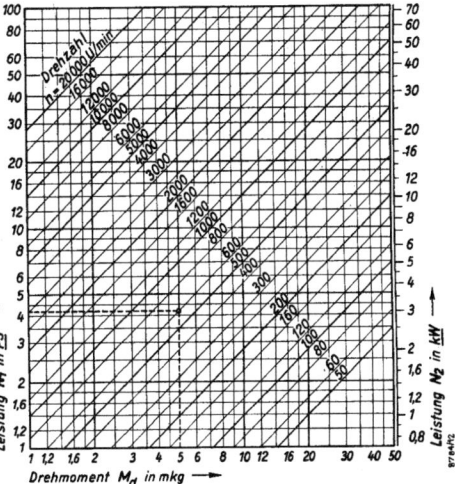

Einem Vielfachen des Drehmomentes oder der Drehzahl
entspricht dasselbe Vielfache der Leistung.

Beispiele:

Für $M_d = 5$ mkg und n = 600 U/min ist N_1 = 4,18 PS, N = 3,05 kW
Für $M_d = 0{,}5$ mkg und n = 600 U/min ist N_1 = 0,418 PS, N_2 = 0,305 kW
Für $M_d = 500$ mkg und n = 60 U/min ist N_1 = 41,8 PS, N_2 = 30,5 kW

Verdichtung

Verdichtungsgrad $\qquad \varepsilon = \dfrac{v_h + v_c}{v_c}$ oder $\varepsilon - 1 = \dfrac{v_h}{v_c}$

(Netztafel hierüber S. 56)

Verdichtungsdruck $\qquad p_2 = p_1 \cdot \varepsilon^\nu$ [kg/cm²]
Verdichtungsendtemperatur $t_2 = (273 + t_1) \varepsilon^{\nu-1} - 273$ (Netztafel hierüber S. 56)

Thermodynam. Wirkungsgrad $\eta = 1 - \left(\dfrac{1}{\varepsilon}\right)^{\nu-1}$

Motorleistung

Effektive Motorleistung	Viertaktmotor	Zweitaktmotor
aus Hubraum, Drehzahl und mittlerem Arbeitsdruck¹)	$N_e = \dfrac{V_h \cdot n \cdot p_e}{900}$ [PS] ²)	$N_e = \dfrac{V_h \cdot n \cdot p_e}{450}$ [PS] ²)
aus Bohrung, Hub, Drehzahl und mittlerem Arbeitsdruck¹)	$N_e = \dfrac{d^2 \cdot s \cdot i \cdot n \cdot p_e}{1{,}145 \cdot 10^{-9}}$ [PS]	$N_e = \dfrac{d^2 \cdot s \cdot i \cdot n \cdot p_e}{0{,}572 \cdot 10^{-9}}$ [PS]
aus Drehzahl und Drehmoment	$N_e = \dfrac{M_d \cdot n}{716{,}2}$ [PS] (siehe obenstehende Netztafel)	

Motorleistung in größeren Meeres-höhen

Bei Verbrennung ohne Luftüberschuß und bei gleicher
Drehzahl ist die Motorleistung von Menge und Temperatur
der angesaugten oder aufgeladenen Luft (Gebläse) abhängig.
Bei niedrigerer Temperatur wird die Luft dichter und dadurch die Zylinderfüllung besser. Dieser Temperatureinfluß
wird durch Luftvorwärmung in längeren Ansaugleitungen

oft wieder ziemlich ausgeglichen. Dann fällt die Leistung
in größeren Meereshöhen verhältig mit dem Luftdruck:

	bezogen auf Normalluft³)		ohne Temperatureinfl.³)	
Indizierte Motorleistung	$\dfrac{N_i}{N_{io}} = \dfrac{p (t_0 + 273)}{p_0 (t + 273)}$	$= \dfrac{\gamma}{\gamma_0}$	$\dfrac{N_i}{N_{io}} = \dfrac{p}{p_0}$	
Effektive Motorleistung	$\dfrac{N_e}{N_{eo}} = 1 - \dfrac{1}{\eta_0}\left(1 - \dfrac{\gamma}{\gamma_0}\right)$		$\dfrac{N_e}{N_{eo}} = 1 - \dfrac{1}{\eta_0}\left(1 - \dfrac{p_0}{p}\right)$	

¹) Erfahrungswerte für mittleren Arbeitsdruck s. S. 58. ²) Netztafel s. S. 57. ³) Die Vergleichswerte (Bodenwerte) haben Formelzeichen mit Index „o".
z. B. $\eta_0 \approx N_{eo}/N_{io}$ = mechanischer Wirkungsgrad am Boden.

4*

Kolbenbewegung

Kolbenweg bis zum oberen Totpunkt aus Hub und Kurbelwinkel (Netztafel hierüber S. 57)

Kolbengeschwindigkeit in beliebigem Punkt [1])

$$v_k = \frac{s \cdot n}{30000} \cdot \frac{\pi}{2} \left(\sin \varphi \pm \frac{1}{2} \cdot \frac{r}{l} \sin 2\varphi \right) \; [m/s]$$

Mittlere Kolbengeschwindigkeit

$$v_{k\,mittel} = \frac{s \cdot n}{30000} \; [m/s] \quad \text{(Netztafel hierüber S. 57)}$$

Größte Kolbengeschwindigkeit

v_k ist am größten, wenn Pleuelstange den Kurbelkreis tangiert ($b_k = 0$)

Beispiel für l/r = 5	Beispiel für l/r = 4
$v_{k\,max} = 1{,}60\, v_{k\,mittel}$	$v_{k\,max} = 1{,}62\, v_{k\,mittel}$
(Netztafel hierüber S. 57)	

Kolbenbeschleunigung in beliebigem Punkt [1])

$$b_k = \frac{s \cdot n}{30000} \cdot \frac{\pi}{2} \left(\cos \varphi \pm \frac{r}{l} \cos 2\varphi \right) \; [m/s^2]$$

Gasgeschwindigkeit

Mittlere Geschwindigkeit im Ventilquerschnitt

$$v_g = \frac{d^2}{D^2} v_{k\,mittel} = \frac{d^2 \cdot s \cdot n}{D^2 \cdot 30000} \; [m/s]$$

Ladegewicht in Abhängigkeit von der Gasgeschwindigkeit (Erfahrungswerte)

Gasgeschwindigkeit [m/s]	10	20	30	40	50	60	70	80	90	100
Ladegewicht [vH]	100	80	78	77	76	73	70	64	58	52

Kraftstofförderung

Fördermenge eines Einspritzpumpenhubes $Q = 16{,}7 \dfrac{N_e \cdot B}{n_i \cdot i} \; [mm^3]$

Mittlere Geschwindigkeit des Einspritzstrahls

$$v_d = \frac{Q \cdot n}{F \cdot \alpha_d \cdot 60000} \; [m/s]$$

[1]) + bedeutet Hingang (vom OT zum UT); — bedeutet Rückgang (vom UT zum OT).

Hubraum und Verdichtungsraum

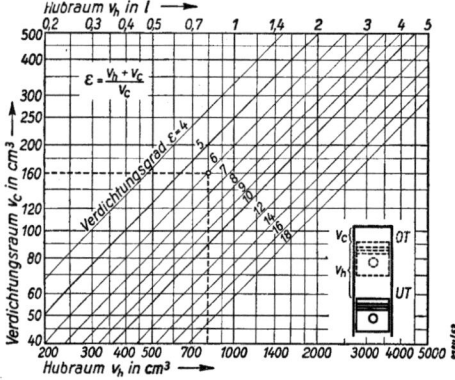

Beispiel: Bei $v_h = 800 \; cm^3$ und $\varepsilon = 6$ ist der Verdichtungsraum $v_c = 160 \; cm^3$.

Verdichtung
Verdichtungs-Enddruck, -Endtemperatur und thermodynamischer Wirkungsgrad

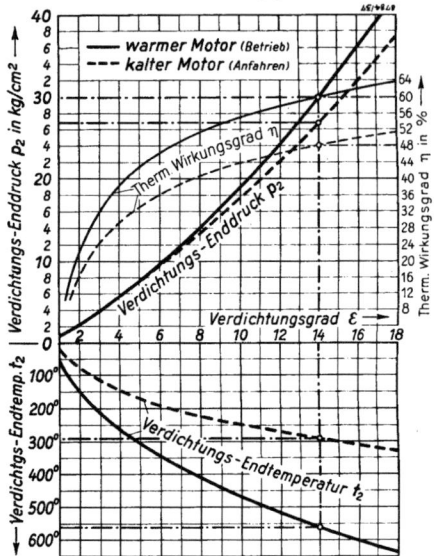

Annahmen (Formeln und Formelzeichen s. S. 55):
Anfangsdruck $p_1 = 0{,}85$ (1,0) kg/cm²
Anfangstemperatur $t_1 = 60$ (20)°
Beiwert der Zustandsänderung $\nu = 1{,}35$ (1,25)
Beispiel: Dieselmotor mit Verdichtungsgrad $\varepsilon = 14$
Enddruck $p_2 = 30$ (26,8) kg/cm²
Endtemperatur $t_2 = 565$ (290)°
Therm. Wirkungsgrad $\eta = 60$ (48)
(Die eingeklammerten Werte gelten für den kalten Motor).

Hubraum (Hub bis 150 mm)

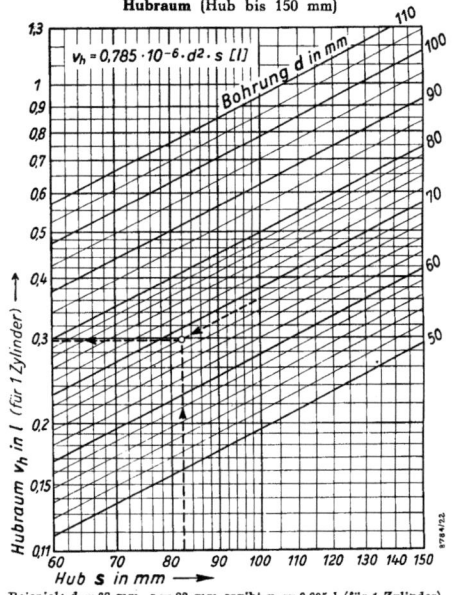

Beispiel: d = 68 mm, s = 82 mm ergibt $v_h = 0{,}295$ l (für 1 Zylinder).

Hubraum (Hub über 150 mm)

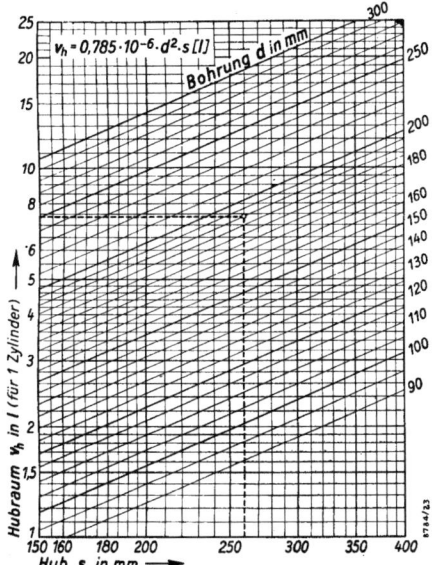

$$v_h = 0.785 \cdot 10^{-6} \cdot d^2 \cdot s \; [l]$$

Beispiel: d = 190 mm, s = 260 mm ergibt v_h = 7,3 l (für 1 Zylinder)

Kolbengeschwindigkeit

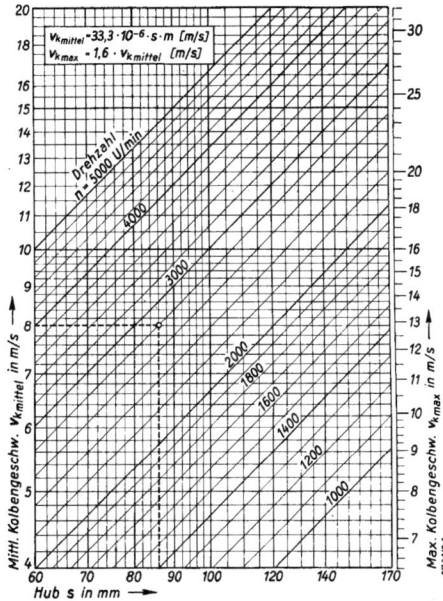

$$v_{k\,mittel} = 33.3 \cdot 10^{-6} \cdot s \cdot m \; [m/s]$$
$$v_{k\,max} = 1.6 \cdot v_{k\,mittel} \; [m/s]$$

Beispiel: Für Hub s = 86 mm und bei einer Drehzahl von
n = 2800 U/min ist $v_{k\,mittel}$ = 8 m/s, $v_{k\,max}$ = 12,8 m/s
Berechnung der Kolbengeschwindigkeit s. S. 56

Kolbenweg vom Zündzeitpunkt oder Einspritzbeginn bis zum oberen Totpunkt

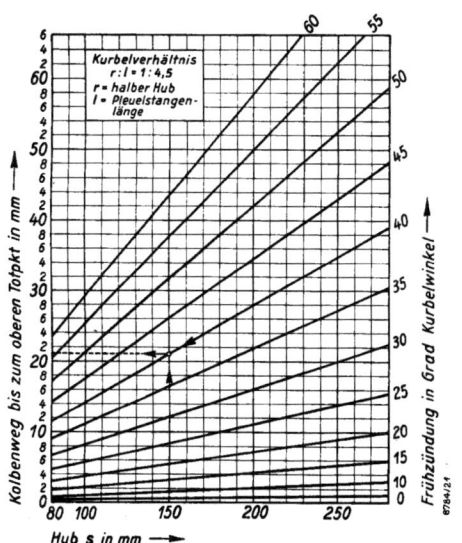

Kurbelverhältnis
r : l = 1 : 4,5
r = halber Hub
l = Pleuelstangen-
länge

Beispiel: Für einen Hub s = 150 mm und 40° Frühzündung ist der
Kolbenweg bis zum oberen Totpunkt 21 mm.

Motorleistung und mittl. Arbeitsdruck

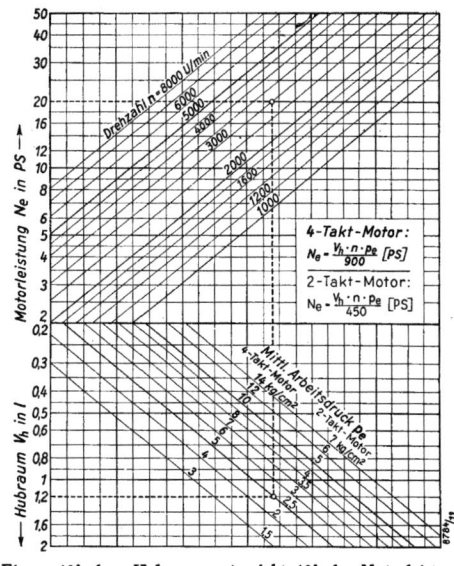

4-Takt-Motor:
$$N_e = \frac{v_h \cdot n \cdot p_e}{900} \; [PS]$$

2-Takt-Motor:
$$N_e = \frac{v_h \cdot n \cdot p_e}{450} \; [PS]$$

Einem 10fachen Hubraum entspricht 10fache Motorleistung

Beispiel: Ein 4-Takt-Motor mit V_h = 1,2 l Hubraum leistet bei
p_e = 5 kg/cm² und n = 3000 U/min 20 PS.

Ottomotor und Dieselmotor (Vergleich)

	Otto-motor	Diesel-motor
Kraftstoffpreis	100 vH	29÷33 vH
Kraftstoffverbrauch für einen Fahrkilometer	100 vH	70 vH
Kraftstoffkosten für einen Fahrkilometer .	100 vH	20÷23 vH
Nutzbringende Arbeit . . . . . . } bezogen	25 vH	30 vH
Verluste durch Kühlwasser . . . . { auf den Energie-	32 vH	30 vH
„ „ Abgase u. Strahlung { inhalt	36 vH	30 vH
„ „ Reibung . . . . . } des Kraft-stoffs	7 vH	8 vH
Verdichtungsgrad	5÷7	14÷18
Flammpunkt des Kraftstoffs	—25⁰	über 55
Feuergefahr	groß[1])	keine[1])
Drehmoment bei niedriger Motordrehzahl .	klein	groß

Kenngrößen und Erfahrungswerte

Die hier angegebenen Zahlenwerte sind Mittelwerte der heutigen Verbrennungsmotoren.

Leistungsgewicht und Hubraumleistung

Motorart	Leistungs-gewicht [kg PS]	Hubraum-leistung [PS/l]
Dieselmotoren für		
Lastwagen und Triebwagen, Viertakt	4÷9	9÷20
Flugzeuge	0,85÷1,2	25÷33
Schiffe (leichtester Schiffs-Dieselmotor)	5.5	—

Kraftstoffverbrauch und Arbeitspreis

Motorart	Kraftstoff-verbrauch	Kraftstoff-preis	Arbeitspreis [RM PSh]
Dieselmotoren für			
Boote u. Schiffe	175÷200 g PSh	0,15 RM/kg	0,03
Flugzeuge . .	170÷180 g/PSh	0,15 RM/kg	0,03
Glühkopfmotoren	etwa 260 g/PSh	0,15 RM/kg	0,04

Flächenpressung, Biegebeanspruchung usw.

Beanspruchungen und Maßverhältnisse	Einreihenmotoren	Flugmotoren Mehrreihen-motoren	Sternmotoren	Kraftwagen-motoren
Flächenpressung [kg/cm²]				
Kolbenbolzen	170÷240	200÷220	170÷390	180
Pleuelauge	200÷560	200÷520	300÷740	200÷250
Pleuellager	100÷155	100	70÷110	65÷100
Gehäuselager	60÷150	70÷90	Rollenlager	40÷80
Biegebeanspruchung [kg/cm²]				
Kolbenbolzen	1350÷2300	2000÷2500	750÷1700	1800
Pleuelschaft	100÷700	200÷450	200÷1200	—
Schubbeanspruchung [kg/cm²]				
Kolbenbolzen	620÷1000	650÷800	550÷1100	600
Kolbenring-Spannung [g'cm²]	85÷200	85÷200	200÷370	200÷500
Kolben-Länge zu -Durchmesser [1: d]	0,61÷0.75	0,63÷0,73	0,60÷0,68	1,0÷1,33
Pleuellager-Länge zu -Durchmesser	0.8÷1,1	0,65÷0,85	1,25÷1,5	—
Gehäuselager-Länge zu -Durchmesser	0,4÷0,8	0,5÷0,85	—	—

Kurbelverhältnis und Hubverhältnis

Motoren für	Kurbelverhältnis[2])	Hubverhältnis[3])
Lastwagen . .	1 : 2,9 bis 1 : 4,5[4])	1,2 : 1 bis 1,8 : 1
Personenwagen	1 : 3,6 bis 1 : 4,7	1,1 : 1 bis 1,6 : 1
Krafträder	1 : 3,7 bis 1 : 4,8	0,9 : 1 bis 1,3 : 1
Flugzeuge . . .	1 : 3,1 bis 1 : 4,3[4])	1 : 1 bis 1,2 : 1

Mittlerer Arbeitsdruck und Kolben-geschwindigkeit

Motorart	Mittlerer Arbeitsdruck [kg/cm²]	Mittl. Kolben-geschw. [m/s]
Lastwagenmotoren	3÷7	7,3÷12
Bootsmotoren	5÷6	8÷10
Luftschiffmotoren	3÷12	10÷12

[1]) Benzin kann sich im Vergaser durch Rückschlag, im Tank durch Auspuff oder Funken entzünden. Schweröl dagegen brennt bei normalen Temperaturen nicht.
[2]) Kurbelverhältnis = Kurbelhalbmesser : Pleuelstangenlänge.
[3]) Hubverhältnis = Hub : Zylinderdurchmesser.
[4]) 1 : 2,9 bei Lastwagenmotoren und 1 : 4,3 bei Flugmotoren sind Ausnahmefälle.

Bezeichnungen

Verbrennungsmotor	Flugzeug
G/N = Leistungsgewicht in [kg/PS] (G = Trockengewicht)	G/N = Leistungsbelastung in [kg/PS]
G/V = Hubraumgewicht in [kg/l]	G/F = Flächenbelastung in [kg/m²]
N/V = Hubraumleistung in [PS/l]	N/F = Flächenleistung in [PS/m²]

Anlaß-Glühkerze für Dieselmotoren

Die Glühkerze hat den Zweck, den Verbrennungsraum vorzuwärmen (im Gegensatz zur Zündkerze beim Ottomotor, die durch Zündfunken ein Gemisch entzünden soll!). Wesentlich ist also ihre Heizleistung (60 ÷ 70 Watt). Die Wärme dient dazu, die Verdichtungstemperatur bei kaltem Dieselmotor zu erhöhen und damit das Anlassen zu verbessern. Sobald der Motor läuft, ist die Glühkerze abzuschalten.

Verbrennung im Dieselmotor

Die angesaugte Luft wird so hoch verdichtet, daß der Kraftstoff beim Einspritzen sich selbst entzündet. Die Entzündung tritt um so schneller ein, je höher die Verdichtung (und damit Temperatur und Druck) und je feiner der Kraftstoff zerstäubt wird. Die Zerstäubung soll die brennbare Oberfläche des Kraftstoffes vergrößern, damit die Verbrennung für hohe Motordrehzahlen rasch genug verläuft. Dies wird erzielt durch besondere Gestaltung des Verbrennungsraumes und der Einspritzvorrichtung (Vorkammer, Luftspeicher, Wirbelkammer, direkte Strahleinspritzung durch Mehrlochdüse).

Harter Gang

Die hohe Verdichtung und die hohen Verbrennungsdrücke bewirken eine größere stoßartige Belastung des Triebwerks als beim Ottomotor. Dies macht sich besonders bei Leerlauf bemerkbar. Ungleichmäßiges Abbrennen des Kraftstoffes und Zündverzug (Zeit zwischen Einspritz- und Zündbeginn) erhöhen diese Beanspruchungen noch mehr. Bei Zündverzug brennen größere, schon eingespritzte Kraftstoffmengen plötzlich ab und verursachen hohen Verbrennungsdruck mit steilem Druckanstieg.

Auspuffgase	bei Leerlauf		bei offener Drossel bzw. voller Einspritzung					
	OM[1]	DM[2]	Leerlaufdrehzahl		halbe Nenndrehzahl		volle Nenndrehzahl	
			OM	DM	OM	DM	OM	DM
Kohlendioxyd CO_2	6,5÷8	4,3	6,5÷8	5,5	9÷11	4,2	12÷13	7
Sauerstoff O_2	1÷1,5	14	0,5÷2	12	0,5÷1,5	14	0,1÷0,4	10
Kohlenoxyd CO (giftig!)	9÷10	0,2	7÷9	—	3÷5,5	0,1	0,2÷1,4	0,1
Wasserstoff H_2	0,5÷4	—	0,2÷1	—	0,2	0,1	0,1÷0,3	—
Auspufftemperatur	270°	—	285÷315°	—	530÷600°	—	750÷850°	—

Bei der Verbrennung der Kohlenwasserstoffe des Kraftstoffes mit Luft bleiben in der Hauptsache Stickstoff und Kohlendioxyd übrig. Die unverbrannten Bestandteile der Auspuffgase Sauerstoff, Wasserstoff, Kohlenoxyd, Methan sind ein Maß für die Güte der Verbrennung. Bei schlechter Verbrennung können sogar Ruß und Teer übrigbleiben.

Der Ottomotor arbeitet bei Leerlauf und kleinen Dreh-

zahlen mit Luftmangel und überfettetem Gemisch. Die Auspuffgase enthalten viel unverbrannte Bestandteile (s. Tafel).

Der Dieselmotor arbeitet von Leerlauf bis Vollast („Rauchgrenze") mit Luftüberschuß. Die Verbrennungsgase enthalten deshalb nur Spuren von unverbranntem Kraftstoff.

Das farb- und geruchlose Kohlenoxydgas ist sehr giftig! 0,3 vH Kohlenoxyd in der Atemluft können in 30 Minuten tödlich wirken! Weniger als 0,01 vH sind meist nicht mehr gefährlich.

[1] Ottomotor.
[2] Dieselmotor.

DER SCHIFFS-DIESELMOTORENBAU DER M.A.N., AUGSBURG

Fast vier Jahrzehnte hat das Augsburger Werk der M. A. N. Pionierarbeit geleistet in der Entwicklung des Dieselmotorenbaues. Im nachstehenden sollen von den heute dort gebauten Motorentypen nur diejenigen besprochen werden, die auf den verschiedenen Gebieten der Schifffahrt Verwendung finden.

1. Einfachwirkender Viertakt-Dieselmotor mit Tauchkolben, Typ GV (Abb. 1)

In gewissem Sinne eine Fortentwicklung des während des Krieges gebauten U-Boots-Dieselmotors ist der Motortyp GV mit luftloser Brennstoffeinspritzung. Er wird in

2. Einfachwirkender Viertakt-Dieselmotor mit Tauchkolben, Typ WV (Abb. 2)

Motoren dieses Typs werden von der M. A. N. heute gebaut in Leistungen von 40 bis über 1500 PSe, in Zylinderzahlen von 3 bis zu 10. Die Drehzahlen liegen zwischen 1500 und 500 U/min. Es handelt sich also um ausgesprochene Schnelläufer geringen Gewichtes. Auch bei diesem Typ ist die Zugankerkonstruktion verwendet und auf bequeme Zugänglichkeit aller Teile und leichte Bedienung größter Wert gelegt.

Das Anwendungsgebiet der Motoren dieses Typs ist zunächst der weite Bereich aller kleineren und mittleren

M·A·N   363724

Abb. 1. Sechszylinder-Dieselmotor des Typs GV, 900 PSe, direkt umsteuerbar

Leistungen von etwa 60 bis etwa 3000 PSe mit Zylinderzahlen von 3 bis zu 10 ausgeführt. Die Drehzahlen liegen zwischen 500 U/min bei den kleinen und 150 U/min bei den großen Maschinen. Bei jedem einzelnen Modell kann die Drehzahl und damit die Leistung innerhalb gewisser Grenzen den verschiedenen Betriebsverhältnissen, insbesondere den Forderungen des Schiffsantriebs, angepaßt werden. Als Hauptmaschinen werden Motoren mit 6 und mehr Zylindern unmittelbar umsteuerbar ausgeführt. Sollen kleinere Motoren mit weniger als 6 Zylindern zum unmittelbaren Antrieb von Schiffspropellern dienen, dann muß ein Wendegetriebe oder eine Drehflügelschraube vorgesehen werden.

Ein besonderes Kennzeichen dieses Motortyps ist die sogenannte Zugankerkonstruktion, welche darauf beruht, daß die durch die Verdichtung und Verbrennung hervorgerufenen Zugkräfte den Gußstücken, insbesondere dem Kastengestell, abgenommen und in stählerne Spannsäulen übernommen werden.

raschen Fahrzeuge, wie Motorboote aller Art, Instruktionsboote, Fähren, Lotsen- und Rettungsfahrzeuge, Zollkreuzer, Jachten usw., und zwar für die Binnen- und die Seeschifffahrt. Ebenso wie die Motoren des Typs GV werden sie auch in Spezialfahrzeugen verwendet, wie z. B. für Schwimmbagger und Schwimmkrane, sowie in großer Zahl als Hilfsmaschinen in Schiffen aller Art.

3. Doppeltwirkender Zweitakt-Dieselmotor, Typ DZ (Abb. 3)

Eine große Rolle in der Seeschiffahrt spielt der von der M. A. N. geschaffene Zweitakt-Dieselmotor. Die Entwicklung dieser Maschine, deren Anfang bei der M. A. N. auf das Jahr 1908 zurückgeht, begann in größtem Ausmaß in dem Augenblick, in dem die der M. A. N. patentierte „Umkehrspülung" gefunden war. Von 1924 bis Ende 1933 sind an doppeltwirkenden Zweitakt-Schiffsdieselmotoren von der M. A. N. und ihren Lizenznehmern insgesamt über 200 Motoren mit

60

PANZERSCHIFF „DEUTSCHLAND"

MIT M A N DIESELMOTOREN ANLAGE VON 54000 WELLEN PS

Abb. 2. Zehnzylinder-Dieselmotor des Typs WV, 1350 PSe, mit Aufladung durch Abgasgebläse 1700 PSe, direkt umsteuerbar

zusammen rund 850 000 PSe abgeliefert und in Bau genommen worden. Es ist bezeichnend für die hohe Einschätzung und Bewährung dieser Maschine, daß unter den Bestellern Reedereien sind, welche in fortlaufender Folge bis zu 15 große Seeschiffe mit solchen Maschinen ausgerüstet haben, und daß heute über 20 Werften und Fabriken auf der ganzen Erde nach Lizenz der M. A. N. bauen.

Es sei hier auch bemerkt, daß die M. A. N. die Dieselmotorenanlagen für die drei Panzerschiffe der „Deutschland"-Klasse geliefert hat. Diese Anlagen bestehen je aus acht Hauptmaschinen (Abb. 4) mit einer Gesamt-Wellenleistung von 54 000 WPS und vier Hilfsmaschinen zum Antrieb der Gebläse, Pumpen usw.

Auch für andere Kriegsfahrzeuge sind ähnliche Maschinen

Abb. 3. Siebenzylinder-Dieselmotor des Typs DZ, 5500 PSe, mit angebauter Kolbenspülpumpe, direkt umsteuerbar

Dieser Motortyp hat erst den eigentlichen Groß-Dieselmotor ermöglicht; es können heute Maschineneinheiten von weit über 25 000 PSe gebaut werden. Es hat sich aber auch die Grenze der Verwendbarkeit dieses Typs nach den kleineren Leistungen zu verschoben, so daß heute schon mit Vorteil Handelsschiffsmaschinen von 1800 PSe in doppeltwirkendem Zweitakt ausgeführt werden, wobei der Vorzug der geringen Zylinderzahl — nur drei Arbeitszylinder! — neben den allgemeinen Vorzügen des geringen Gewichtes und Raumbedarfs, der einfachen Bedienung usw. besonders ins Gewicht fällt. Auch diese Motoren werden heute ausschließlich mit luftloser Brennstoffeinspritzung ausgeführt.

geliefert worden. Bei solchen Maschinen spielt die Gewichtsverminderung eine besondere Rolle, die durch Aufbau des Gestelles aus geschweißten Stahlteilen in Verbindung mit der beim doppeltwirkenden Zweitaktmotor allgemein vorhandenen Zugankerkonstruktion erreicht wird.

4. Einfachwirkender Zweitakt-Dieselmotor mit Kreuzkopf, Typ KZ (Abb. 5)

Eine gewisse Rolle, die jedoch gegenüber dem doppeltwirkenden Zweitaktmotor immer mehr zurücktritt, spielt noch der einfachwirkende Zweitaktmotor vom Typ KZ. Er verwendet die gleiche Umkehrspülung, desgleichen die Zuganker und wird ebenfalls mit luftloser Brennstoffeinspritzung gebaut. Die ausgeführten Leistungen bewegen sich zwischen 1400 und etwa 4000 PSe.

5. Einfachwirkender Viertakt-Dieselmotor mit Kreuz-kopf, Typ KV (Abb. 6)

Dieser Motortyp ist seinerzeit entstanden in Erfüllung des Wunsches der Reeder, das Triebwerk, ähnlich wie bei der Dampfmaschine, offen und frei zugänglich zu haben. Daß dies einen erheblichen Aufwand an Raum und Gewicht erfordert, ist klar. Trotzdem hat diese Bauart in den zurück-liegenden Jahren in See-Frachtschiffen mittlerer Größe eine

Die schwere, viel Raum beanspruchende und verhältnis-mäßig teure Bauart findet neuerdings erfolgreiche Wett-bewerber einerseits in dem einfachwirkenden Viertaktmotor mit Tauchkolben, andererseits im einfachwirkenden Zwei-taktmotor, ebenfalls mit Tauchkolben, wie er im folgenden Abschnitt beschrieben wird.

6. Einfachwirkender Zweitaktmotor mit Tauchkolben, Typ GZ (Abb. 7)

In den letzten Jahren hat die M.A.N. diesen Motortyp entwickelt, der so große Vorzüge aufweist, daß ihm noch ein weites Feld der Anwendung bevorstehen dürfte. Das

Abb. 4. Neunzylinder-Dieselmotor 7100 PSe, eine der Hauptmaschinen für Panzerschiff „Deutschland", direkt umsteuerbar

weite Verbreitung gefunden und sich bestens bewährt. Die ausgeführten Leistungen bewegen sich zwischen 600 und 3600 PSe bei entsprechenden, zum unmittelbaren Antrieb von Propellern geeigneten Drehzahlen. Ursprünglich mit Lufteinblasung des Brennstoffes gebaut, erhielten diese Ma-schinen in letzter Zeit luftlose Einspritzung.

gesamte Triebwerk ist außerordentlich vereinfacht, und da die Brennstoffpumpen von Nocken auf der Kurbelwelle an-getrieben werden, fällt eine eigene Antriebswelle für die Brennstoffpumpen weg. Die Bauart, an Einfachheit kaum mehr zu übertreffen, weist auch eine sehr hohe Wirtschaft-lichkeit im Brennstoffverbrauch auf. Sie hat bereits eine

M·A·N   365175

Abb. 5. Sechszylinder-Dieselmotor des Typs KZ, 2550 PSe, mit angebauter Kolbenspülpumpe, direkt umsteuerbar

MAN   364732

Abb. 6. Siebenzylinder-Dieselmotor des Typs KV, 1925 PSe, direkt umsteuerbar

Reihe sehr erfolgreicher Anwendungen in der See- und Binnenschiffahrt gefunden.

Der Leistungsbereich entspricht ungefähr demjenigen der GV-Motoren.

Wie aus der vorstehenden Uebersicht zu entnehmen ist, werden heute alle Motortypen fast nur noch mit luftloser Einspritzung des Brennstoffes gebaut. Dieser Fortschritt, der 1923 nach jahrelangen Versuchen zum endgültigen Erfolg geführt hat, gab die Möglichkeit, das Anwendungsgebiet des Dieselmotors wesentlich zu erweitern, indem er Gewicht und Raumbedarf verringerte, die Wirtschaftlichkeit erhöhte, die Wartung und Bedienung vereinfachte. Unterstützt wurde diese Entwicklung durch allmählich sich vertiefende Erkenntnis der Eigenschaften der Werkstoffe sowie durch zweckmäßige Konstruktion, insbesondere die mehrfach erwähnten Zuganker und das Schweißverfahren beim Aufbau der Motorengestelle. Diese Bauvorteile haben es ermöglicht, heute Dieselmotoren zu bauen, die für Luftfahrzeuge geeignet sind und je PS etwa den hundertsten Teil dessen wiegen, was langsam laufende Motoren in früheren Zeiten gewogen haben.

Von Bedeutung geworden ist in letzter Zeit auch die Aufladung der Arbeitszylinder, wodurch eine nicht unerhebliche Leistungssteigerung erzielt wird. Diese Aufladung kommt hauptsächlich bei Viertaktmotoren zur Anwendung und zwar in erster Linie bei dem oben erwähnten Typ WV.

Besondere Erwähnung verdient der Umstand, daß im Augsburger Werk der M. A. N. die wissenschaftlichforschende Tätigkeit stets in hervorragendem Maße ausgeübt wurde, und daß damit immer neue Bahnen eröffnet wurden, auf denen der Dieselmotor erfolgreich vordringen konnte.

MAN   367418

Abb. 7. Fünfzylinder-Dieselmotor des Typs GZ, 450/605 PSe, bei 300/450 U/min, direkt umsteuerbar.

In den Jahren des wirtschaftlichen Niedergangs, als viele See- und Binnenschiffe aufgelegt waren, hielten die Reeder wenigstens ihre Dieselmotorenschiffe im Dienst, soweit es die Beschäftigung der Schiffahrt irgend zuließ. Darin drückte sich die Wertschätzung der Dieselschiffe aus, deren hohe Wirtschaftlichkeit und sonstigen Vorzüge längst erkannt waren. Seit dem Wiederaufstieg unseres Wirtschaftslebens hat sich dem Dieselmotor erst recht ein reiches Feld der Entwicklung eröffnet. Er arbeitet billig und zuverlässig, ist einfach und bequem zu bedienen, nimmt wenig Raum in Anspruch und paßt sich den Schiffsverhältnissen sehr gut an. Ein von der M. A. N. Werk Augsburg schon vor Jahren entwickelter Motortyp mit höheren Drehzahlen für kleinere und mittlere Leistungen, als Typ WV bekannt und bereits in zahlreichen Wasserfahrzeugen aller Art eingebaut, ist in der letzten Zeit durch entsprechende konstruktive Gestaltung und besondere Werkstatteinrichtungen für fließende

Abb. 1. Dreizylinder-M.A.N.-Schiffs-Dieselmotor 75 PSe, Typ WV, mit drucköelgesteuertem Wendegetriebe

Abb. 2. Vierzylinder-M.A.N.-Schiffs-Dieselmotor 100 PSe, Typ WV, mit drucköel-gesteuertem Wendegetriebe

Fertigung in Preis und Lieferzeit so vorteilhaft geworden, daß auch diejenigen Reedereien und Einzelschiffer, die noch in wirtschaftlicher Bedrängnis sind, oder vielleicht gerade sie sich mit der Frage der Beschaffung solcher Motoren befassen können. Oft ist gerade ein notleidender Betrieb wieder zur Gesundung gekommen, wenn er sein Fahrzeug

1500 PSe und in Zylinderzahlen von 3 bis 10 gebaut wird.

Der Aufbau des Motors ist einfach und stabil. Bei den größeren Modellen werden die von der Verdichtung und Verbrennung herrührenden Zugkräfte von sogenannten Zugankern, welche die Wände des Zylinderblockes entlasten, aufgenommen.

Durch die sachgemäße Konstruktion wird die besonders bei Schiffsmaschinen erforderliche Steifheit und Betriebssicherheit sowie ein Minimum an Abnutzung während des Betriebes erreicht. Das Triebwerk ist durch große Oeffnungen, die mit öldicht verschraubten Deckeln versehen sind, leicht zugänglich gemacht.

Bei der Ausgestaltung des Typs WV ist vor allem Wert auf hochwertiges Baumaterial und seine zweckmäßigste Ausnutzung gelegt; hierdurch ist jedes unnötige Gewicht gespart und in Verbindung mit den höheren Drehzahlen eine Maschinenbauart mit geringem Raumbedarf geschaffen.

Das Anwendungsgebiet dieser Hochleistungsmaschine ist die Hochsee-, Küsten- und Binnenschiffahrt. Als Hauptmaschinen und Hilfsmaschinen werden die WV-

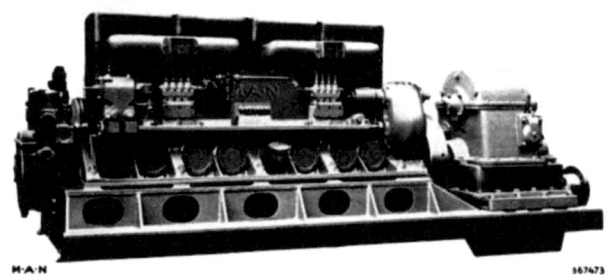

Abb. 3. Achtzylinder-M.A.N.-Schiffs-Dieselmotor 200 PSe, Typ WV, mit drucköelgesteuertem Wende-getriebe mit Untersetzungsstufe

durch eine neuzeitliche Maschinenanlage grundlegend verbessert hat.

Dieser WV-Motor ist ein schnellaufender einfachwirkender Viertakt-Dieselmotor, der in Leistungen von 40 PSe bis

Motoren verwendet in Fracht- und Fahrgastschiffen aller Art, Verkehrsbooten, Jachten, Inspektions- und Lotsenfahrzeugen, Zollkreuzern, Beibooten, Rettungsbooten, Schleppern, Fähren, Baggern, Schwimmkranen usw.

DER KOMPRESSORLOSE KRUPP-DIESELMOTOR
ALS ANTRIEBSMASCHINE FÜR WASSERFAHRZEUGE

Wer die überaus schnelle Entwicklung des Dieselmotors im letzten Jahrzehnt aufmerksam verfolgt hat, wird sich wohl öfters die Frage gestellt haben, warum es gerade dieser Kraftmaschine gelingen konnte, in verhältnismäßig kurzer Zeit in alle Zweige der Kraftwirtschaft, sei es in ortsfesten Anlagen, in ortsbeweglichen oder in Schiffsanlagen, einzudringen und dort festen Fuß zu fassen. Warum hat er es vermocht, der altbewährten und doch so betriebssicheren Dampfmaschine — „der" Kraftmaschine um die Jahrhundertwende — die Vormachtstellung zu entreißen? Warum gelingt es ihm auch heute wieder, Schritt für Schritt den Benzinmotor aus seiner Monopolstellung als Antriebsmaschine für Luft-, Land- und Wasserfahrzeuge zu verdrängen? Welche Vorteile bietet denn der neuzeitliche Dieselmotor dem Fabrikbesitzer oder dem Reeder, dem Flugzeug- oder Autoführer und nicht zuletzt dem Bootseigner?

Es würde bedeuten, dem Dieselmotor nicht die ihm gebührende Würdigung zukommen zu lassen, wolle man nicht den Versuch machen, auf diese Fragen etwas näher einzugehen und die Vorzüge des Dieselmotors an Hand einiger Beispiele aus der Praxis zu veranschaulichen.

Wenden wir uns heute erst mal den kleineren und schnelllaufenden Motoren geringerer Leistung zu, und zwar den Antriebsmaschinen für kleinere Fahrzeuge, Verkehrsboote, Schnellboote usw., denen naturgemäß das größte Interesse der Allgemeinheit entgegengebracht wird. Als Beispiel für diese Art Motoren erscheint uns der neu entwickelte Krupp-Fahrzeug-Dieselmotor, Modell F I, Baujahr 1933, besonders geeignet, da er alle Vorzüge, die einen modernen Dieselmotor auszeichnen, wie niedriger Brennstoffverbrauch, vollkommene Betriebssicherheit und bequeme Wartung, wie aus folgendem hervorgeht, in sich vereinigt.

Die Firma Fried. Krupp Germaniawerft A.-G., Kiel-Gaarden, Abteilung Dieselmotorenbau, hat aus dem Bedürfnis nach einer kräftigen Antriebsmaschine für Land- und Wasserfahrzeuge einen schnellaufenden Viertakt-Dieselmotor mit Strahleinspritzung entwickelt, bei dessen konstruktiver Durchbildung in erster Linie Rücksicht auf die Anforderungen genommen wurde, die hauptsächlich an einen Bootsmotor gestellt sind, wie andauernde Belastbarkeit und sehr weitgehende Regulierfähigkeit. Der Bootsmotor muß oft viele Stunden und sogar Tage, der Schiffsmotor im Ferndienst sogar Wochen im Dauerbetrieb ununterbrochen laufen. In den weitaus meisten Fällen ist in den kleineren Wasserfahrzeugen nur eine einzige Antriebsmaschine vorhanden, und ein Ausfall dieser Maschine würde bei schwerem Wetter Schiff und Besatzung in die höchste Gefahr bringen. Aus diesem Grunde ist gerade bei der Ausbildung des Boots- und Schiffs-Dieselmotors größte Sorgfalt auf die konstruktive Durchbildung und auf die Wahl des geeigneten Werkstoffes gelegt.

Der Krupp - Boots - Motor Modell F I wird normal in Vier-, Sechs- und Achtzylindern gebaut und hat einen Zylinderdurchmesser von 135 mm und einen Kolbenhub von 200 mm. Bei der höchsten Vollastdrehzahl von 1200 Umdrehungen in der Minute wird beim Dauerbetrieb eine Zylinderleistung von 20 PSe erreicht. Die niedrigste Drehzahl, bei der noch ein gleichmäßiger Gang des Motors möglich ist, ist 400 Umdrehungen in der Minute; damit ist für die Geschwindigkeitsregelung ein sehr weiter Bereich gegeben.

Die Leistungen bei den verschiedenen Drehzahlen und die Gewichte der F I-Motoren gehen aus der nachfolgenden Tabelle hervor:

Abb. 1

Zyl.-Zahl	Leistung in PSe	Drehzahl in der Minute	Gewicht in kg bei Ausführg. in Gußeisen	Stahl geschw.
4	53 — 80	800 — 1200	920	800
6	80 — 120	800 — 1200	1260	1100
8	105 — 160	800 — 1200	1600	1400

Abb. 1 zeigt den Sechszylinder-Motor auf die Brennstoffpumpenseite gesehen und Abb. 2 einen Querschnitt durch den Vierzylinder-Motor. Im letzteren fällt besonders das robust ausgeführte Gestell auf, das dem Motor die größtmögliche Steifigkeit verleiht und etwa schädliche Deformationen des Motors verhindert. Die Triebwerksteile sind durch die großen Oeffnungen im Gestell bequem zugänglich, so daß die Kurbelwellenlager und die Kurbelwelle des eingebauten Motors gut beobachtet und die Kurbelwellenlager leicht ausgebaut werden können. Kleinere Betriebsstörungen, wie warmgelaufene Lager, könnten, wenn sie im Betrieb infolge ungeeigneten Schmieröls oder sonstigen Bedienungsfehlern tatsächlich mal vorkommen sollten, mithin in kürzester Zeit behoben werden.

Das Umsteuern der Motoren erfolgt durch ein besonderes Wendegetriebe, das mit der Kurbelwelle an der Schwungradseite des Motors verbunden ist. Die Ausführung des Sechszylinder-Motors mit Wendegetriebe gibt Abb. 3 wieder.

In der Regelausführung sind die Motoren mit Lichtmaschinen und mit Bosch-Anlassern für eine Batteriespannung von 24 Volt ausgerüstet. In Sonderfällen kann auch eine Druckluftanlaßvorrichtung eingebaut werden. Die Vierzylinder-Motoren können auch noch von Hand angedreht werden und werden dann mit einer Einrichtung zu vorübergehendem Ausschalten der Kompression versehen.

Wenden wir uns nunmehr ein wenig den konstruktiven Einzelheiten des Dieselmotors zu, um von der Ausbildung

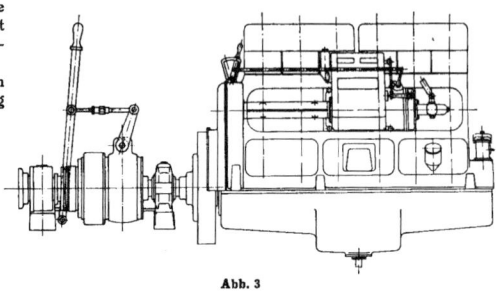

Abb. 3

wodurch eine ganz besondere Steifigkeit des Motors erreicht ist.

Die Arbeitskolben werden aus einer bewährten Aluminium-Legierung in eiserner Form gegossen. Die Treibstangen werden aus Chromnickel-Stahl ins Gesenk gepreßt, die Kolbenbolzenlager sind als Nadellager ausgebildet und arbeiten praktisch ohne Verschleiß.

Jeder Zylinder hat einen eigenen Deckel, in dem die Ventile aus hitzebeständigem Krupp'schen Sonderstahl sitzen. Diese werden durch eine im Gestell liegende Steuerwelle gesteuert, deren Antriebsräder zur besseren Geräuschdämpfung schräg verzahnt sind.

Die Brennstoffpumpen aller Zylinder sind in einem gemeinsamen Pumpenblock vereinigt.

Die Motoren haben Umlaufdruckschmierung. Eine im Oelsumpf liegende Zahnrad-Schmierpumpe drückt das Oel durch reichlich bemessene Filter und einen Oelkühler den verschiedenen Schmierstellen in betriebssicherer Weise zu.

Zum Kühlen und Lenzen erhalten die Motoren geeignete Kolbenpumpen, deren Drehzahl durch ein besonderes Rädergetriebe so herabgesetzt ist, daß diese Pumpen ruhig und betriebssicher laufen.

Zusammenfassend kann nunmehr gesagt sein, daß bei den heute zur Verfügung stehenden Werkstoffen, ferner dank der

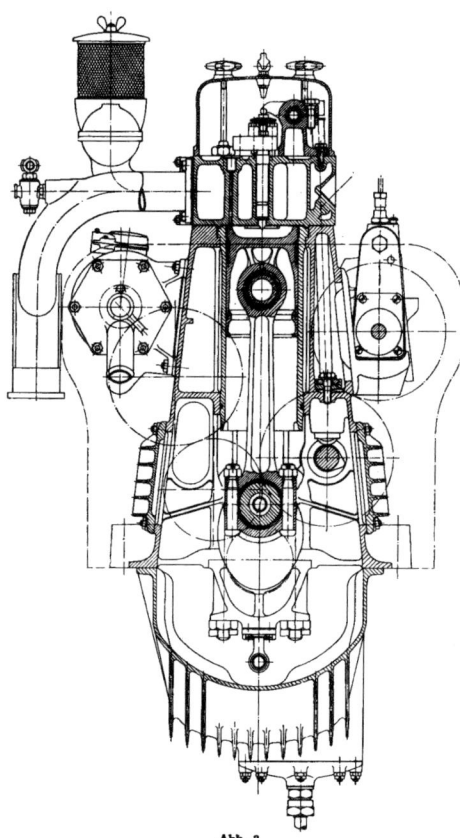

Abb. 2

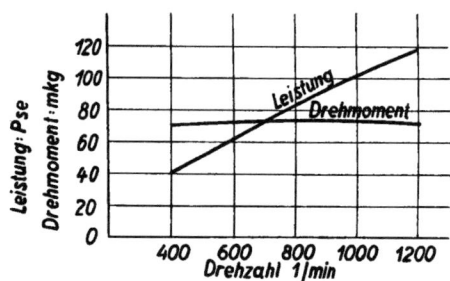

der Hauptteile auf seine Verwendbarkeit als Antriebsmaschine für Wasserfahrzeuge zu schließen.

Das Motorengestell wird im allgemeinen aus Gußeisen hergestellt, kann jedoch auch in den Fällen, wo ein besonders geringes Gewicht der Anlage erzielt werden muß, aus Stahl geschweißt werden. Die Gewichtsersparnis beträgt hierbei im Mittel etwa 15 vH. Bei stahlgeschweißter Ausführung erhalten die Kühlräume besonderen Schutzanstrich gegen Korrosionsgefahr. Die Laufbuchsen sind einzeln in das Gestell eingesetzt und können leicht ausgewechselt werden.

Die Kurbelwellenlager hängen an den Gestellquerwänden, die in starker Verrippung den Verbrennungsdruck von den Zylinderdeckelschrauben auf die Lagerstühle übertragen.

Die Kurbelwelle aus hochwertigem Chromnickel-Molybdän-Stahl ist zwischen je zwei Kurbeln gelagert,

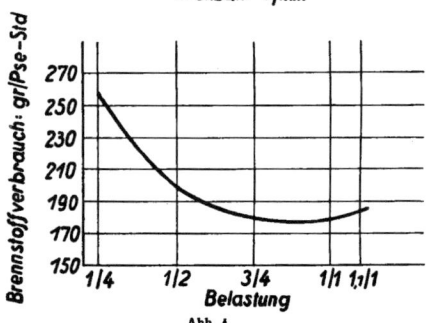

Abb. 4

heute gegebenen Möglichkeit der genauesten Bearbeitung an Spezialmaschinen und schließlich bei der jetzt vollkommenden Beherrschung der Verbrennungsvorgänge im Zylinder — auch bei den kompressorlosen Maschinen — in den Krupp-F I-Motoren ein Dieselmotor geschaffen ist, der sämtlichen an ihn gestellten Ansprüchen vollkommen gewachsen ist und hinsichtlich Betriebssicherheit keineswegs mehr hinter den altbewährten Dampfmaschinen zurücksteht; fehlt ihm doch zudem noch der dauernden behördlichen Untersuchungen unterworfene Kessel. Der geringe Raumbedarf des Dieselmotors, seine bequeme Wartung, die stete

Betriebsbereitschaft und die Reinlichkeit im Betrieb sind die besonderen Vorzüge, die ihn als Antriebsmaschine für Wasserfahrzeuge nunmehr unentbehrlich gemacht haben.

Gegenüber dem Benzinmotor hat der Dieselmotor noch den Vorteil, daß Feuersgefahr bei dem hohen Flammpunkt des Dieselöles ausgeschlossen ist, und ferner, daß dieses Dieselöl zu einem bedeutend niedrigerem Preise erhältlich ist als Benzin. Wie gering zudem der Verbrauch an Dieselöl ist, zeigt die Abb. 4, in der die Leistungen, Drehmomente und Verbrauchszahlen eines Sechszylinder-Motors eingetragen sind.

DER DIREKT UMSTEUERBARE KOMPRESSORLOSE DIESELMOTOR BAUART KRUPP IN DER BINNEN- UND KÜSTENSCHIFFAHRT

Im vorhergehenden Aufsatz über Krupp-Schiffs-Dieselmotoren haben wir unter der Ueberschrift: „Der kompressorlose Krupp-Dieselmotor als Antriebsmaschine für Wasserfahrzeuge" als erstes Beispiel für die Veranschaulichung der Vorzüge neuzeitlicher Schiffs-Dieselmotoren den Krupp-Boots-Dieselmotor, Modell F I, beschrieben. Die Ueberlegenheit des Dieselmotors als Schiffs-Antriebsmaschine gegenüber einem Vergasermotor bzw. einer Dampfkraftanlage tritt bei einem größeren Fahrzeug der Binnen- und Küstenschiffahrt, wo die Anforderungen, die hinsichtlich Betriebssicherheit und einfacher Bedienung an die Antriebsmaschine gestellt werden, bereits recht erheblich sind, naturgemäß noch bedeutend mehr zutage als bei einem kleineren Schnell- oder Verkehrsboot. Den besten Beweis für die Ueberlegenheit des Dieselmotors auch für diese Art Schiffahrt liefert die Tatsache, daß es ihm in den letzten Jahren gelungen ist, auch dieses Gebiet vollkommen für sich zu erobern.

Die Firma Fried. Krupp Germaniawerft Aktiengesellschaft hat für die Bedürfnisse der Binnen- und Küstenschiffahrt ihr Modell S b entwickelt, das als Antriebsmaschine für Hafenfahrzeuge, Fährschiffe, kleinere Frachtschiffe, Fischlogger, Seeschlepper usw. besonders geeignet ist und seit der Neuentwicklung im Jahre 1931 bereits in vielen Fällen eingebaut worden ist.

Diese Motoren werden direkt umsteuerbar in drei verschiedenen Größen mit 6 und 8 Zylindern gebaut und haben Einzelleistungen von 150—600 PSe bei 400—250 Umdrehungen in der Minute. Die Drehzahl kann im Betrieb durch geeignete Einrichtungen bis etwa auf ¹⁄₅ der Nenndrehzahl herabgesetzt werden. Die Abb. 1 zeigt die Bedienungsseite eines 6 Zylinder-Motors von 300 PSe bei 320 Umdrehungen in der Minute.

Die Motoren arbeiten nach dem reinen Druck- oder Strahlzerstäubungsverfahren, wobei der Brennstoff unmittelbar von der Brennstoffpumpe unter hohem Druck durch die Düse des Brennstoffventiles in den Verbrennungsraum des Arbeitszylinders eingespritzt wird. Das Brennstoffventil ist federbelastet, wird durch den Druck des Brennstoffes selbsttätig geöffnet und schließt sich sofort unter dem Druck der Feder, sobald die Brennstofförderung aufhört. Ein Nachtropfen des Brennstoffes wie bei der offenen Düse ist folglich nicht möglich und damit sparsamer Brennstoffverbrauch und beste Verbrennung gewährleistet.

Bei dem Entwurf dieser Motoren wurde auf folgende Eigenheiten ganz besonderer Wert gelegt:

1. Hohe Betriebssicherheit.

Sie wird erreicht durch einfache Bauart bei sorgfältiger konstruktiver Ausbildung. Kurbelgehäuse und Zylinder (Abb. 2) sind als einheitlicher Block gegossen, der mit

Abb. 1. Kompressorloser Viertakt-Krupp-Schiffs-Dieselmotor von 300 PSe bei 320 Umdr. Min.

kräftigen Bolzen mit der Grundplatte verschraubt ist. Die mit Weißmetall ausgegossenen Grundlagerschalen lassen sich leicht ausbauen, ohne daß die Kurbelwelle herausgenommen zu werden braucht. Der Triebwerksraum ist nach allen Seiten öldicht abgeschlossen, so daß Staub oder andere Verunreinigungen nicht in das Umlauföl der Umlaufdruckschmierung gelangen und dieses verschmutzen können. Auf der Vorder- und Rückseite des Kurbelgehäuses sind, durch leicht abnehmbare Deckel verschließbare Oeffnungen vorgesehen, die gute Zugänglichkeit des Triebwerkes und Erleichterung beim Ein- und Ausbau der Triebwerksteile gewährleisten. Die Laufbuchse ist nur an ihrem oberen Ende zwischen Zylinder und Zylinderdeckel eingespannt und kann sich nach unten hin frei ausdehnen. Ein Reißen der Laufbuchse infolge Wärmespannungen ist folglich ausgeschlossen. Die Laufbuchsen der Motoren größerer Leistung werden durch besondere Drucköler geschmiert; für die kleineren Motoren reicht infolge der höheren Drehzahl die von den Triebwerksteilen in die Laufbuchse geschleuderte Oel-

menge für eine gute Schmierung erfahrungsgemäß vollkommen aus, so daß im Interesse der einfachen Bedienung
auf besondere Schmierung verzichtet wird.

Jeder Zylinderdeckel trägt ein Einlaß-, Auslaß-, Brenn-
stoff-, Sicherheits- und Anlaßventil. Durch besonders zweck-
mäßig gewählte Kühlwasserführung im Zylinderdeckel wird
weitestgehende Entlastung von Wärmespannungen und damit
lange Lebensdauer dieses wichtigsten Teiles des Motors
erreicht. Das Einlaßventil wird bereits durch die kalte
Ansaugeluft genügend gekühlt, dagegen ist für das den
Wärmebeanspruchungen besonders stark ausgesetzte Aus-

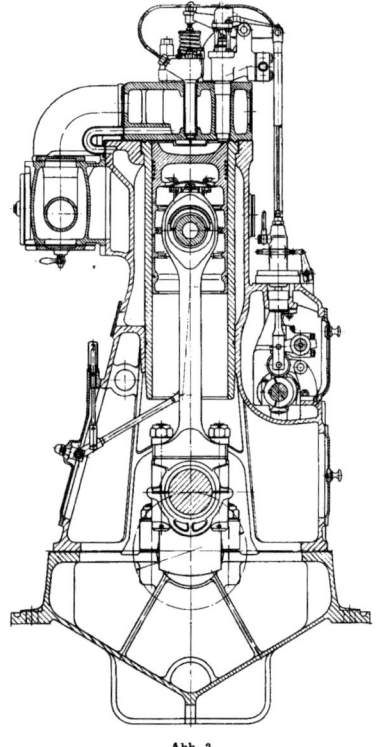

Abb. 2

laßventil Wasserkühlung vorgesehen. Damit die Düse des
Brennstoffventils kühl gehalten werden kann, wird das in
den Zylinderdeckel überströmende Kühlwasser um das
Brennstoffventil zwangläufig herumgeführt. Am Brennstoffventil ist keinerlei Packung vorhanden, vielmehr erfolgt
die Abdichtung lediglich durch metallische im Einsatz gehärtete und geschliffene Flächen; die Abnutzung dieser Teile
ist folglich gering. Das Anlaßventil wird durch Druckluft
eingerückt und wie die Ein- und Auslaßventile durch die
Nockenwelle gesteuert. Es ist so gebaut, daß die Anlaßluft
zusammen mit der Ventilfeder auf ein Schließen des Ventils
hinwirkt und ein Oeffnen nur dann möglich ist, wenn durch
Einrückung des Anfahrhebels die Druckluft auf das Ventil
einwirkt und gleichzeitig die Rolle über dem negativen
Ausschnitt des Nockens gleitet. Das Ventil ist so bemessen,
daß es sich in der Anlaßstellung nur öffnet, wenn der Druck
im Zylinder geringer ist als in der Anlaßleitung. Ein Rückschlagen des Brennstoffgemisches oder von Funken in die
Anlaßleitung ist mithin nicht möglich und eine Explosion

in der Anlaßleitung, die durch Oelniederschläge sonst
hervorgerufen werden könnte, folglich ausgeschlossen.

In diesem Zusammenhang sei auch darauf hingewiesen,
daß eine Explosion eines Dieselmotors an sich unmöglich
ist; wenn man jedoch gelegentlich von der Explosion eines
Dieselmotors hört, so handelt es sich stets um die der Anlaßleitung. Diese Möglichkeit liegt jedoch für den beschriebenen
Dieselmotor, wie aus obigem ersichtlich, nicht vor.

Die Kurbelwelle ist aus S.M.-Stahl geschmiedet und wird
nach den Vorschriften der Klassifikationsgesellschaft bemessen. Die Druckwelle ist bei der Normalausführung unmittelbar an die Kurbelwelle angeflanscht und das Drucklager an die Grundplatte angegossen, wodurch eine gute
Uebertragung des Propellerschubes auf die gesamte Grundplatte des Motors und mithin auch auf das gesamte Motorenfundament erreicht wird. Das Fundament braucht unter
dem Drucklager nicht besonders versteift zu werden.

Die Nockenwelle wird durch Zahnräder mit Schrägverzah-
nung angetrieben und steuert mittels Stoßstangen und Hebel
die Ventile im Zylinderdeckel. Um eine gute Zugänglichkeit
zu der Nockenwelle zu erreichen, wird diese auf halber
Motorhöhe angeordnet. Die Nockenwelle hat für die Ein-
laß-, Auslaß- und Anlaßventile sowie für die Brennstoffpumpe je einen Nocken für Voraus und Zurück. Beim Umsteuern wird die Nockenwelle axial verschoben, so daß
dann die Nocken für den entgegengesetzten Drehsinn auf
die Stoßstangenrollen einwirken. Durch Verblockung der
Anlaß- und Brennstoffhebel mit der Umsteuervorrichtung ist
es nicht möglich, diese Hebel zu betätigen, solange der Umsteuervorgang nicht vollständig beendigt ist. Die Nocken
sind einzeln auf die Nockenwelle aufgesetzt, bei etwaiger
Abnutzung eines Nockens braucht infolgedessen nur dieser
erneuert zu werden.

Nicht zuletzt wird die hohe Betriebssicherheit durch Verwendung bestgeeigneter, hochwertiger Werkstoffe und ferner
infolge genauester Werkstattausführung erreicht.

2. Sofortige Betriebsbereitschaft

Das Anlassen ist in kaltem Zustande ohne Vorbereitun-
gen und ohne irgendwelche Hilfsmittel mit wenigen Hand-
griffen möglich. Ferner arbeitet das der Firma Krupp patentierte Anlaßverfahren mit geringstem Luftverbrauch, so daß
ein Anlassen auch noch möglich ist, wenn nach lang-
andauernden Manövern der Druck in den Anlaßflaschen bereits stark gesunken ist. Das Umsteuern des Motoren erfolgt
von Hand. Beim Manövrieren sind hierbei die Umsteuerhebel a (Abb. 1), der Brennstoffhebel b und der Anlaßhebel c
zu bedienen.

3. Ruhiger Gang

Die Motoren laufen bei allen Drehzahlen infolge großer
Festigkeit und Steifigkeit des Aufbaues und ferner infolge
unmittelbarer Verbindung des Drucklagers mit der Motor-
grundplatte vollkommen ruhig. Durch Anordnung schräg
verzahnter Zahnräder für den Antrieb der Nockenwelle ist
ein möglichst geräuschloses Arbeiten dieses Antriebes gewährleistet.

4. Einfache Bedienung und leichte Instandhaltung

Alle der Abnutzung und Ueberholung ausgesetzten Teile
können durch besonders große leicht verschließbare Oeffnungen am Kurbelgehäuse und der Nockenwelle leicht ein-
und ausgebaut werden. Mit Flanschdeckeln verschließbare
große Oeffnungen im Zylinder, Zylinderdeckel und der Auspuffleitung ermöglichen gute und schnelle Reinigung der
Kühlwasserräume.

5. Hohe Wirtschaftlichkeit

Die beschriebenen Dieselmotoren arbeiten auch nach
jahrelangem Betrieb sehr sparsam. Brennstoff-, Schmieröl-
und Instandhaltungskosten sind stets sehr niedrig. Ueber
den Brennstoffverbrauch bei den einzelnen Belastungen gibt
die Kurve in Abb. 3 Aufschluß.

6. Unabhängigkeit der Motoren von irgendwelchen gesondert angetriebenen Hilfsaggregaten

Sämtliche für den Betrieb des Motors erforderlichen Hilfsaggregate sind am Motor angebaut und werden von ihm selbst angetrieben. Der Anlaßluftkompressor sitzt am einzelnen Schmierstellen zudrückt. Sämtliche Hilfsaggregate sind übersichtlich angeordnet und benötigen so gut wie keiner Wartung.

Diese besonderen Eigenheiten der direkt umsteuerbaren Schiffs-Dieselmotoren kleinerer Leistung waren entscheidend für deren überaus schnelle Einführung in alle Zweige

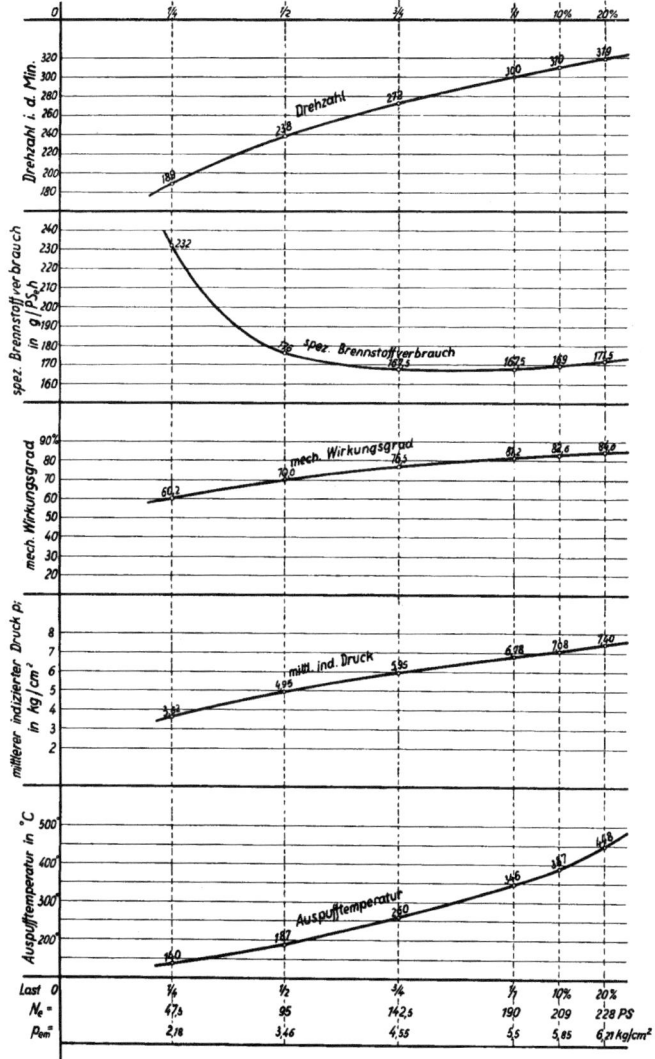

Abb. 3. Graphische Darstellung der Prüfstandsergebnisse eines kompressorlosen Vierzylinder-Viertakt-Krupp-Dieselmotors von 190 PSe bei 300 Umdr./Min.

vorderen Ende des Motors, und die Kühlwasser- und Lenzpumpe sind, ebenfalls bequem zugänglich, seitlich am Motor angeordnet und werden mittels Hebels von der Kurbelwelle angetrieben. Die Schmierölpumpe ist als Zahnradpumpe ausgebildet und sitzt in dem Sumpf der Grundplatte, von wo sie das Schmieröl durch einen Filter und Kühler den der Küsten- und Binnenschiffahrt. Die Erfahrung hat gezeigt, daß, wenn einmal eine Schiffahrtsgesellschaft eines ihrer Schiffe von Dampf- auf Dieselbetrieb hat umstellen lassen, sie allmählich zum Dieselantrieb ihrer sämtlichen Schiffe überging. Dieses ist auf jeden Fall das beste Zeichen für die Betriebssicherheit eines Dieselmotors.

DER KOMPRESSORLOSE GROSS-DIESELMOTOR BAUART KRUPP ALS ANTRIEBSMASCHINE FÜR SEESCHIFFE

Die Statistik über die in den letzten Jahren auf Stapel gelegten Fracht- und Fahrgastschiffe, Tankschiffe, großen Luxusjachten usw. beweist, daß für den Antrieb dieser größeren Seeschiffe bis zu einer Wasserverdrängung von etwa 20 000 t heute vorzugsweise Dieselmotoren gewählt werden. Das Verhältnis von Dampf- zu Dieselmotorenantrieb hat sich für diese Art Schiffe in den letzten zehn Jahren stetig zugunsten der letzteren verändert. Ausschlaggebend für diese Entwicklung war zum großen Teil die Schaffung des einwandfrei arbeitenden k o m p r e s s o r - l o s e n Dieselmotors.

Ursprünglich konnte eine einwandfreie Verbrennung im Motor nur bei Einspritzung des Brennstoffes in die Arbeitszylinder mittels hochgespannter Druckluft erreicht werden. Die Einrichtungen zur Erzeugung der Einblaseluft, die Einblaseluftpumpe mit Einblasegefäßen, Luftkühler, Hochdruckleitung usw., erforderten noch viel Raum und wirkten sich auch hinsichtlich Preis und Gewicht der Gesamtanlage nicht immer wesentlich günstiger gegenüber den Dampfkraftanlagen aus. Später ist es nach sorgfältigem Studium der Zerstäubung von Flüssigkeiten bei dem Austritt aus engen Düsen und durch Verbesserung der Herstellungsverfahren gelungen, eine einwandfreie Verbrennung auch bei Einspritzung des Treiböles unmittelbar in die Arbeitszylinder ohne Zuhilfenahme von Druckluft zu erzielen.

Der so entstandene kompressorlose Dieselmotor zeigt eine wesentliche Vereinfachung im Aufbau, im Betrieb und in der Bedienung und bewirkt somit auch eine Erhöhung der Betriebssicherheit. Neben der Verbilligung in der Herstellung konnte auch ein geringerer Brennstoffverbrauch, also höhere Wirtschaftlichkeit erreicht und durch den Wegfall der bewegten Massen der Einblaseluftpumpen, die notwendigerweise sich von denen der Arbeitszylinder unterscheiden und infolgedessen nicht unter gleichmäßiger Kurbelversetzung angetrieben werden können, eine bessere Auswuchtung erzielt werden.

Die starke Verbreitung des Dieselmotors ist weiterhin dadurch wesentlich begünstigt worden, daß gleichzeitig zwecks Deckung des rapide steigenden Benzinbedarfs eine außerordentliche Entwicklung der Erdölindustrie einsetzte und die bei der Benzinerzeugung abfallenden, jedoch für den Dieselbetrieb geeigneten Rohöle dadurch eine starke

Preissenkung erfuhren. Auch in Deutschland werden neuerdings die Erdölvorkommen verstärkt ausgebeutet. Die großen Oelgesellschaften haben jetzt an allen wichtigen Häfen der Welt Lager geeigneter Dieseltreiböle eingerichtet, so daß die Versorgung mit den erforderlichen Brennstoffen überall gesichert ist.

Die Firma Fried. Krupp Germaniawerft Aktiengesellschaft, Kiel-Gaarden, baut für den Antrieb mittlerer und größerer Handelsschiffe direkt umsteuerbare Viertaktmotoren, Modell G, in 6 und 8 Zylindern mit Einzelleistungen von 600—2500 PSe bei 300—125 Umdrehungen in der Minute (Abb. 1) und direkt umsteuerbare Zweitaktmotoren in 4 bis 8 Zylindern mit Einzelleistungen von 1000—10 000 PSe bei 180—80 Umdrehungen in der Minute (Abb. 2).

Da es zu weit führen würde, auf alle Einzelheiten dieser beiden stark voneinander abweichenden Motorenmodelle einzugehen, sollen im folgenden nur einige der wesentlichsten Eigenschaften dieser Dieselmotoren beschrieben werden, und auch nur so weit, als es zur Veranschaulichung der einfachen Bedienung der Dieselmotoren und ihrer vollkommenen Betriebssicherheit dient.

Die kompressorlosen Viertakt- und Zweitakt-Krupp-Schiffsdieselmotoren größerer Leistung arbeiten, wie die bereits in diesem Werk beschriebenen Motoren, Modell S b,

Abb 1. Umsteuerbarer kompressorloser Viertakt-6-Zylinder-Krupp-Schiffs-Dieselmotor von 750 PSe bei 210 Umdr./Min.

ebenfalls nach dem reinen Druck- oder Strahlzerstäubungsverfahren, wobei die Einspritzung des Brennstoffes kurz vor dem oberen Totpunkt beginnt. Die Verdichtungstemperatur genügt auch bei kaltem Motor, um den eingespritzten Brennstoff zur Entzündung zu bringen. Das Anlassen ist daher jederzeit nach dem Auffüllen von Brennstoff, Wasser und Oel in wenigen Sekunden möglich.

Bei den Viertaktmotoren, die sich von den früher beschriebenen Sb-Motoren im wesentlichen nur durch die Anordnung der Steuerwelle und durch die Zuganker-Bauart der Zylindergestelle unterscheiden, sind die Brennstoffpumpen auf der oberen Seite der Konsolen, die die Lagerböcke der Nockenwelle tragen, befestigt. Durch diese der Firma Krupp patentierte Anordnung wird zwischen den Nocken und Rollen bei allen Belastungen ein stets gleichmäßiges Spiel erreicht und damit ein zeitgenaues Steuern gewährleistet. Die im Bereich der Arbeitszylinder auftretenden Wärmeausdehnungen, die sich sonst bei großen Abmessungen störend bemerkbar machen, können hierbei das genaue Arbeiten der Ventile und der Brennstoffpumpen nicht beeinflussen (Abb. 3).

Dadurch, daß ferner für jeden Zylinder eine besondere Brennstoffpumpe neben dem Zylinderdeckel angeordnet ist, wird nicht nur das Druckrohr zwischen der Brennstoffpumpe und dem Brennstoffventil möglichst kurz gehalten, so daß Druckschwankungen in der Druckleitung vermieden werden, sondern alle diese Brennstoffdruckleitungen können auch untereinander vollkommen gleich ausgeführt werden, so daß zeitliche Unterschiede in der Zündung, hervorgerufen durch verschiedene Länge der Druckleitung bei den verschiedenen Zylindern, ausgeschlossen sind.

Für die Regelung der Brennstoffzufuhr ist für jede Brennstoffpumpe ein Hebel auf der Reglerwelle exzentrisch gelagert, der, von der Stoßstange des Pumpenkolbens bewegt, bei gleichbleibendem Beginn der Einspritzung die Brennstofförderung früher oder später plötzlich unterbricht. Der Rest des vom Pumpenkolben zuviel geförderten Brennstoffes wird dann in die Saugleitung zurückgeführt. Die Reglerwelle wird im normalen Betrieb von Hand durch den Brennstoffreglerhebel am Maschinenstand und bei Herausschlagen des Propellers aus dem Wasser durch den Sicherheitsregler beeinflußt, der die Ueberschreitung der höchstzulässigen Drehzahl verhindert.

Das Anlassen und Umsteuern der Motoren geschieht durch Druckluft. Beim Manövrieren sind hierbei nur der Brennstoffhebel, der gleichzeitig die Umsteuervorrichtung betätigt, und der Anlaßhebel zu bedienen.

Nach einer der Firma Krupp patentierten Anordnung wird die Bewegung des Maschinentelegraphen dazu benutzt,

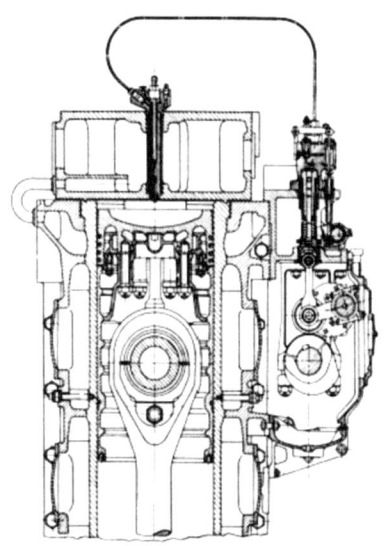

Abb. 3. Brennstoffpumpe, Brennstoffventil und gekühlter Arbeitskolben bei einem G-Modell

den Umsteuervorgang und die zur richtigen Ausführung der Umsteuerung erforderlichen Sicherheitsmaßnahmen (Verblockungen) einzuleiten. Zur Ausführung eines Kommandos hat der Maschinist nur den Rückmeldehebel in die befohlene Stellung „Voraus" oder „Zurück" zu bringen. Dadurch verschiebt sich auch gleichzeitig der Steuerschieber in dem gewünschten Sinne, und wenn der Bedienungshebel in die Umsteuerstellung gelegt wird, tritt die Druckluft durch den

Abb. 2. Einfachwirkender kompressorloser Zweitakt-6-Zylinder-Krupp-Schiffs-Dieselmotor von 2250 PSe bei 118 Umdr./Min.

Steuerschieber in den Luft-Umsteuerzylinder ein. Die Umsteuerung geschieht dann auf folgende Weise:

Die Druckluft wirkt auf den Kolben des Luft-Umsteuerzylinders ein, und während je eines Drittels der Bewegung dieses Kolbens von einer Endstellung zur anderen werden die Stoßstangen mit den Rollen von den Nocken abgehoben, die Nockenwelle verschoben und die Stoßstangen mit den Rollen auf die Nocken für den entgegengesetzten Drehsinn gelegt. Fehlgriffe beim Manövrieren sind infolge der vorhandenen Verblockungen vollständig ausgeschlossen. Bei Ueberholungen und bei Störungen in der Druckluftversorgung kann das Umsteuern auch durch Oel mittels der neben dem Maschinistenstand angebrachten Handölpumpe bewirkt werden.

Das Anlassen und Umsteuern geschieht bei den Z w e i - t a k t m o t o r e n in ähnlicher Weise wie bei den Viertaktmotoren. Der Umsteuerungsvorgang selbst ist jedoch bei den Zweitaktmotoren insofern anders, als diese neuerdings keine Nockenwelle haben und der durch Druckluft betätigte Umsteuerschieber nur den Antrieb der pneumatisch gesteuerten Anlaßventile der neuen Drehrichtung entsprechend verstellt.

Früher hatten die Zweitaktmotoren für den Antrieb der Anlaßventile und der Brennstoffpumpen eine besondere Nockenwelle. Neuerdings ist es jedoch bei einer Einspritzung des Brennstoffes nach dem Verfahren des Professors Vadim Archaouloff möglich, den Verdichtungsdruck des Motorzylinders zum Antrieb der Brennstoff-Einspritzpumpe zu benutzen, so daß bei gleichzeitiger Verwendung pneumatisch gesteuerter Anlaßventile auf die Steuerwelle mit den erforderlichen Nocken und Rollen verzichtet werden kann. Dadurch wird eine wesentliche Vereinfachung im Gesamtaufbau des Motors erreicht. Einzelheiten über das Archaouloff-Verfahren sind bereits im Heft 16, Jahrgang 1934 der Zeitschrift „Schiffbau" veröffentlicht worden.

Besonders charakteristisch für die Krupp - Zweitakt-Dieselmotoren ist die Versorgung mit Spülluft und der Spülvorgang selbst. Diese Motoren haben durchweg Schlitzspülung. Die zum Spülen und Laden benötigte Luft wird den Arbeitszylindern durch Schlitze in den Laufbuchsen zugeführt und die Auspuffgase werden ebenfalls durch Schlitze abgeführt. Diese Schlitze werden von den Arbeitskolben gesteuert und sind, da sie sich am unteren Teil des Zylinders befinden, nur niedrigen Temperaturen ausgesetzt. Das Krupp-Spülverfahren ermöglicht es, die Spülluft- und Auspuffleitung getrennt voneinander je auf der einen und anderen Seite des Dieselmotors anzuordnen und dadurch größtmögliche Uebersichtlichkeit und Zugänglichkeit zu wahren. Durch geeignete Anordnung der Spül- und Auspuffschlitze wird eine gründliche Ausspülung der Abgase und vollkommene Füllung der Zylinder mit reiner Luft bei niedrigem Spülluftdruck erreicht.

Die Firma Krupp verwendet eine Querspülung, da nur bei dieser der Spülluftdruck niedrig gehalten werden kann, und erreicht trotz des kürzesten Weges der Spülluft durch den Zylinder nach einem ihr patentierten Verfahren eine sehr wirksame Spülung.

Die doppeltwirkenden Kolbenspülluftpumpen werden an den Motoren angehängt. Dadurch wird erreicht, daß während kürzerer Betriebspausen oder während des Manövrierens keine nennenswerte Abkühlung des Verbrennungsraumes erfolgt, die schädliche Wärmespannungen hervorrufen und beim Wiederanfahren das Einsetzen der Zündungen erschweren könnte. Die unmittelbar am Motor angebauten Spülluftpumpen passen sich hinsichtlich des Druckes und der Luftmenge ohne weiteres den jeweiligen Leistungen des Motors an, da sie mit der gleichen Hubzahl wie die Motoren

laufen. Die Spülluftpumpen sind seitlich neben dem Arbeitszylinder angeordnet und werden durch an den Kreuzköpfen befestigte starre Arme angetrieben. Diese durch Patent geschützte Anordnung ergibt geringstmöglichen Raumbedarf, günstigsten Wirkungsgrad des Antriebes und erfordert infolge Fehlens jeglichen Gelenkes keinerlei Wartung. Aus dem Druckventil der Spülluftpumpe tritt die Spülluft unmittelbar in den gemeinsamen Spülluftsammelraum zwischen Spülpumpe und Arbeitszylinder über, der für gleichmäßige Verteilung der Spülluft auf kürzestem Wege auf die einzelnen Arbeitszylinder sorgt.

Die Prüfstandsergebnisse eines kompressorlosen einfachwirkenden Zweitakt-Sechszylinder-Krupp-Schiffsdieselmotors von 2250 PSe Leistung bei 118 Umdrehungen in der Minute,

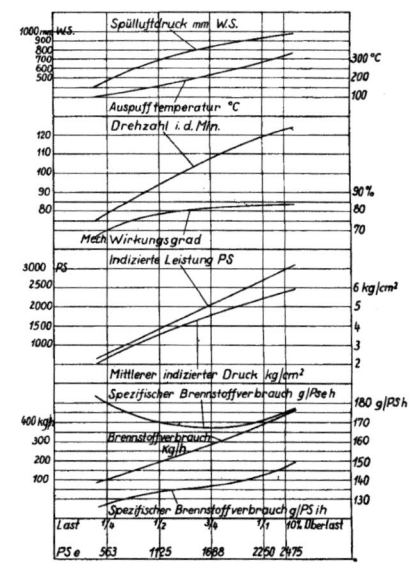

Abb. 4. Prüfstandsergebnisse eines kompressorlosen, einfachwirkenden Zweitakt - 6 - Zylinder - Krupp - Schiffs - Dieselmotors von 2250 PSe bei 118 Umdr./Min.

die auch den Spülluftdruck bei den einzelnen Belastungen zeigen, gehen aus der Abb. 4 hervor.

Der wirtschaftliche Wärmeverbrauch des Viertakt- oder Zweitakt-Großdieselmotors macht ihn in der Handelsschiffahrt allen anderen Kraftmaschinen gegenüber überlegen und sorgt für seine weitestgehende Verbreitung. Er kann noch bedeutend erhöht werden durch Ausnutzung der Abgaswärme in besonderen Abhitzekesseln zur Erzeugung von Warmwasser und Dampf für Heiz- und Wirtschaftszwecke. Infolge des sparsamen Brennstoffverbrauchs ist auch auf längeren Reisen nur ein einmaliges Bunkern erforderlich, so daß hierfür der Hafen mit den günstigsten Oelpreisen gewählt und unnötiger Aufenthalt nur aus dem Anlaß einer Brennstoffübernahme vermieden werden kann.

Stete Betriebsbereitschaft, einfache Wartung, geringer Bedarf an Raum und Gewicht, bequeme und saubere Uebernahme und Unterbringung des Brennstoffes sind von größter Bedeutung für die Schiffahrt.

DER KOMPRESSORLOSE KRUPP-DIESELMOTOR
FÜR DEN HILFSMASCHINENANTRIEB AUF SEESCHIFFEN

Für die Bedürfnisse kleinerer Schiffe der Binnen- und Küstenschiffahrt genügt es meist, wenn die Hilfsmaschinen, wie Generatoren, Kompressoren, Pumpen, direkt von den Schiffsantriebsmaschinen angetrieben werden. Der Bedarf an elektrischem Strom ist verhältnismäßig gering; für Fischereifahr-

entnommen. Die zum Anlassen benötigte Druckluft wird von einem unmittelbar von der Motorenkurbelwelle aus angetriebenen Kompressor geliefert; Kühlwasser- und Lenzpumpen sind seitlich am Motor angebaut und werden mittels Hebel von der Kurbelwelle angetrieben.

Abb. 1. Zwei kompressorlose Viertakt-Krupp-Schiffs-Hilfsmotoren von je 210 PSe bei 415 Umdr. Min.

zeuge, Schlepper und kleinere Frachtschiffe, die den elektrischen Strom nur für Beleuchtungszwecke benötigen, reicht meist schon eine Dynamo von 1 bis 2 kW, die mittels eines

Anders ist es jedoch bei den größeren Handelsmotorschiffen, die einen größeren Bedarf an elektrischem Strom haben, da die verschiedenen Pumpen, Winden, Eismaschinen,

Abb. 2. Diesel-Dynamo-Kompressor-Aggregat. Kompressorloser Viertakt-4-Zylinder-Krupp-Dieselmotor von 210 PSe bei 350 Umdr. Min.

Riemens oder einer Kette von einer auf der Schiffswellenleitung sitzenden Riemen- oder Kettenscheibe angetrieben wird aus. Während des Stillstandes des Antriebsmotors wird der elektrische Strom einer Akkumulatoren-Batterie

ferner Ankerspill, Ruder usw. größtenteils elektrisch angetrieben werden. In diesem Falle werden dann besondere Diesel-Dynamos oder Diesel-Dynamo-Kompressor-Aggregate aufgestellt, die unabhängig von den Schiffsantriebsmotoren während der Fahrt und auch im Hafen das Schiff mit elektrischem Strom und Druckluft versorgen können (Abb. 1).

Auch auf großen, mit Dampfkraft betriebenen Schiffen werden Diesel-Dynamos zur Lieferung von Strom für Licht- und Kraftzwecke in immer steigendem Maße verwendet. Die Ueberlegenheit des dieselelektrischen Antriebes der Schiffs-Hilfsmaschinen liegt darin, daß kleine Dampf-

Der Aufbau dieser Motoren als Schiffsantriebsmaschinen ist bereits in dieser Zeitschrift beschrieben worden. Als Schiffs-Hilfsmaschinen erhalten sie jedoch eine der Bauart des Generators oder Kompressors angepaßte erhöhte Grundplatte, die für Aufnahme dieser Hilfsmaschinen entsprechend verlängert wird. Die Ausführung einer solchen Grundplatte geht aus der Abb. 3 hervor. Die verlängerten Grund-

Abb. 3. Nicht umsteuerbarer kompressorloser Viertakt-3-Zylinder-Krupp-Schiffs-Dieselmotor von 105 PSe bei 400 Umdr. Min. als Schiffs-Hilfsmotor für den Antrieb eines Gleichstrom-Generators und eines Kompressors

maschinen einen sehr hohen Dampfverbrauch haben und daher unwirtschaftlich arbeiten. Die Verwendung von Diesel-Dynamos auf Dampfschiffen trägt folglich in hohem Maße zur Erhöhung der Wirtschaftlichkeit bei, besonders dann, wenn im Hafenbetrieb kein Kessel unter Feuer gehalten zu werden braucht. Wie die Ergebnisse des praktischen Betriebes zeigen, benötigt der Dampfantrieb von Schiffs-Hilfsmaschinen eine bedeutend größere Brennstoffmenge als der dieselelektrische Antrieb. Die höheren Anschaffungskosten des dieselelektrischen Antriebes lassen sich demnach in kurzer Zeit durch verringerten Brennstoffverbrauch wieder einbringen.

Für den Antrieb der Schiffs-Hilfsmaschinen, Dynamos und Kompressoren liefert die Firma Krupp Dieselmotoren der Bauart S b in Normalausführung von 100—600 PSe Leistung bei 500—250 Umdrehungen in der Minute (Abb. 2).

platten werden neuerdings der Leichtigkeit und Festigkeit wegen meist aus Stahl geschweißt ausgeführt.

Durch eine der Firma Krupp patentierte Anordnung des Schwungrades an der Reibungskupplung des abschaltbaren Kompressors, also zwischen Generator und Kompressor (Abb. 3), werden die Eigenschwingungszahlen des gesamten Aggregates bei An- oder Abschalten des Kompressors praktisch gleichgehalten. Dadurch werden alle Schwierigkeiten, die darin bestehen, die kritischen Drehzahlen im Bereich der Betriebsdrehzahl für beide Betriebsverhältnisse auszuschalten, restlos beseitigt.

Gute Ausbalancierung infolge genauer Durchrechnung eines jeden Gesamtaggregates, bestehend aus Motor, Dynamo und Kompressor, auf kritische Drehzahlen wird heute ohne weiteres gewährleistet.

„MERCEDES-BENZ"-BOOTSDIESELMOTOREN DER DAIMLER-BENZ AKTIENGESELLSCHAFT, STUTTGART-UNTERTÜRKHEIM

Das schnellfahrende Motorboot für Sport und Verkehr wie für behördliche und gewerbliche Verwendung ist eine besondere Fahrzeuggattung geworden, welche ganz neue Verkehrsmöglichkeiten und damit auch neue Bedürfnisse geschaffen hat.

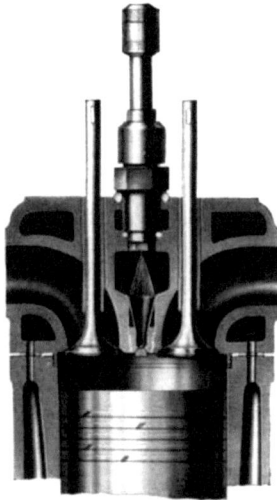

Derartige kleine, schnelle und leichte Boote konnten früher, im Zeitalter der schwerfälligen, sperrigen und umständlichen Dampfmaschine gar nicht entstehen. Erst der schnellaufende Verbrennungsmotor, wie ihn die Väter des neuzeitlichen Kraftfahrzeugverkehrs, Carl Benz und Gottfried Daimler, geschaffen haben, konnte solche schiffbautechnischen Möglichkeiten ergeben. Die kleinen, leichten Motoren dieser Boote arbeiteten bisher mit den leichtflüchtigen Kraftstoffen: Ben-

Abb. 1. Einspritzen des Kraftstoffes in die Vorkammer

zin, Benzol, Petroleum, Spiritus, deren leichte Entzündbarkeit eine ständige Bedrohung für Boot, Fahrgäste und Ladung durch Brand und Explosionsgefahr bedeutet.

Diese Gefahr konnte nur durch den Uebergang zum Betrieb mit schwerflüchtigen Treibölen beseitigt werden, deren Verwendung im Dieselmotor möglich ist, der aber für den Fahrzeugbetrieb mit seinen Anforderungen an weitgehende Regelbarkeit der Drehzahl nicht ohne weiteres geeignet war. Außerdem war der Verdichter, namentlich bei kleineren Maschinen, eine die Bedienung erschwerende und kostspielige Zugabe. Deshalb wurde versucht, den Brennstoff unmittelbar unter hohen Druck zu setzen und mit großer Geschwindigkeit durch enge Kanäle in den Verbrennungsraum hinein zu zerstäuben. Diesem Verfahren stellten sich anfangs unüberwindliche Schwierigkeiten entgegen. Es gelang nicht, betriebssichere Treibölpumpen für Hunderte von Atmosphären sowie Düsen mit kleinsten Querschnitten für diese Zwecke zu bauen. Erst viel später, als einfachere Aufgaben auf diesem Gebiete für andere Systeme gelöst waren, hat man den Weg der unmittelbaren Einspritzung mit Erfolg beschritten.

Inzwischen hatte die Firma Daimler-Benz in ihrem Vorkammer-Patent gezeigt, wie der Verdichter auf einfache Weise vermieden werden konnte. Vom Hauptverbrennungsraum wird ein vorgesetzter Teilverbrennungsraum abgeschnürt und durch diesen das Treiböl unter mäßig hohem Druck eingespritzt. Infolge dieser Abschnürung entstehen in der Vorkammer bei der Verdichtung Wirbel, welche die Verbrennung begünstigen, und bei der Ausdehnung entsteht darin ein Ueberdruck, welcher den Brennstoff in den Hauptverbrennungsraum hineinpreßt.

Diese Vorkammer machte also den Druckluftverdichter des Dieselmotors überflüssig und erbrachte infolge der mit der Geschwindigkeit wachsenden Wirbelwirkung praktisch die Unabhängigkeit von der Drehzahl. Hierdurch war eine über einen weiten Drehzahlbereich sich selbsttätig auf beste Verbrennung einstellende Rohölmaschine von großer Einfachheit geschaffen, die nun als Motor für Fahrzeuge zu Wasser und zu Lande bis zu kleinen Leistungen herab ihren Siegeslauf antrat. — Dieses Prinzip der Raumabschnürung hat sich heute fast restlos durchgesetzt, sei es in Gestalt der eigentlichen „Vorkammer" mit Durchtritt des ganzen Brennstoffstrahles, sei es in Gestalt eines Luftspeichers, in welchen nur ein Teil oder gar kein Brennstoff eingespritzt wird.

Die Mercedes-Benz-Dieselmotoren sind also dadurch gekennzeichnet, daß die Einspritzung des Kraftstoffes nicht direkt in den Kompressionsraum, sondern in eine kleine vorgelagerte Kammer erfolgt (Abb. 1). In dieser „Vor-

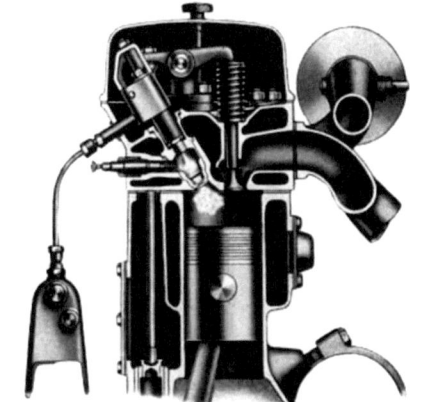

Abb. 2. Anordnung der schrägen Vorkammer und Vorglüh-Kerze im Zylinderkopf

kammer", die mit dem Kompressionsraum durch einen „temperaturregelnden Einsatz" mit daran befestigtem Zerstäuber in Verbindung steht, erfolgt nach Einspritzung des Kraftstoffes eine Teilverbrennung, die einen Ueberdruck erzeugt. Dadurch wird die Hauptmenge des eingespritzten

Kraftstoffes durch den Zerstäuber in den Kompressionsraum getrieben und infolge besonderer Formgebung des Durchganges sowie infolge der hohen Austrittsgeschwindigkeit stark verwirbelt und mit der im Zylinder befindlichen Luft innig vermischt. Restlose Verbrennung des Kraftstoffes im Zylinder ist das Ergebnis dieses Vorganges. Die Verbrennung selbst wird noch dadurch gefördert, daß der eingespritzte Kraftstoff in der Vorkammer durch die Teilverbrennung stark erwärmt und sogar vergast wird, so daß praktisch in den Kompressionsraum Flüssigkeitströpfchen nicht gelangen können. Die Eigenart der Arbeitsweise der Vorkammer bringt es mit sich, daß auch bei Teilbelastung und Leerlauf in der Vorkammer eine stets gleichmäßige Wärme herrscht, wodurch eine vollkommene Verbrennung, also ein rauchfreier und nahezu geruchloser Auspuff, bei allen Belastungsstufen und Drehzahlen erreicht wird.

Die Mercedes-Benz-Anordnung (Abb. 2) des temperaturregelnden Einsatzes bietet auch mechanische Vorzüge, und zwar dadurch, daß der Einspritzdruck im Vergleich

Abb. 3. Boots-Dieselmotor Typ DB, 45 PS

zu anderen Systemen ganz erheblich gesenkt ist. Gegenüber Strahlzerstäubermaschinen, die mit Einspritzdrücken von 150—300 at arbeiten, weist die Mercedes-Benz-Vorkammerverfahren einen Einspritzdruck von nur etwa 65—85 at auf. In der Einspritzpumpe, den Rohrleitungen und Düsen sind somit auch die hohen Beanspruchungen vermieden, wodurch die Betriebssicherheit erhöht und eine lange Lebensdauer verbürgt wird. Die Einspritzdüsen sind beim Vorkammerverfahren weit weniger empfindlich als bei Strahlzerstäubermaschinen, weil die Oeffnungen größer gehalten werden können. Das Vorkammerverfahren vermeidet glühende Teile und deren Abzundern; außerdem wird eine hohe Unempfindlichkeit gegen Wechsel in der Beschaffenheit des Kraftstoffes erzielt.

Die Mercedes-Benz-Bootsdieselmotoren erreichen dieselben Leistungen wie Vergasermaschinen gleichen Zylinderinhalts, da das Vorkammer-Verfahren eine hohe spezifische Ausnützung des Kraftstoffes ermöglicht.

Für die Kleinschiffahrt, welche hier besonders in Betracht kommt, hat Daimler-Benz zwei Reihen von Boots-

Abb. 4.
Boots-Dieselmotor Typ ZB, 90 PS

dieselmotoren geschaffen, welche durch die Drehzahlgrenze von n = 1000 geschieden werden: also Bootsdieselmotoren mittlerer Drehzahl von 10 bis 100 PS und schnellaufende Maschinen von 20 bis 120 PSe. Alle Mercedes-Benz-Dieselmotoren arbeiten nach dem geschützten Daimler-Benz-Vorkammer-Verfahren im Viertakt ohne Zuhilfenahme eines Kompressors.

Zwei Stammwerke der jetzt vereinigten Daimler-Benz-Aktiengesellschaft, nämlich die Firmen Benz & Cie., Mannheim, und Daimler Motoren-Gesellschaft, Berlin-Marienfelde, hatten schon in den Vorkriegsjahren das Diesel-Verfahren für Boots- und Schiffsmotoren mittlerer und hoher Drehzahl erfolgreich entwickelt. In ständiger konstruktiver und betriebstechnischer Vervollkommnung hat die Gesamtfirma seither ihr patentiertes Daimler-Benz-Vorkammer-Verfahren den besonders scharfen Anforderungen, welche an Boots- und Schiffsmotoren für die unbedingt verlangte Betriebssicherheit bei häufig wechselnder Belastung gestellt werden, in einzigartiger Weise angepaßt.

Die Mercedes-Benz-Dieselmotoren der mittelschweren Bauart (Abb. 3) eignen sich durch ihren mittleren Drehzahlbereich, ihr Gewicht und ihre gedrungene Bauart hauptsächlich für Verkehrsboote und Hafenbarkassen, Marineboote und Inspektionsfahrzeuge der Behörden, für mittlere und größere gedeckte Motorjachten, für Rettungsboote der großen Ueberseedampfer wie der Küstenstationen, für Schleppboote und Fischereifahrzeuge sowie als Hilfsmotoren für Segeljachten und kleinere Handelsschiffe. Sie werden als Ein-, Zwei-, Drei-, Vier- und Sechszylindermotoren in stehender Anordnung bei durchgängig gleichartiger Ausführung und gleichen Zylinderabmessungen gebaut, laufen mit mittelhoher Drehzahl und zeichnen sich aus durch hohe Betriebssicherheit, weitgehende Gangregelung und geringen Raumanspruch.

Es sind Maschinen mit großen Handlöchern auf beiden Seiten des Kurbelgehäuses; die Kurbelwelle ist im Unterteil des Gehäuses gelagert, jede Kurbelkröpfung von zwei Hauptlagern gestützt. Die gußeisernen Kolben laufen in eingesetzten Zylinderbüchsen aus legiertem Gußeisen. —

Technische Hauptangaben und Gewichte der mittelschweren Mercedes-Benz-Bootsdieselmotoren

Typenbezeichnung			E B	S B	D B	V B	Z B
Zylinderzahl			1	2	3	4	6
Bohrung		mm	135	135	135	135	135
Hub		mm	200	200	200	200	200
Gesamt-Hubraum		ccm	2 860	5 720	8 580	11 440	17 160
Normal-Leistung*	bei 900 Umdrehungen	PSe	18	35	50	70	105
	bei 800 Umdrehungen	PSe	16	32	48	64	100
	bei 750 Umdrehungen	PSe	15	30	45	60	90
	bei 650 Umdrehungen	PSe	12	25	38	50	75
	bei 540 Umdrehungen	PSe	10	20	30	40	60
Gewicht des Motors mit Werkzeug und Ersatzteilen	netto ..	kg	650	850	1 100	1 210	1 800
	brutto ..	kg	780	1 050	1 350	1 470	2 100
Gewicht der Druckluftanlaßvorrichtung	netto ..	kg	74	74	95	95	110
	brutto ..	kg	100	100	120	120	150
Gewicht des Wendegetriebes	netto ..	kg	160	165	165	260	270
	brutto ..	kg	200	200	200	320	330

* Das maximale Drehmoment für vorübergehende Belastungen liegt etwa 20 vH über dem normalen.

Zerstäuber und Brennstoffpumpe sind eigener Herstellung. Letztere ist denkbar einfach, weil die Regulierung den Hub verstellt, so daß Regelorgane im Pumpenkörper vollständig fehlen. Den Pumpenkolben betätigt ein Hebel, der vom Brennstoffnocken angehoben wird. Der Hebel ist exzentrisch gelagert. Der Regler verdreht das Exzenter und gibt dabei dem Hebel verschiedene Lagen mit mehr oder weniger großem Abstand vom Nocken, also weniger oder mehr Kolbenhub. Die Einstellung der Pumpe beschränkt sich dabei auf die Messung des Hubes mit den gebräuchlichen Hilfsmitteln. Der Pumpenzylinder kann jederzeit, bei Mehrzylindermaschinen auch während des Laufes der Maschine, herausgenommen und gereinigt oder ersetzt werden, ohne daß eine Neueinstellung auf gleiche Leistung erforderlich wäre. — Die Kühlwasser- und Lenzpumpe (s. Abb. 4) wird als ausgebaute Kolbenpumpe ausgeführt, kann aber auch als selbstansaugende Kreiselpumpe geliefert werden.

Die Maschinen arbeiten sehr ruhig; bei den Drei- und Sechszylindermotoren werden in bestimmten Fällen Schwingungsdämpfer am vorderen Kurbelwellenende angebracht, so daß kritische Drehzahlgebiete ohne Gefahr für die Maschine durchlaufen werden können. Die Maschinen werden wahlweise mit Druckluft oder mittels einer elektrischen Anlaßvorrichtung in Gang gesetzt.

Für schnellaufende Bootsmotoren mit Drehzahlen von 1200 bis 1500 ist die Beherrschung der Lade- und Verbrennungsvorgänge erheblich schwieriger. Gleichzeitig müssen solche schnellaufen-

den Typen ein geringes Einbaugewicht bei gedrungener Bauart aufweisen, um sich den knappen Raumverhältnissen in kleinen leichten Booten anzupassen. — Es müssen somit

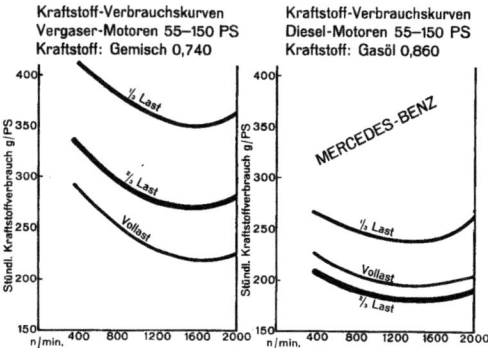

Abb. 5. Vergleichs-Kurvenblatt des Kraftstoffverbrauchs zwischen Vergasermotoren und Dieselmotoren

sehr vielseitige und schwierige Anforderungen in konstruktiven Einklang miteinander gebracht werden; diese Aufgabe hat Mercedes-Benz gelöst.

Typenliste und technische Hauptangaben der schnellaufenden Mercedes-Benz-Bootsdieselmotoren

Typenbezeichnung		BOM 59	BOM 65	BOM 67	BOM 77	BOM 79	BOM 54
Zylinderzahl		Vier Zylinder			Sechs Zylinder		
Zylinderbohrung		100 mm	110 mm	110 mm	110 mm	115 mm	125 mm
Kolbenhub		120 mm	130 mm	130 mm	165 mm	165 mm	170 mm
Gesamt-Hubraum		3 760 ccm	4 950 ccm	7 400 ccm	9 400 ccm	10 300 ccm	12 500 ccm
Normal-Leistung					Vorübergehend steigerbar auf		
	bei 1500 Umdrehungen	35 PS	45 PS	70 PS	90 PS	100 PS	120 PS
	bei 1300 Umdrehungen	30 PS	40 PS	60 PS	80 PS	88 PS	106 PS
	bei 1000 Umdrehungen	23 PS	30 PS	46 PS	62 PS	67 PS	81 PS
	bei 750 Umdrehungen	18 PS	23 PS	34 PS	46 PS	51 PS	61 PS
Einbaugewichte							
des Motors		550 kg	560 kg	750 kg	850 kg	860 kg	1130 kg
Bettungsrahmen		60 kg	60 kg	70 kg	80 kg	80 kg	90 kg
Wendegetriebe		160 kg	160 kg	165 kg	165 kg	260 kg	260 kg
Wende- und Untersetzungsgetriebe		230 kg	230 kg	235 kg	235 kg	380 kg	380 kg
Wellenleitung normal		40 kg	50 kg	65 kg	80 kg	80 kg	100 kg
Schiffsschraube		8 kg	9 kg	10 kg	14 kg	15 kg	16 kg

Abb. 6. Vierzylinder-Mercedes-Benz-Bootsdieselmotor Typ „BOM 65",
schnellaufend, 45 PSe

Nachdem in den letzten Jahren die schnellaufenden Mercedes-Benz-Dieselmotoren in anstrengendem Dienst leichter wie schwerer Straßenkraftfahrzeuge im In- und Auslande auch unter schwierigsten Betriebsverhältnissen sich bewährt und ihre praktische Ueberlegenheit über andersgeartete Diesel-Arbeitsverfahren erwiesen haben, hat Daimler-Benz sich entschlossen, diese bewährten Typen in der für Bordbetrieb erforderlichen Sonderausführung als schnellaufende leichte Mercedes-Benz-Bootsdieselmotoren herauszubringen, um damit auch den kleineren und leichteren Motorbooten für Wassersport, Personenverkehr und viele andere Gebrauchszwecke die Möglichkeit zu bieten, zu dem gefahrlosen Schweröl-Dieselbetrieb überzugehen. — Zugleich mit dieser außerordentlichen Erhöhung der Sicherheit sind mit diesem Uebergang zum Schwerölbetrieb noch zwei weitere sehr praktische Vorteile verbunden: Denn verglichen mit einem gleich starken Benzin-Benzol-Bootsmotor kostet das Schweröl zur Bewältigung einer gleich weiten Fahrt-

strecke nur etwa ein Viertel, und es kann ferner mit dem gleichen gewichtsmäßigen Bordvorrat an Kraftstoff eine um fast ein Drittel größere Fahrtstrecke ohne Wiederauffüllung zurückgelegt werden (Abb. 5).

Trotz der hohen Drehzahlen laufen diese Maschinen ruhig und besitzen eine große Lebensdauer. Die Triebwerkteile sind sehr leicht gebaut, aber aus allerbestem Material. Die Kolben bestehen aus einer Aluminiumlegierung, die Kurbelwelle ist gehärtet; Bosch-Einspritzpumpe und -Zerstäuber werden verwendet. Alle Motoren besitzen Schwingungsdämpfer. Zur Förderung des Kühl- und Lenzwassers sind selbstansaugende Kreiselpumpen vorgesehen. Die Abbildungen 6 u. 7 zeigen diese Maschinen im gedrängten Zusammenbau mit Wendegetriebe.

Wo mit Rücksicht auf den Propellerwirkungsgrad eine niedrigere Propellerdrehzahl erwünscht ist, können gleichachsige Untersetzungsgetriebe unmittelbar an die Wendegetriebe angeschlossen werden.

Wie grundsätzlich bedeutsam das der Firma Daimler-Benz durch Schutzansprüche in Deutschland wie im Ausland patentierte Vorkammer-Verfahren ist, wird am besten durch die Tatsache bewiesen, daß namhafte deutsche und ausländische Dieselmotorenfabriken auf dies Verfahren Lizenz genommen haben.

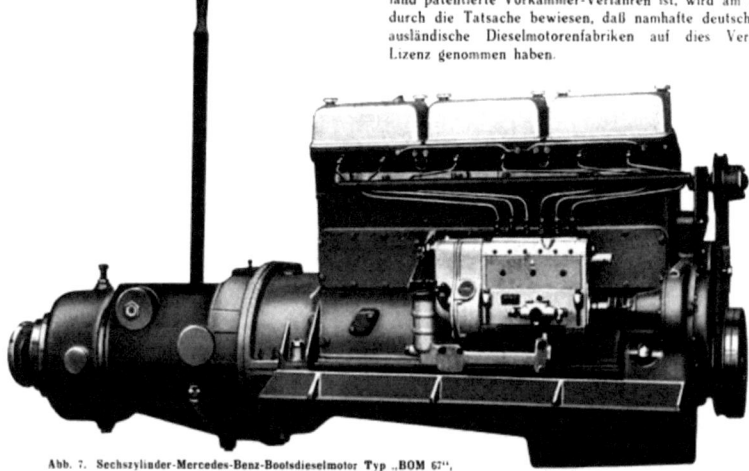

Abb. 7. Sechszylinder-Mercedes-Benz-Bootsdieselmotor Typ „BOM 67",
schnellaufend, 70 PSe

SCHIFFSDIESELMOTOREN
DER DEUTSCHE WERKE KIEL AKTIENGESELLSCHAFT

Die Deutsche Werke Kiel Aktiengesellschaft baut schon seit ihrem Bestehen Dieselmotoren bis zu den größten Leistungen und hat als Schiffswerft der Entwicklung von Schiffs-Antriebsmotoren und der für Schiffsanlagen benötigten Hilfsmotoren besondere Aufmerksamkeit zugewendet.

Abb. 1. Dreizylinder-Dieselmotor, Typ 3 M 24, mit 73 PS bei 650 U min, direkt gekuppelt mit Generator

Als Arbeitsverfahren wird allgemein das Viertaktverfahren verwendet, bis zu derjenigen Grenze, bei der die Viertaktmotoren durch ihre Größe und ihr Gewicht unwirtschaftlich werden. Für Leistungen etwa über 3000 PS wurden doppeltwirkende Zweitaktmotoren entwickelt. Die Viertaktmotoren werden bis etwa 2000 PS Leistung als Tauchkolbenmaschinen gebaut, die größeren Typen bis etwa 3500 PS in Kreuzkopfbauart.

Da bei Viertaktmaschinen die direkte Umsteuerung sich mit einfachen Mitteln nur bei sechs oder mehr Zylindern ermöglichen läßt, werden die Motoren mit kleineren Zylinderzahlen und bis etwa 200 PS Leistung mit einem Wendegetriebe ausgerüstet.

Bis zu etwa 1000 PS werden unsere Motoren mit der Typenbezeichnung „M" in Serienfabrikation hergestellt. Vier Typengrößen, deren Nebenbezeichnung stets den Hub des Kolbens in Zentimetern bedeutet, werden mit 2 bis 8 Zylindern hauptsächlich für kleine Küsten- und Flußfahrzeuge ausgeführt. Wegen ihrer großen Lebensdauer und ihrer einfachen Bedienung sind diese Motoren sehr beliebt und werden im europäischen Ausland, insbesondere in Italien,

in großer Anzahl in Fischerei- und Küstenfahrzeuge eingebaut.

Die M-Motoren werden in Blockkonstruktion gebaut, wobei das Gestell mit der Grundplatte einen außerordentlich steifen Rahmen für den Motor bildet. Alle mit Seewasser in Berührung kommenden Teile sind in Gußeisen oder Bronze ausgeführt. Die Motoren arbeiten mit direkter Einspritzung des Brennstoffes. Es werden Brennstoffpumpen und zum großen Teil auch Brennstoffventile der Firma Bosch verwendet. Hierin liegt für die Ersatzteilbeschaffung ein großer Vorteil. Die Beschaffung von Anlaßluft erfolgt bei den kleineren Motoren durch ein Aufladeventil, mit dem Verbrennungsgase vom Zylinder zum Aufladen der Flaschen entnommen werden können. Von dem Typ M 42 ab wird ein besonderer Kompressor vorgesehen, der durch einen einfachen Handgriff ein- und ausgeschaltet werden kann.

Die Umsteuerung erfolgt vollständig automatisch durch Drehen eines Handrades, bei dem größten Typ M 520 durch Druckluft, Anlassen und Regeln der Brennstoffüllung bzw. der Motorendrehzahl durch einen einzigen Handhebel. Der Bedienungshebel und das Umsteuerrad sind so miteinander verblockt, daß Bedienungsfehler ausgeschlossen sind.

Abb. 1 zeigt den Typ M 24 als Hilfsdieselmotor, Abb. 2 einen vierzylindrigen M 24 als Schiffsantriebsmotor mit Wendegetriebe. Den besonders häufig als Antriebsmotor mit Wendegetriebe für Fischerei- und kleine Frachtfahrzeuge verwendeten Typ M 32 mit zwei Zylindern zeigt Abb. 3. Mit dem Leistungsbereich von 50—200 PS deckt der Typ M 32 den größten Teil aller Anforderungen der kleinen Schiffahrt und der Hilfsmaschinen für größere Schiffe zum Antrieb von Generatoren und Hilfskompressoren.

Unter den zahlreichen Lieferungen erwähnen wir die im

Abb. 2. Vierzylinder-Schiffsdieselmotor mit Wendegetriebe, Typ 4 M 24, mit 75 PS bei 500 U min

Jahre 1933 gelieferten zwei Maschinensätze für den Flugzeugstützpunkt „Westfalen" der Lufthansa, bestehend aus je einem Motor 4 M 32, 145 PS bei n = 500, gekuppelt mit einem Generator und einem Kompressor für 160 at. Auch

Abb. 3. Zweizylinder-Schiffsdieselmotor mit Wendegetriebe, Typ 2 M 32, mit 50 PS bei 375 U min

direkt umsteuerbare Motoren dieser Typen wurden in großer Anzahl geliefert; u. a. auch für die auf Grund des Arbeitsbeschaffungsprogramms der Reichsregierung in den Jahren 1933—1934 erbauten Heringslogger 7 Sechszylinder-Motoren mit einer Leistung von 150 PS bei 375 U/min.

Abb. 4 zeigt den Typ M 42 als direkt umsteuerbare Achtzylindermaschine mit einer Leistung von 450 PS bei 375 U/min, wie sie u. a. für ein Hilfsfahrzeug der Reichsmarine verwendet wurde.

Die größeren Tauchkolbenmaschinen mit einem Leistungsbereich von 850 bis 2000 PS tragen die Typenbezeich-

nung „TV". Ihr Aufbau ist grundsätzlich ähnlich dem der M-Maschinen. Kürzlich wurden von dem Typ 8 TV 74. der in Abb. 5 dargestellt ist, zwei Maschinen für eine ausländische Luxusjacht gebaut. Jeder Motor leistet in acht Zylindern von 470 mm ⌀ und 740 mm Hub bei 185 U/min 1150 PS. Die Steuerwelle in Höhe der Zylinderdeckel wird mittels Kette von der Kurbelwelle aus angetrieben. Die Brennstoffeinspritzpumpen eigener Konstruktion sind vor den einzelnen Zylindern angebaut und werden von der Steuerwelle betätigt. Eine Kolbenkühlung ist bei dieser Maschine noch nicht erforderlich. Bei der nächstgrößeren Maschine, Typ TV 90, ist die Steuerwelle in halber Maschinenhöhe angeordnet und wird mittels Stirnrädern von der Kurbelwelle aus angetrieben. Die Kolben besitzen Oelkühlung.

Schiffsmotoren mit Leistungen von 2000 bis zu 3400 PS werden als schwere Handelsschiffmaschinen mit Kreuzkopf gebaut. In letzter Zeit verbessert man die Wirtschaftlichkeit derartiger Maschinenanlagen noch durch Ausnutzung der Abgaswärme. So wurde bei dem Anfang 1934 abgelieferten Motorschiff „Toulouse" ein ebenfalls von der Deweka erbauter La Mont-Abhitzekessel[1]) eingebaut, der durch die Abgase einer Maschine von 3400 PS eine Dampfmenge von 1365 kg bei 7 atü Druck erzeugt.

Um den steigenden Anforderungen in bezug auf geringes Gewicht, kleinen Raumbedarf und hohe Drehzahlen zu entsprechen, haben die Deweka für Spezialzwecke besonders schnellaufende Motoren mit der Typenbezeichnung „V" entwickelt. Vier Motorengrößen mit einem Leistungsbereich von 50 bis 750 PS, deren Gewicht pro PSe zwischen 7 und 12 kg liegt, stehen zum Antrieb von schnellaufenden Booten und Generatoren zur Verfügung. Von besonderem Interesse ist der kleinste Typ V 18, der nach einem besonderen Verbrennungsverfahren Lizenz „Lanova" arbeitet, das sich durch besonders weichen Gang des Motors auch bei geringer Leerlaufdrehzahl und sehr hohe Mitteldrücke bei Drehzahlen bis n = 1600 U/min auszeichnet. Abb. 6 zeigt einen Sechszylindermotor dieses Typs, wie er in großer Anzahl. gekuppelt mit Wendegetriebe, in Verkehrsboote eingebaut ist.

[1]) Vergl. Schutte „Die Wärme", 57. Jahrg., Nr. 18, S. 287–289.

Abb. 4. Direkt umsteuerbarer Achtzylinder-Schiffsdieselmotor, Typ 8 Mu 420, mit 450 PS bei 375 U min

Die V 18-Motoren werden mit elektrischem Starter angelassen und mit Lichtmaschine und Batterie ausgerüstet, während die größeren V-Motoren wie üblich mit Druckluft angelassen werden.

Propeller, wobei nicht die Motoren umgesteuert, sondern alle Manöver nur durch die Propeller ausgeführt werden. Die V-Motoren sind wegen des geringen Gewichts und Raumbedarfs natürlich auch sehr geeignet als Hilfsmotoren

Abb. 5. Direkt umsteuerbarer Achtzylinder-Schiffsdieselmotor, Typ 8 TV 74, mit 1150 PS bei 185 U/min

Diese größeren Typen werden als Schiffsmotoren auch direkt umsteuerbar gebaut und haben z. B. mehrfach für den Antrieb von Zollkreuzern Verwendung gefunden. Abb. 7 zeigt einen direkt umsteuerbaren Motor 6 V 24 von 200 PS bei 950 U/min, von dem eine Anzahl in türkische Zollkreuzer eingebaut ist. Interessant ist eine Anlage mit zwei 375 PS-Motoren von 900 U/min in einem Spezialfahrzeug mit Schneider-Voith-

für Schiffsanlagen, besonders für Kriegsschiffe, wobei sie noch den besonderen Vorteil aufweisen, daß sie mit schnelllaufenden und daher leichten und billigen Generatoren direkt gekuppelt werden können.

Abb. 6. Sechszylinder-Schnelläufer-Dieselmotor, Typ 6 V 18, mit 80 PS bei 1000 U/min

Abb. 7. Direkt umsteuerbarer Sechszylinder - Schnelläufer - Schiffsdieselmotor, Typ 6 V 24, mit 200 PS bei 950 U/min

UMSTEUERUNG UND BEDIENUNG
VON SCHIFFSMOTOREN VON DECK AUS

Bei Motoren zum Antrieb von Schiffen bis zu einer Leistung von etwa 250 PS hat sich das Wendegetriebe zur Ermöglichung der Rückwärtsfahrt fest eingebürgert. Ein besonderer Vorteil ist, daß es von Deck aus mit einem Hebel in Vorwärts- und Rückwärtsfahrt eingestellt und auch die Schraube ausgekuppelt werden kann, während der Motor unter Einwirkung eines verstellbaren Reglers stets durchläuft. Diese einfache Bedienung ist aber mit Nachteilen erkauft. Die Getriebe können Anlaß zu Betriebsstörungen geben. In manchen Fällen wird auch sehr nachteilig empfunden, daß die Wendegetriebe nur eine beschränkte Zeit rückwärts laufen können. Motoren mit 2, 3 und 4 Zylindern, die hauptsächlich für Wendegetriebe in Frage kommen, besitzen immer freie Kräfte bzw. Momente, die ein kräftiges Fundament erfordern. Ein Sechszylindermotor ist jedoch praktisch vollkommen ausgeglichen, so daß ein ruhigerer Lauf gewährleistet ist.

Die Frage, ob ein Motor mit Wendegetriebe oder ein direkt umsteuerbarer Motor am Platze ist, wird naturgemäß auch noch von dem Verwendungszweck und der Bauart des Schiffes entschieden. Jedoch besteht in der Küstenschiffahrt vielfach das Bestreben, direkt umsteuerbare Motoren zu verwenden, obgleich für normale Viertaktmotoren damit die Forderung entsteht, die Zylinderzahl auf mindestens 6 zu erhöhen und außerdem besondere Vorkehrungen zur reichlichen Beschaffung und Speicherung von Anlaßluft vorgesehen werden müssen. Je nach den vorhandenen Motortypen wird die Anlage mit einem direkt umsteuerbaren Motor u. U. leichter und billiger und ergibt einen kürzeren Maschinenraum und somit einen größeren Frachtraum als mit einem Motor mit Wendegetriebe. Erschwerend für die Anwendung war jedoch bisher, daß die Bedienung bzw. das Umsteuern des Motors nur am Motor direkt, d. h. im Maschinenraum, erfolgen konnte. Die dadurch notwendige Einstellung eines besonderen Maschinisten ist aber für die kleinen Küstenfahrzeuge wirtschaftlich untragbar.

Zur Beseitigung dieses Nachteiles hat die Deutsche Werke Kiel Aktiengesellschaft eine Anlage von 150 bis 200 PS entwickelt, bei der ein direkt umsteuerbarer Motor so eingerichtet ist, daß die Bedienung der Umsteuerung von Deck aus erfolgen kann. Zwei dieser Anlagen sind schon seit längerer Zeit in Betrieb und haben zur vollsten Zufriedenheit der Besitzer gearbeitet.

Der Motor ist ein Sechszylinder-Viertaktmotor mit direkter Einspritzung. Typ „Mu 32" mit 210 mm Zylinderdurchmesser und 320 mm Hub, der auf eine Normalleistung von 150 PS bei n = 375 eingestellt ist. Das Umsteuern des Motors erfolgt normal durch Drehen eines Handrades, das Anlassen durch einen Hebel, der gleichzeitig durch Weiterdrehen über den Anlaßvorgang hinaus zur Regelung der Füllung bzw. Drehzahl dient.

Zur Bedienung von Deck aus ist nun neben dem Umsteuerhandrad ein Kettenrad angebracht, das von hier aus durch einen Kettentrieb eine Längswelle treibt, die im Maschinenraum bis unter den Steuerstand führt und mit

zwei Kardangelenken versehen ist. Von hier aus führt nochmals ein Kettentrieb durch das Deck zum Führerstand, wo das gleiche Handrad wie am Motor angebracht ist. Ein durch Schnecke und Schneckenrad bewegtes Segment zeigt durch ein Fenster im Steuerkasten die augenblickliche Stellung der Umsteuerung und läßt die Beendigung des Umsteuervorganges erkennen. Eine Blockierung der beiden

Abb. 1

Endstellungen erfolgt durch eine entsprechende Ausbildung von Kettengliedern, die an federnde Anschlagbolzen anschlagen. Neben dem Umsteuerhandrad befindet sich am Steuerstand der Anfahr- und Füllungshebel, dessen Bewegung durch Stangen und Winkelhebel auf den entsprechenden Hebel am Motor übertragen wird. Die Rasten für Stopp-Anlaßstellung und die verschiedenen Füllungen befinden sich an dem Hebelsegment an Deck, während der Hebel am Motor freiläuft. Die Verblockung zwischen Umsteuerung und Anlassen derart, daß nur bei voll ausgelegter Umsteuerung angelassen und auch nur in Stoppstellung des Füllungshebels umgesteuert werden kann, befindet sich innerhalb der

Bedienungsorgane am Motor und wird durch die beiden An-
triebe automatisch auf die Hebel am Steuerstand übertragen.
In dem Uebertragungsgestänge für den Füllungshebel ist ein
elastisches Glied eingefügt, so daß unabhängig von der Stel-
Anlage schon seit längerer Zeit in Betrieb befindliches
Frachtschiff, das auch in den schwierigsten Gewässern sämtliche Manöver einwandfrei ausgeführt hat. In der in Abb. 1
bis 3 gezeigten Anlage ist noch auf besonderen Wunsch des

Abb. 2

lung des Bedienungshebels am Steuerstand der Motor auch
vom Maschinenraum aus abgestellt bzw. angelassen werden
kann.

Zur sicheren Beobachtung des einwandfreien Arbeitens
des Motors befindet sich am Steuerstand ein Tachometer,
außerdem selbstverständlich Manometer für Kühlwasser-,
Schmieröl- und Anlaßluftdruck. Als Tachometer wird wegen
der großen Unabhängigkeit von den Raumverhältnissen eine
einfache Ausführung eines elektrischen Ferntachometers verwendet. An Stelle des Kühlwassermanometers kann ebensogut der Abfluß des Kühlwassers des Motors zu einem Trich-
ter in der Nähe des Steuerstandes geführt werden. Da bei
manchen Anlagen der Steuerkompaß direkt in der Nähe der
Bedienungshebel liegt, sind sämtliche Hebel, auch die Ketten
und Kettenräder für den Umsteuerungsantrieb aus Bronze
angefertigt.

Damit der Motor stets zum Anlassen betriebsklar ist,
müßte eine Anlaßflasche geöffnet bleiben und so der Anlaß-
druck stets auf dem Anfahrventil des Motors liegen. Um
den damit verbundenen Luftverlust zu vermeiden, wurde
für eine der Anlaßflaschen die Bedienung des Hauptventils
im Kopf ebenfalls durch einen Fernantrieb an Deck gelegt.

Für die Beschaffung von Anlaßluft dient ein am Motor
direkt angehängter Kompressor, dessen Förderung durch
einen Handgriff ein- und ausgeschaltet werden kann, außerdem noch ein Notkompressor, der entweder durch Riemen
von der Motorwelle oder durch einen kleinen Hilfsdiesel
angetrieben wird.

Ein Bild des Steuerstandes mit den beschriebenen Steuer-
organen zeigt Abb. 1. Abb. 2 zeigt das Bild des direkt umsteuerbaren Motors, an dem Bedienungsorgane klar zu erkennen sind. Die zum Steuerstand führenden Gestänge sind
jedoch fortgelassen. Abb. 3 zeigt ein mit der beschriebenen

Kunden eine ausrückbare Kupplung vorgesehen, so daß die
Schraube von Deck aus stillgesetzt werden kann, ohne den
Motor abzustellen. Um den Motor im Leerlauf mit niedrigen
Drehzahlen zu betreiben, ist ein verstellbarer Regler an-

Abb. 3

geordnet, der ebenfalls von Deck aus betätigt wird. Diese
beiden Vorrichtungen sind, wie aus der Beschreibung auch
eindeutig hervorgeht, zum sicheren Arbeiten der Anlage
nicht erforderlich.

SCHIFFS-DIESELMOTOREN DER
HEINRICH KÄMPER MOTORENFABRIK, BERLIN-MARIENFELDE

Die Kämper-Motorenfabrik baut Diesel-Motoren zum Antrieb von Schiffen und als Hilfsmaschinen bis zu einer Leistung von 120 PS bei einer Drehzahl von 600 bis 1800 U/min; ihre Maschinen haben 4 bzw. 6 Zylinder und arbeiten im Viertakt.

Die kompressorlose Betriebsweise wird mit dem Wälzkammerverfahren durchgeführt. Wie Abb. 1 zeigt, handelt es sich dabei um eine Kammer im Zylinderkopf, die mit dem Verdichtungsraum durch den Wälzkammerhals ver-

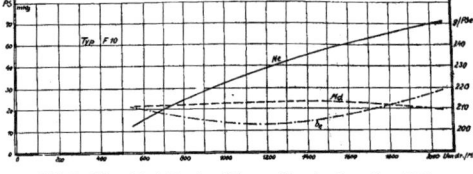

Abb. 3. Charakteristik des Kämper-Dieselmotors Typ F 10.

Den Aufbau eines Vierzylinder-Motors zeigt Abb. 5, einen Querschnitt Abb. 6. Die Zylinder sind in einem Block gegossen, um eine gute Versteifung zu erzielen. In die Zylinder werden auswechselbare Laufbuchsen eingesetzt und gegen den Wasserraum durch Gummiringe abgedichtet.

Bei der Entwicklung dieser Laufbuchsen war der Betrieb in der Landwirtschaft, für den Kämper eine große Anzahl Motoren lieferte, ein harter Lehrmeister. Die Motoren sind dort im rauhen Betrieb oft ungenügender Wartung aus-

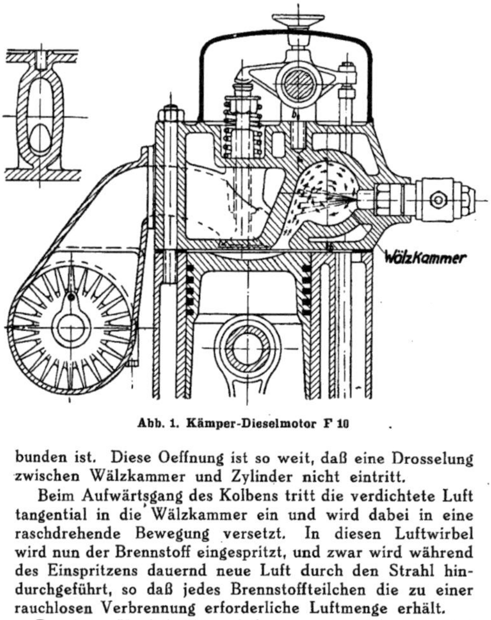

Abb. 1. Kämper-Dieselmotor F 10

bunden ist. Diese Oeffnung ist so weit, daß eine Drosselung zwischen Wälzkammer und Zylinder nicht eintritt.

Beim Aufwärtsgang des Kolbens tritt die verdichtete Luft tangential in die Wälzkammer ein und wird dabei in eine raschdrehende Bewegung versetzt. In diesen Luftwirbel wird nun der Brennstoff eingespritzt, und zwar wird während des Einspritzens dauernd neue Luft durch den Strahl hindurchgeführt, so daß jedes Brennstoffteilchen die zu einer rauchlosen Verbrennung erforderliche Luftmenge erhält.

Das hohe Verdichtungsverhältnis von 1 : 16 bzw. 1 : 18,5 ist gewählt, um einen geringen Brennstoffverbrauch zu erzielen. Infolge des geringen Drucksteigerungsverhältnisses

gesetzt. Vor allem zwang der Staub, den der Motor z. B. im Treckerbetrieb auf dem Acker bei trockenem Wetter schlucken muß, zur Durchbildung einer Buchse, die trotz dieser Beanspruchung keinen raschen Verschleiß aufwies. Das Ergebnis dieser Arbeiten war eine Buchse, die in einem 3500-Stundenlauf auf dem Prüfstand — bei dem der Motor Tag und Nacht lief — bei einem Zylinderdurchmesser von 100 mm eine Abnutzung von nur $^4/_{100}$ mm aufwies.

Kurbelgehäuse und Zylinder sind entweder aus einem Stück aus Gußeisen gegossen, oder der gußeiserne Zylinderblock ist auf einem Leichtmetall-Kurbelgehäuse aufgebaut. Das Kurbelgehäuse hat einen Flansch zum unmittelbaren Anbau eines Wendegetriebes (Abb. 7). Bei Verwendung als Hilfsmaschine zur Stromerzeugung wird der Motor mit-

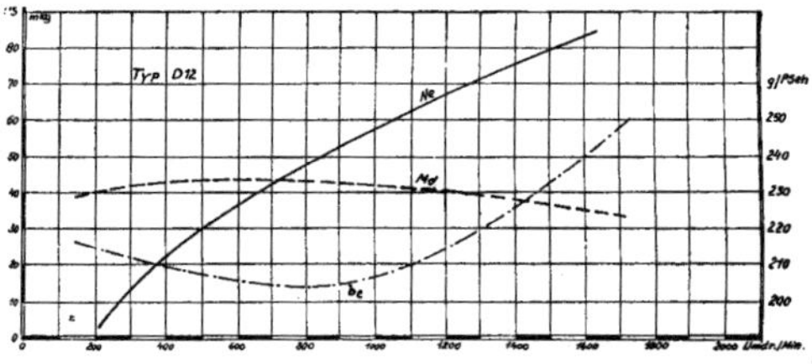

Abb. 4. Charakteristik des Kämper-Dieselmotors Typ D 12.

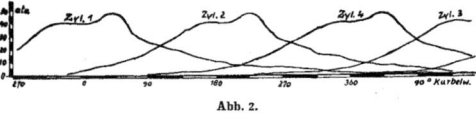

Abb. 2.

im Zylinder bei der Zündung sind diese Verdichtungsverhältnisse zulässig. Abb. 2 zeigt den Druckverlauf im Zylinder abhängig vom Kurbelwinkel. Abb. 3 und 4 zeigen Drehmoment, Leistung und spezifischen Brennstoffverbrauch der Motoren.

tels dieses Flansches an einem Bock aufgehängt (s. Abb. 8). Das Aggregat ist auf einen Rahmen aus Grauguß oder Leichtmetall gelagert und kann entweder durch einen Maschinisten oder auch vollautomatisch in Betrieb gesetzt werden. In ähnlicher Form werden Schiffshilfsmaschinen aller Art zusammengebaut. Unter dem Gehäuse ist eine Oelschale angebracht, die leicht abgenommen werden kann und dann das Triebwerk zugänglich macht.

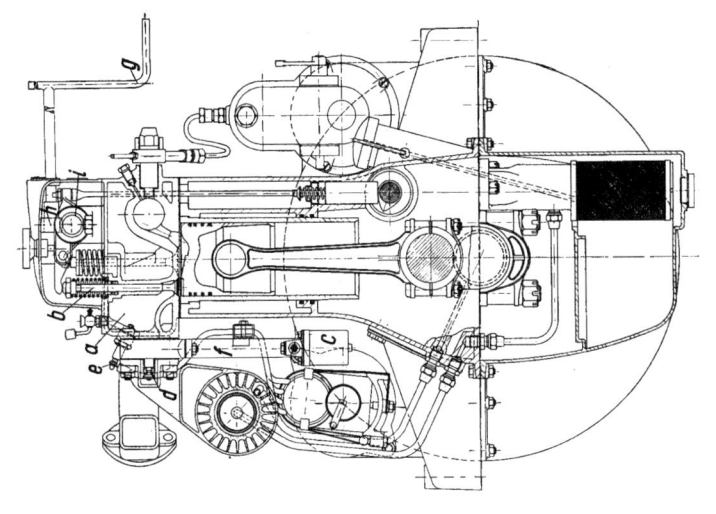

Abb. 6. Querschnitt durch den Motor F 10

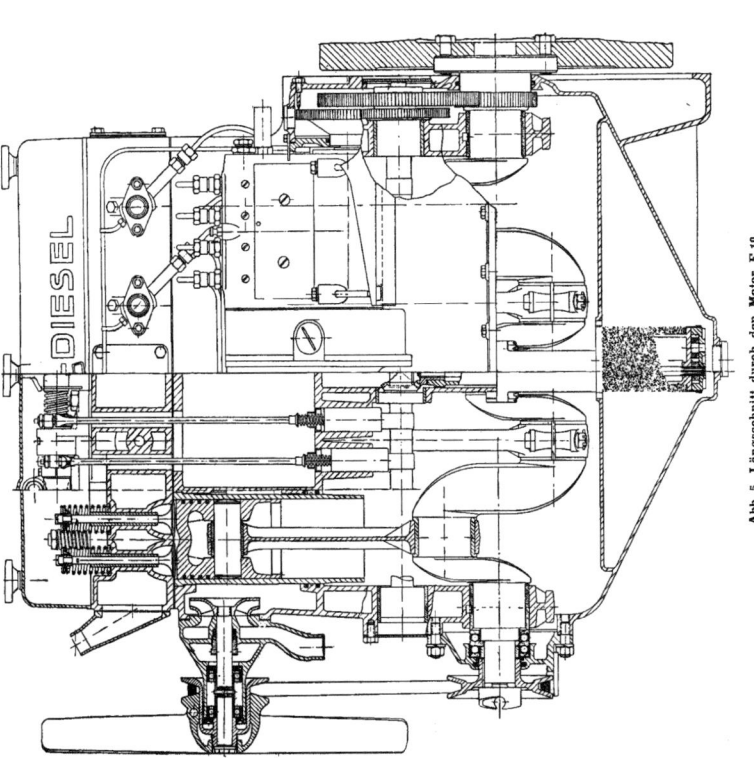

Abb. 5. Längsschnitt durch den Motor F 10

85

Abb. 7. Kämper-Diesel-Schiffsanlage
Type F 10—30—54 PS bei 600—1800 U/min
Type D 12—40—80 PS bei 600—1500 U/min
Wendegetriebe mit und ohne Untersetzung lieferbar

Die Kurbelwelle aus Chrom-Nickel-Stahl ist an den Lauf-flächen gehärtet und läuft in Bleibronzelagern. Zur Auf-nahme von Axialschub ist am vorderen Ende ein Kugellager angebracht.

Die Nockenwelle wird durch Zahnräder an-getrieben, die an der Schwungradseite angebracht sind, um einen ruhigen Lauf zu erzielen. Der Antrieb der Ventile erfolgt von der Nockenwelle aus mittels seitlich stehender Stößelstangen. Die Kolben sind aus Leichtmetall hergestellt und mit schwimmenden Kolbenbolzen versehen. Das Kühlwasser wird bei Landmaschinen durch eine Schleuderpumpe umgewälzt, die mit einem Venti-lator auf einer Welle sitzt, wie Abb. 5 zeigt. Für den Bootsantrieb wird statt dessen eine Kolben-pumpe vorgesehen. Die Schmierung erfolgt durch Drucköl. Die Zahnradölpumpe wird von der Nockenwelle aus angetrieben und drückt das Oel zunächst durch einen Oelkühler bzw. Oelfilter, dann zu den Grund-lagern und von da aus wie üblich durch Bohrungen in den

Kurbelwellenarmen zu den Zapfenlagern (Abb. 5 u. 6). In Abb. 9 ist ein Querschnitt durch das Oel-filter gebracht. Das Oel tritt durch eine Bohrung in der Mitte des Filters ein und wird durch eine große Zahl aufeinander liegender Filzringe ge-preßt. Es wird dann auf der Innenseite des Ge-häuses entlang geführt, an dessen äußerer Seite die vom Motor angesaugte Luft strömt, so daß eine Kühlung des Oeles erzielt wird und das Oel zurückgekühlt in den Kreislauf eintritt. Die Filter-patrone ist leicht auswechselbar.

Das Anlassen des Motors kann wie üblich durch einen Anlasser erfolgen, wobei zugleich eine in die Wälzkammer eingebaute Glühspirale zum Vorwärmen benutzt wird. Will man auf An-lasser, die zugehörige Batterie und Lichtmaschine verzichten — was vor allem in rauhen Betrieben nützlich ist —, so kann statt dessen eine Benzin-Handanlaßvorrichtung (D.R.P. a.) verwendet wer-den, die in Abb. 6 zu erkennen ist. In diesem Falle wird ein zusätzlicher Verdichtungsraum (a) während des Anlassens zugeschaltet, der während des Betriebes durch ein Ventil (b) verschlossen wird. Von dem Vergaser (c) tritt durch das kleine automatische Ventil (d) ein Benzin-Luftgemisch in die Kammer (a) und wird durch die Kerze (e) ge-zündet. Da durch den zugeschalteten Raum (a) die Verdichtung des Motors erheblich herabgesetzt ist, kann das Andrehen von Hand erfolgen. Solange der Motor mit

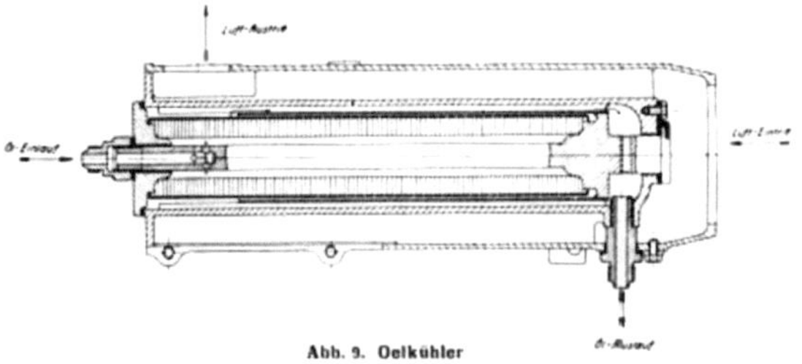

Abb. 9. Oelkühler

Benzin getrieben wird, bleibt das normale Einsaugeventil geschlossen. Nach kurzer Laufzeit ist der Motor genügend angewärmt, und es kann auf Dieselbetrieb umgeschaltet werden. Der Vergaser (c) und die Ansaugkanäle zu den Zylindern konnten — da ja keine große Leistung bei Benzinbetrieb ver-langt wird — so bemessen werden, daß auch bei kaltem Wetter ein Anspringen des Motors erfolgen kann. Versuche in der Kälte-kammer zeigten, daß der Motor noch bei 20 unter Null ansprang, wobei in diesem Sonderfall das Andrehen durch einen Anlasser statt von Hand erfolgte. Zum Steuern des Hilfsventils (b) und des Einlaßventils dient der Hebel (g), der vermittels des Schrauben-rades (h) die exzentrisch gelagerte Hebelwelle (i) verdreht.

Die Regelung des Motors er-folgt in üblicher Weise durch einen Hebel an der Bosch-Brennstoff-pumpe.

Die Kämper-Motoren sind unter bewußtem Verzicht auf äußerste Gewichtsverminderung mit dem Ziele größter Lebensdauer gebaut.

Abb. 8. Zusammengebautes Aggregat, das als Schiffshilfsmaschine verwendet werden kann.

SCHIFFS-DIESELMOTOREN
DER GÜLDNER-MOTOREN-WERKE, ASCHAFFENBURG

Zum Antrieb von Binnen- und Seeschiffen dient der kompressorlose, einfachwirkende Viertakt-Güldner-Dieselmotor, Typ KS. Er wird in drei Zylindergrößen, mit 2 bis zu 10 Zylindern, für Leistungen von 60 bis 750 PS und Drehzahlen zwischen 500 und 325 in der Minute gebaut.

Leitender Gesichtspunkt für diesen Motortyp war, bei nicht zu hoher Drehzahl doch eine verhältnismäßig leichte Kraftmaschine zu schaffen, welche bei Wahrung der Sicherheit gegen Ueberbeanspruchung der einzelnen Bauteile und aller Vorteile des Viertaktverfahrens auch den Forderungen nach übersichtlichem Aufbau und einfacher Wartung entspricht.

Die größeren Motoren sind als sogenannte Kastenmaschinen mit einzeln aufgesetzten Zylinderdeckeln ausgeführt (Abb. 1). Die Grundplatte sowie die Kastenständer mit den Zylindern sind für sich aus einem Stück gegossen bzw. bei größeren Zylinderzahlen aus mehreren gleichen Einheiten zusammengesetzt.

Die Maschinen mit größeren Zylinderabmessungen besitzen stählerne, unter Vorspannung eingesetzte Zuganker, welche von der Grundplatte bis zur Ständermitte durchgehen und die dazwischenliegenden Gußteile von den durch die Verdichtung und Verbrennung hervorgerufenen Zugkräften entlasten.

Auf gute Zugänglichkeit zum Kurbelraum wurde größter Wert gelegt. Es sind daher bei allen Maschinen große Zugangsöffnungen, die mit öldicht schließenden, leicht abnehmbaren Deckeln verschlossen sind, vorgesehen.

Die Kurbelwelle, aus erstklassigem S.M.-Stahl geschmiedet, ist reichlich bemessen und entspricht den Vorschriften sämtlicher Klassifikationsgesellschaften.

Mit Rücksicht auf eine leichte Einbaumöglichkeit und gute Uebertragung aller Beanspruchungen auf den Schiffskörper hat die Grundplatte der Güldner-Motoren eine breite, ausladende Form. Diese im Verein mit dem sanften Verbrennungsverlauf und dem Ausgleich der bewegten Massen sichern den Motoren einen ruhigen Stand auch bei verhältnismäßig schwachen Schiffsverbänden.

Zylinder, Zylinderdeckel, Auspuffleitung und Schmierölkühler sind mit Wasser gekühlt. Wenn hierzu Seewasser verwendet wird, wie es in der Regel geschieht, erhalten alle Wasserräume zum Schutz gegen Anfressungen Zinkschutzplatten. Die wasserführenden Rohre am Motor und sonstige Wasserarmaturen sind aus Kupfer bzw. seewasserbeständiger Bronze.

Die Kühlwasser- und die Lenzpumpe sind an den Motor angebaut. Die Pumpen haben einen gemeinsamen, direkt angebauten Ventilkasten. Durch Umlegen eines Hebels können die Pumpen ausgetauscht werden, also der Kühlwasserpumpe kann als Lenzpumpe und umgekehrt wirken. Diese Austauschung ist während des Betriebes möglich, so daß sich eine Reserve-Kühlwasserpumpe erübrigt.

Die Schmierung der Maschinen ist als Oelumlaufschmierung ausgebildet. Eine aus dem Kurbeltrog saugende Zahnradpumpe drückt das Schmieröl den Kurbelwellen- und Kurbelzapfenlagern wie den verschiedenen Schmierstellen am Steuerungsantrieb zu. Die Schmierung der Zylinderlaufbüchsen und der Kolbenbolzen erfolgt von einem Zentralschmierapparat aus. In den Oelkreislauf sind je ein umschaltbarer Schmierölfilter und ein Oelkühler eingeschaltet.

Der Oelkühler ist so reichlich bemessen, daß er auch für Dauerbetrieb in den Tropen ausreicht.

Der im Tagesbehälter vorfiltrierte Brennstoff fließt mit Gefälle einem Brennstoffdoppelfilter an der Maschine zu, dessen einer Teil während des Betriebes ausgeschaltet und gereinigt werden kann. Den gereinigten Brennstoff drücken die Brennstoffpumpen über federbelastete Ventile den einzelnen Zylindern zu, wo er unter Druck kurz vor dem oberen Totpunkt fein zerstäubt in den Verbrennungsraum der Zylinder eintritt. Es handelt sich also um direkte Einspritzung ohne Vorkammer. Jeder Zylinder hat eine eigene Brennstoffpumpe, deren Kolben durch Nocken auf der

Abb. 1. Direkt umsteuerbarer Dreizylinder-Viertaktmotor von 225 PSe bei n = 325

Steuerwelle mittels Rollen und Führungen betätigt wird. Die Brennstoffmenge wird durch vom Regler beeinflußte Ueberströmventile reguliert.

Mit Rücksicht auf die Betriebsbedingungen der Schiffe erhalten die Güldner-Dieselmotoren nicht den üblichen Sicherheitsregler, sondern eine Präzisionsregulierung. Diese wirkt auch bei allen Zwischendrehzahlen als Sicherheitsregler und hält die einmal eingestellte Drehzahl dauernd fest, unabhängig von den Belastungsänderungen, welche z. B. beim Schleppdienst oder durch Ein- und Austauschen der Schiffsschraube bei starkem Seegang in der Wellenleitung auftreten.

Die Drehzahlverstellung gestattet eine Verminderung der Drehzahl in feinsten Abstufungen und im weitesten Bereich, d. h. bis herunter auf ca. ein Fünftel der Höchstdrehzahl.

Anlassen und Umsteuern der direkt umsteuerbaren Motoren

Bei größter Sicherheit sind alle Manövrierhandgriffe weitestgehend vereinfacht. Das Anfahren der Maschinen erfolgt mittels Preßluft, die den Preßluftflaschen entnommen wird. Diese Flaschen werden durch einen unabhängigen oder vom Motor direkt angetriebenen, zweistufigen Anlaßkompressor während des Betriebes aufgefüllt. Der Luftvorrat ist normalerweise so bemessen, daß er ohne Neuaufladung der Flaschen für etwa 30 Anlaß- oder Umsteuermanöver ausreicht.

Zum Anfahren dient ein Anfahrhebel oder Handrad mit den drei Hauptstellungen für Anlassen, Halt und Betrieb. Beim Anfahren ist der Hebel lediglich von Halt über Anlassen auf Betrieb zu legen. Fehlschaltungen sind hierbei unmöglich, da die Blockierungen aller betätigten Organe zwangsläufig sind. Das Hauptanlaßventil in der Anlaßleitung ist hierbei automatisch gesteuert und so eine gleichzeitige Beschickung der Zylinder mit Brennstoff u n d Luft und damit auch ein Rückschlagen von Zündungen in die Anlaßleitung vermieden.

Die kleineren Maschinen sind von sechs Zylindern aufwärts direkt umsteuerbar. Alle umsteuerbaren Maschinen besitzen eine Nockenwelle mit einem doppelten Satz von Nocken, je einen Satz für Vorwärts- und einen Satz für Rückwärtsfahrt. Wenn umgesteuert werden soll, wird die Maschine zunächst abgestoppt, der Umsteuerhebel oder das Umsteuerhandrad betätigt, wodurch die Ventilrollen abgehoben, die Nockenwelle verschoben und die Rollen auf die neuen Nocken aufgesetzt werden; danach wird die Maschine wieder angelassen.

Eine Besonderheit der größeren Güldner-Viertakt-Dieselmotoren ist, daß diese auch in Drei-, Vier- und Fünfzylinderanordnung direkt umsteuerbar ausgeführt werden (Abb. 2). Hierbei werden die Zylinder im Zweitaktverfahren angelassen. Durch derartige Motoren werden Wendegetriebe oder Wendeschrauben erspart.

Jeder Zylinder erhält ein Kühlwasserthermometer zur Beobachtung des Kühlzustandes der Maschine und außerdem je ein Auspuffthermometer. Die Auspuffthermometer lassen an Hand der festliegenden Temperaturkurven jederzeit den Belastungszustand des Motors im ganzen wie auch jedes einzelnen Zylinders erkennen und somit schädliche Ueberlastungen vermeiden.

In den Oelkreislauf der Druckschmierung ist ein Manometer eingeschaltet, so daß auch der Schmierzustand der Maschine unter ständiger Beobachtung steht.

Alle diese Kontrollorgane im Verein mit der Anspruchslosigkeit der Motoren bezüglich der übrigen Wartung machen den mit der Aufsicht über die Maschinen betrauten weitgehend für andere Bordarbeiten frei. Eine weitere Vereinfachung des Betriebes kann dadurch erreicht werden, daß die meisten der Kontrollorgane nebst der Bedienung der Manövrierorgane in den Steuerstand des Schiffes verlegt werden, so daß der Schiffsführer in der Lage ist, das Schiff selbst zu manövrieren.

Hilfs- und Klein-Dieselmotoren

Als Hilfsmaschinen für See- und Binnenschiffe kommen entweder die vorstehend beschriebenen Güldner-Viertakt-Dieselmotoren Typ KS in Frage. Für Hilfsaggregate mit kleinen Leistungen von 5 PS an aufwärts oder auch zum Antrieb kleiner Boote, Barkassen, Rettungsboote usw. eignen sich aber auch sehr gut die liegenden Viertakt-Güldner-Kleindieselmotoren Typ GL, System Lanova.

Zylinder und Kurbelkasten mit Oeltrog sind gemeinsam in einem Stück gegossen. Die Kurbelwelle läuft in sehr starken Rollenlagern, von denen eines als Pendellager ausgebildet ist.

Das Triebwerk ist vollkommen staub- und öldicht verschlossen, jedoch durch einen großen, abnehmbaren Deckel gut zugänglich.

Die Steuerung der Ventile erfolgt von einer waagerechten Nockenwelle aus mittels Stoßstangen und Schwinghebeln.

Kurbelwellen- und Pleuelstangenlager werden durch eine Zahnradpumpe in der Oelwanne selbsttätig und zwangsläufig geschmiert.

Der Motor besitzt Verdampfungskühlung, wobei das Kühlwasser von Zeit zu Zeit nachgefüllt wird. Er kann aber auch mit Durchflußkühlung versehen werden.

Angeworfen werden diese Motoren ihrer niederen Leistung wegen leicht mit Handkurbel.

Eine besondere Eigenart der Güldner-Klein-Dieselmotoren ist das bei ihnen angewendete, neuartige Lanova-Verfahren. Es soll im folgenden kurz beschrieben werden.

Die Brennstoffpumpe spritzt den Brennstoff durch eine Zapfendüse mit großem Ringquerschnitt (verstopft nicht!) in einen eigenartig geformten Brennraum, der nach dem Zylinderraum über seinen ganzen Querschnitt offen ist. Ein Teil

Abb. 2. Viertakt-Schiffsmotor von 120 PSe bei n = 500

des eingespritzten Brennstoffs gelangt, nachdem er auf seinem Weg durch die heiße Luft vorgewärmt wurde, in den Luftspeicher, ruft in diesem eine Teilverbrennung mit hoher Drucksteigerung hervor und damit ein intensives Rückströmen des Speicherinhalts in den Brennraum.

Der Speicherstrahl durchquert den Brennraum in entgegengesetzter Richtung des Brennstoffstrahls und gabelt sich vor der Düse in zwei Teilströme, die, seitlich abgelenkt, zwei kräftige Kreiswirbel der im Brennraum befindlichen Luft mit entgegengesetzter Drehrichtung erzeugen. Der Brennstoffstrahl wird auf dem Wege zwischen Düse und Speichermündung durch den entgegenblasenden Speicherstrahl aufgehalten und abgeschält; der Brennstoff wird den beiden seitlich auseinanderstrebenden Teilströmen zugemischt, wobei der infolge der Teilverbrennung im Speicher hoch erhitzte Speicherstrahl die Entflammung des Brennstoffs begünstigt. Durch die kreisende Bewegung der Luft im Brennraum wird dem Brennstoffstrahl von beiden Seiten während der ganzen Dauer der Verbrennung frische Luft zugeführt.

Dieser durch zahlreiche Patente geschützte, kombinierte Strömungs- und Verbrennungsvorgang bewirkt die hervorragende und restlose Verbrennung, deren hervorstechende Kennzeichen sind: geringer Brennstoff- und Schmierölverbrauch, Schonung der Maschine, also hohe Lebensdauer, leichtes und sicheres Anspringen ohne Hilfszündmittel, große Kraftreserve, völlig rauchfreier Auspuff bei allen Belastungsstufen.

DER JUNG-ZWEITAKT-DIESELMOTOR IN DER SCHIFFAHRT

Der Dieselmotor ist dank seiner technischen Vollkommenheit heute die wirtschaftlichste Antriebsmaschine, und seine hervorragenden Vorteile gegenüber den Vergaser- und Glühkopfmotoren sind allgemein bekannt. Für kleinere Leistungen konnte der komplizierte und vielteilige Dieselmotor älterer Bauart den Grundforderungen des Klein-Diesels nach Einfachheit, Betriebssicherheit und Billigkeit nicht gerecht werden. Erst die kompressorlose Bauart brachte das Problem der Klein-Dieselmaschiene der Lösung näher.

Maßgebend für die Wirtschaftlichkeit eines Schiffsmotors sind sein Anschaffungspreis, seine Betriebssicherheit, sein Brennstoff- und Schmierölverbrauch, seine Bedienungs- und Instandhaltungskosten. Die Wege, die von den einzelnen Dieselmotorenherstellern eingeschlagen werden, um diesen Grundforderungen gerecht zu werden, sind verschieden. Insbesondere spielt hierbei das gewählte Arbeitsverfahren des Motors eine Hauptrolle. Während man früher dem Viertaktverfahren größere Bedeutung schenkte, hat sich im Laufe der letzten Jahre hier eine Wandlung zugunsten des Zweitaktverfahrens vollzogen.

Im Groß-Schiffsmotorenbau hat das Zweitaktverfahren wegen seiner Vorzüge bereits die Ueberhand gewonnen. Auch im Klein-Schiffsmotorenbau wird der Zweitakt-Dieselmotor schon seit Jahren als Antriebsmotor und Hilfsmotor in erheblichem Ausmaße verwendet dank seiner großen Einfachheit.

Der den Zweitakt-Dieselmotoren kleinerer und mittlerer Größe vielfach anhaftende Mangel schlechter Verbrennung, hohen Brennstoff- und Schmierölverbrauchs, wodurch wiederum die Betriebssicherheit und die Instandhaltungskosten ungünstig beeinflußt werden, stand dem Durchbruch des Zweitaktverfahrens bei kleineren und mittleren Motoren noch im Wege.

Es galt also, diese noch bestehenden Nachteile zu beheben, um dem Zweitakt-Dieselmotor auch der kleineren und mittleren Leistungen die ihm unbedingt gebührende Vormachtstellung zu erobern.

Diesen Weg hat der Motorenbau der Arn. Jung, Lokomotivfabrik G. m. b. H. in Jungenthal bei Kirchen/Sieg mit seinen Motoren beschritten.

Zweitaktmotoren sind in der Konstruktion bedeutend einfacher und geben infolgedessen zu Fehlern und Betriebsstörungen weniger Anlaß als Viertaktmotoren, bei deren vielen Teilen selbstverständlich leichter ein Defekt eintreten kann. Die Ein- und Auslaßventile beim Viertaktmotor, die infolge hoher mechanischer Beanspruchung und weil sie den hohen Verbrennungstemperaturen ausgesetzt sind, leicht Schaden nehmen, fallen fort. An ihre Stelle tritt die durch den Arbeitskolben gesteuerte Schlitzsteuerung, die keinerlei Ventile erfordert. Es ist uns außerdem gelungen,

ohne besondere Spülpumpe eine äußerst einfache Zusatzspülung zu schaffen, die den Spülwirkungsgrad gegenüber der normalen Spülart ganz bedeutend erhöht.

Für die Zündung des Brennstoffes im Zylinder stehen zwei Verfahren zur Verfügung, und zwar das Vorkammerverfahren und die direkte Strahleinspritzung.

Bei dem Vorkammerverfahren wird der Brennstoff in eine Zündkapsel eingespritzt, verbrennt hier nur teilweise, und die entstehenden Verbrennungsgase drücken den restlichen Teil durch kleine Bohrungen in den Zylinder hinüber, wo auch dieser verbrennt. Offensichtlich hat dieses Verfahren mehrere Nachteile.

Es ist leicht einleuchtend, daß ein Brennstoff in einem einheitlich geformten Raum sich besser mit Luft mischt, also auch besser verbrennt als in einem zerklüfteten. Bei den in Frage kommenden Zylindereinheiten sind die Brennräume an und für sich schon klein und werden bei dem Vorkammerverfahren nochmals in zwei Räume unterteilt, was — wie schon erwähnt — die Mischung und Verbrennung ungünstig beeinflußt. Durch diese Raumunterteilung wird auch die Oberfläche des Verbrennungsraumes ganz erheblich vergrößert, und dadurch ist reichlich Gelegenheit zum Abwandern von Wärme gegeben. Alles dieses muß sich natürlich im Brennstoffverbrauch auswirken, und es ist tatsächlich allgemein bekannt, daß Vorkammermaschinen bei gleicher Leistung einen höheren Brennstoffverbrauch aufweisen als die Maschinen mit direkter Strahleinspritzung.

Ein weiterer Nachteil, der sich bei der Vorkammermaschine ergibt, ist das verhältnismäßig schwere Anlassen dieser Motoren. Bekanntlich wird beim Dieselmotor die Zündung so hervorgerufen, daß Frischluft stark komprimiert und dadurch hoch erhitzt wird. Wie bereits erwähnt, treten nun bei den Vorkammermotoren durch die erheblich größere Oberfläche des Verbrennungsraumes Druck- und Wärmeverluste auf, denen von vornherein dadurch Rechnung ge-

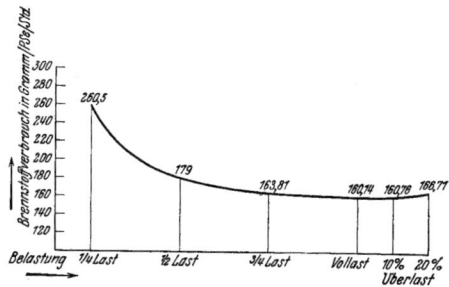

Abb. 1. **Verbrauchskurve der Type SE 130, n = 800, N = 16**

Abb. 2. Motor Type SBZ 130, n = 800, N = 32

tragen werden muß, daß die Kompression, um diese Verluste auszugleichen, höher zu treiben ist als bei der Maschine ohne Vorkammer. Diese hohe Kompression wirkt natürlich nachteilig auf den stoßfreien Gang des Motors. Man sucht sie deswegen zu vermeiden, ist aber dann genötigt, zur Einleitung der ersten Zündung lästige Hilfsmittel, z. B. Zündpatronen, zur Anwendung zu bringen.

Da die unteren Partien der Vorkammer dauernd der hohen Verbrennungstemperatur des Motors ausgesetzt sind, wird sie natürlich leicht beschädigt, und es bleibt nicht aus, daß sie häufig ersetzt werden muß.

Bei der d i r e k t e n S t r a h l e i n s p r i t z u n g, die wir für unsere Motoren gewählt haben, sind diese Nachteile vermieden. Der Brennstoff tritt von der Düse direkt in einen der Kugelform angenäherten Brennraum und findet hier das gesamte zur Verbrennung erforderliche Luftvolumen und die erforderliche Temperatur zur Zündung vor. Der Gang des Motors ist infolgedessen weich und das A n l a s s e n l e i c h t.

Der Vorwurf, der der Zweitaktmaschine bislang gemacht wurde, nämlich daß sie einen höheren Brennstoffverbrauch aufweise als der Viertaktmotor, besteht heute keineswegs

mehr zu recht. Durch günstige Ausbildung und Formgebung der Luftübertrittskanäle in den Zylinder und dadurch erzwungene gute Luftführung und Ausspülung des Zylinders sowie durch vorteilhafte Formgebung des Verbrennungsraumes ist es gelungen, den Brennstoffverbrauch für die Zweitaktmaschine gegen früher ganz bedeutend zu verringern, und die Verbrauchszahlen, die heute für die Motoren garantiert werden können, werden von Viertaktmotoren gleicher Größe kaum erreicht und keineswegs unterschritten. Vom Dampfkesselüberwachungsverein an einem Motor unserer Type SE 130 vorgenommene Versuche erzielten folgende Ergebnisse:

Brennstoffverbrauch je PSe/std

bei ¹/₂-Last	171	g
bei ³/₄-Last	163,81	g
bei Vollast	160,14	g
bei 10 vH Ueberlast	160,76	g
bei 20 vH Ueberlast	166,71	g

B e i V o l l a s t w u r d e n a l s o 39 vH d e s H e i z w e r t e s d e s B r e n n s t o f f e s i n N u t z l e i s t u n g v e r w a n d e l t. Das amtliche Gutachten schließt demnach

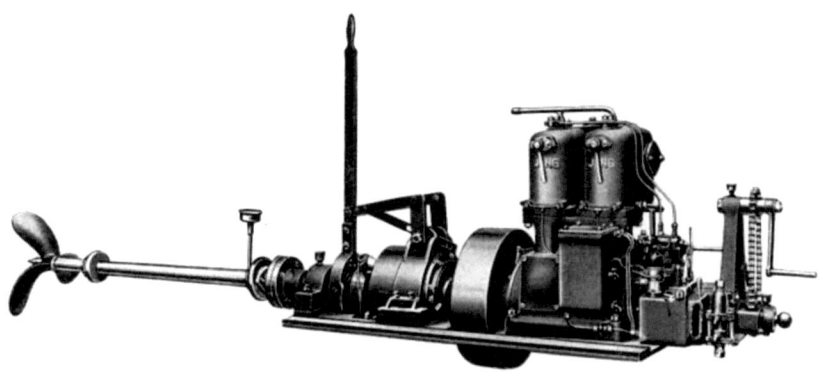

Abb. 3. Motor Type SBZ 110, n = 1000, N = 22

auch mit dem Satz: „Es ist dies ein außerordentlich günstiges Ergebnis, wie wir es bislang noch nicht feststellen konnten" (siehe Brennstoffverbrauchskurve, Abb. 1).

Die Betriebssicherheit einer Maschine hängt wesentlich von einer zuverlässig wirkenden Schmierung ab. Bei dem Jung-Dieselmotor wird mit Umlaufschmierung jeder Schmierstelle durch einen zwangläufig angetriebenen Zentralschmierapparat das Oel unter Druck zugeführt. Die Tropfenzahl für die einzelne Stelle ist bequem regulierbar und sichert sparsamsten Schmierölverbrauch. Das nicht verbrauchte Oel sammelt sich im Kurbelgehäuse und wird von hier unter Vermeidung einer besonderen Pumpe einem Schmierölfilter zugeführt, hier abgekühlt und fließt gereinigt dem Bosch-Schmierapparat wieder zu. Durch diese einfache, aber sicher wirkende Umlaufschmierung erreichen die Jung-Dieselmotoren einen sehr niedrigen Schmierölverbrauch. Bei den oben erwähnten Versuchen des Dampfkesselüberwachungsvereins wurde er zu 3,06 Gramm - PSe/std festgestellt.

Die Hauptlager der Kurbelwelle sind als Rollenlager ausgebildet. Es ergibt sich hierdurch ein

Abb. 5. Motor Type SE 110 mit Dynamo, n = 1000, N = 11

Abb. 4. Motor Type SV 130, n = 800, N = 64

günstiger mechanischer Wirkungsgrad, geringer Schmierölverbrauch und trotzdem sichere Vermeidung von Heißläufern. Außerdem erleichtern die Rollenlager wegen ihrer geringen Reibung das Andrehen, vor allem im Winter, wenn die infolge der Kälte dick gewordenen Schmiermittel die Gleitlager stark verkleben.

Das Triebwerk ist besonders kräftig gehalten. Der Antrieb der Brennstoffpumpe, des Reglers und des Schmierapparates erfolgt unmittelbar von der Kurbelwelle aus. Die Regulierung ist einfach, übersichtlich und sehr präzise durchgebildet. Ein auf der Kurbelwelle sitzender Zentrifugalregler beeinflußt die Förderung der Bosch-Brennstoffpumpe derart, daß die geförderte Brennstoffmenge genau dem jeweiligen Belastungszustand des Motors entspricht. Für alle arbeitenden Teile der Regulierung und der Brennstoffpumpe wird nur erstklassiger, hochwertiger Spezialstahl verwendet.

Die einwandfreie Arbeitsweise dieser Regulierung ist ersichtlich aus dem gleichmäßigen und flachen Verlauf der Brennstoffverbrauchskurve (Abb. 1). Weiter zeigt die Kurve, daß der Brennstoffverbrauch je PSe/std auch bei Teilbelastung der Motoren nur unwesentlich ansteigt.

Das Anlassen des Motors geschieht bei den Typen SBE 110, SBZ 110 und SBE 130 von Hand mittels der Hand-

kurbel mit Andrehbock und bietet auch bei kalter Maschine keine Schwierigkeiten. Die Motoren der anderen Typen werden mit einer automatisch gesteuerten Druckluftanlaßvorrichtung oder einem elektrischen Starter ausgerüstet.

Eine Zündvorrichtung in Form einer Lunte usw. ist nicht erforderlich und daher auch von vornherein nicht vorgesehen.

Die Drehzahlregulierung greift direkt in den Regler ein und gestattet eine weitgehende Herabsetzung der Touren.

Jeder Bootsmotor ist mit einer Kühlwasser- und Lenzpumpe versehen.

Die Bedienung und Instandhaltung des Jung-Dieselmotors verursacht infolge seiner einfachen und übersichtlichen Bauart kaum nennenswerte Kosten.

Das Maß der Genauigkeit unserer Werkstattarbeit wird bis an die heute mögliche technische Grenze getrieben und dadurch erreicht, daß sämtliche Motorenteile mit Sicherheit untereinander austauschbar sind. Alle verwendeten Rohmaterialien werden einer eingehenden Prüfung auf ihre Eigenschaften unterzogen, und jedes bearbeitete Stück passiert mehrmals eine sorgfältig ausgebildete Kontrolle.

Abb. 6. Motor Type SE 110 mit Dynamo, n = 1000, N = 11

Typenbezeichnung	SB 110	SBE 130	SBZ 110	SBZ 130	SBD 130	SBV 130
Zylinderzahl	1	1	2	2	3	4
Dauerleistung in PS	11	16	22	32	48	64
Drehzahl je Minute	1000	800	1000	800	800	800
Gesamtgewicht der Motoranlage in kg netto	695	990	910	1445	1820	2065

Die Anwendungsgebiete für kleine kompressorlose Zweitakt-Dieselmaschinen sind ganz außerordentlich groß. Im Schiffsbetrieb ist das Hauptanwendungsgebiet wohl der Antrieb des Schiffes selbst. Da diese kleinen Dieselmaschinen allgemein nicht umsteuerbar sind, ist es notwendig, zwischen den Motor und die Schraube ein Wendegetriebe einzubauen. Wendegetriebe gaben bislang vielfach Anlaß zu Störungen,

Abb. 7. Motor Type SE 110 mit Dynamo und Pumpe, n = 1000, N = 11

die am häufigsten auf die bis jetzt meistens angewandten Kegelräder zurückzuführen waren. Es ist deswegen wichtig, daß es der deutschen Firma Eisenwerke Reintjes, Emmerich am Rhein, gelungen ist, ein Wendegetriebe herauszubringen, in dem keine Kegelräder vorhanden sind, und das auch, wie auch wir vielfach in der Praxis feststellen konnten, den gestellten Anforderungen in vollem Maße entspricht.

Die Anordnung eines Schiffsantriebsmotors mit angebautem Wendegetriebe ist zu sehen aus den beiden Abbildungen 2 und 3. Abb. 2 stellt einen 32 PS-Motor mit 800 Touren dar. Abb. 3 einen 22-PS-Motor mit 1000 Touren. Zu beachten ist, daß Motor und Wendegetriebe auf einen gemeinsamen festen Eisenrahmen montiert sind und so als komplettes Aggregat in das Schiff eingesetzt werden können. Dadurch werden die Montagearbeiten für den Einbau in das Schiff auf ein Minimum beschränkt, und es ist immer die Gewähr gegeben, daß Motor und Wendegetriebe tadellos zueinander ausgerichtet sind. An beiden Maschinen kann eine Andrehvorrichtung, wie auf Abb. 3 vorgesehen, angebracht werden. Es ist aber auch ohne weiteres möglich, beide Motoren elektrisch anzulassen. Den Anbau einer elektrischen Anlaßvorrichtung an einem etwas stärkeren Motor zeigt Abb. 4. Hierbei handelt es sich um einen Motor von 64 PS bei 800 Umdrehungen je Minute.

Weiter kommen für Schiffsbetriebe noch in Frage hauptsächlich Lichtaggregate, dann Aggregate zur Erzeugung von Preßluft und kleine Pumpenaggregate. Die Abb. 5 zeigt ein 11 PS-Lichtaggregat, auf dem die Schalttafel aufgebaut ist; ein Aggregat ohne Schalttafel zeigt die Abb. 6.

Die Abbildungen 7 und 8 sind Kombinationen; einmal ist das Elektro-Aggregat noch mit einer kleinen Wasserpumpe versehen, und das andere Mal ist hinter der Dynamomaschine ein Kompressor aufgebaut. Es ist in diesem Fall zwischen Motor und Dynamo eine feste Kupplung angeordnet und nur zwischen Dynamo und Kompressor eine ausrückbare Kupplung vorgesehen. Die Dynamomaschine läuft demnach auch dann mit, wenn der Kompressor allein arbeiten soll. Es kann dies ohne weiteres zugelassen werden, da ja die Dynamomaschine elektrisch abgeschaltet werden kann und infolgedessen keine Energie verzehrt.

Abb. 9 stellt ein Pumpenaggregat dar, ebenfalls mit einem 11 PS-Motor mit 1000 U/min.

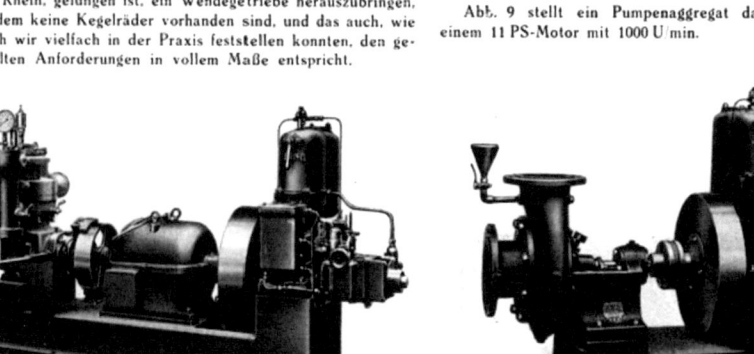

Abb. 8. Motor Type SE 1000 mit Dynamo u. Kompressor, n = 1000, N = 11

Abb. 9. Motor Type SE 110 mit Wasserpumpe, n = 1000, N = 11

NEUE DEUTZ-SCHIFFSDIESELMOTOREN
UND BORDHILFSMASCHINEN

I. Schiffsdieselmotoren

Seit einem Jahrzehnt baut Deutz in dem Schiffsmotor VM eine betriebssichere, sparsame und einfache Hochleistungs-Schiffsdieselmaschine, die in unzähligen Exemplaren in die verschiedensten Fahrzeugarten in der ganzen Welt eingebaut ist. Das Arbeitsverfahren ist der einfach wirkende Viertakt mit direkter Brennstoffeinspritzung und hoher Betriebsstoffausnützung unter Verwendung der Deutz-Hohlkolbenbauart. Trotzdem besteht zwischen der alten und der neuen Bauart im Aufbau ein gewaltiger Unterschied, der beim Vergleich der Abb. 1 und 2 in die Augen fällt.

Der Gesamtaufbau kennzeichnet den Deutz-VM-Motor (Abb. 3) als vollendete Blockkonstruktion. Gestell und Zylinderblock bilden ein gemeinsames Gußstück von der Kurbelwellenmitte bis zur Zylinderkopfunterkante. Dieses Gestell ist durch Zuganker mit der Grundplatte verbunden, also von allen Zugbeanspruchungen entlastet. Große Verdrehungs- und Biegefestigkeit sind die Hauptvorteile dieser Konstruktion, die totes Gewicht vermeidet und kleine Zylinderabstände ermöglicht. Das kommt andererseits wieder der Kurbelwelle zugute, die, kurz und gedrungen, kritische Drehzahlen verhindert, im Wellendurchmesser wesentlich verstärkt und somit in der Lagerbelastung herabgesetzt ist.

Die auswechselbaren Zylinderrohre bestehen ebenso wie die Kolben aus dichtem, hochwertigem Elektroguß. Die Zylinderköpfe sind einzeln aufgesetzt. Brennstoffpumpe und Regler, Kühlwasserpumpen, Bedienungsarmaturen usw. fügen sich organisch dem

Abb. 1. Dreizylinder-Deutz-VM-Motor

Aufbau des Gestells an. Alle Bedienungselemente sind übersichtlich an der Schwungradseite vereinigt, die Kühlwasserpumpen und die Anlaßluftpumpe an der Stirnseite der Maschine.

Die Steuerwelle ist vollkommen im Gestell eingeschlossen und so gegen Staub bestens geschützt; sie ist zwischen je zwei Zylindern gelagert. Der Antrieb der Nockenwelle erfolgt durch schrägverzahnte Stirnräder, die bei zusammengebauter Maschine durch einen Deckel zugänglich sind.

Die Brennstoffpumpen eigener Konstruktion sind in einer bzw. bei Achtzylindermotoren in zwei Gruppen an der Bedienungsseite des Motors zusammengefaßt. Durch Einschaltung geeigneter Filter vor den Brennstoffpumpen und vor

jedem Einspritzventil ist störungsfreier Gang der Einspritzorgane gewährleistet. Die Brennstoffeinspritzung erfolgt durch ein nadelgesteuertes, federbelastetes Ventil, das sich als besonders unempfindlich im Dauerbetrieb erwiesen hat und einen einwandfreien Abschluß des Brennstoffes am Ende der Brennstofförderung bewirkt.

Ein am Steuerstand der Maschine angeordneter erprobter Schneidenregler spricht auf die geringsten Belastungsänderungen sofort an und sichert dem Motor einen sehr gleichmäßigen Gang. Der Regler behält auch bei niedrigster Drehzahl seine normale Verstellkraft bei. Der Drehzahlverstellbereich erstreckt sich deshalb praktisch von der Zünd- bis zur Normaldrehzahl. Der Brennstoffverbrauch beträgt nur 165 g je PS-Stunde bei Vollast.

Eine Doppelzahnradpumpe betätigt die Druckumlaufschmierung mit einem hochliegend am Motor angebauten Schmieröl-Sammelbehälter und einem umschaltbaren Doppelfilter. Unabhängig davon erfolgt die Zylinderschmierung durch Boschöler, um auch bei langsamer Drehzahl des Motors die Schmierung der Kolbengleitflächen sicherzustellen. Um trotzdem den Schmierölverbrauch niedrig zu halten, wird das bei der Zylinderschmierung nicht verbrauchte Oel dem Umlauföl zugeführt. Eine Handflügelpumpe gestattet die Durchschmierung des Motors vor Inbetriebsetzung.

Das Kühlsystem arbeitet mit hohen Wassergeschwindigkeiten. Dadurch wird die Kühlwasserführung besser beherrscht und gefährdende Wärmestauung in den Zylinderköpfen vermieden. Ablagerungen aus dem Kühlwasser können sich nicht bilden, da das schnellfließende Wasser sie sofort hinwegspült. An der tiefsten Stelle des Kühlmantels liegen große, bequem zu reinigende Kühlwassereintrittsöffnungen. Ebenso liegen die Kühlwasserräume der Zylinderköpfe gut zugänglich. Kühlwasser- und Lenzpumpe sind an der Stirnseite des Motors angeordnet und miteinander durch Kreuzschaltung verbunden, die es ermöglicht, die Lenzpumpe als Kühlwasserpumpe zu verwenden oder im Notfalle beide Pumpen zusammen zur Kühlung des Motors zu benutzen. Die Pumpen werden unmittelbar vom Motor durch eine Stirnkurbel angetrieben. Die Schmierung des Antriebes ist an die Druckumlaufschmierung des Motors angeschlossen.

Es ist Vorsorge getroffen, daß kein Spritzwasser von den Wasserpumpen in das Umlauföl gelangen kann.

Alle Bedienungselemente sind an einem Bedienungsstand zusammengefaßt. Ein einziger Bedienungshebel ermöglicht Anlassen, Betrieb und Stillsetzen der Maschine. Der Be-

trollapparate, wie Manometer für Drucköl und Anlaßluft sowie das Tachometer, sind ebenfalls leicht am Steuerstand unterzubringen.

Das Anlassen erfolgt wie üblich durch Preßluft. An der Stirnseite des Motors über den Kühlwasserpumpen ist auch

Abb. 2. Dreizylinder-Deutz-VM-Motor   2062

dienungsstand (Abb. 4) befindet sich an der Schwungrad-seite des Motors. Es sind dort untergebracht: Bedienungs-hebel, Drehzahlverstellhebel, Tachometer, Auspufftempera-tur-Meßeinrichtung und bei direkt umsteuerbaren Motoren das Umsteuer-Handrad, das zur Verschiebung der Steuer-welle mit den Nocken für „Voraus" und „Zurück" dient.

Soweit erforderlich, kann die Bedienung des Motors auch vom Steuerstand des Schiffes aus erfolgen. Bei direkt um-steuerbaren Motoren sind Bedienungshebel, Drehzahlver-

die Anlaßluftpumpe angeordnet mit Antrieb durch die gleiche Stirnkurbel. Sie ist so bemessen, daß sie normal zum Wiederaufladen der bei Umsteuermanövern verbrauch-ten Anlaßluft ausreicht.

Gegenüber wechselnden Brennstoffen ist der Deutz-VM verhältnismäßig unempfindlich. Alle auf dem Markt vor-kommenden Diesel-Treibstoffe können anstandslos ver-wendet werden, ebenso das deutsche Braunkohlen-Treiböl, das als Abfallprodukt der Braunkohle in großen Mengen,

Abb. 3. Direkt umsteuerbarer Achtzylinder-Deutz-VM-Motor

stellhebel und Umsteuer-Handrad rechts vom Steuerstand angeordnet und durch geeignete Uebertragungen mit den entsprechenden Bedienungselementen am Motor verbunden. Bei Motoren mit Wendegetriebe ist nur die Drehzahl-verstellvorrichtung zum Steuerstand geleitet, außerdem noch der Umschalthebel für das Wendegetriebe. Die Kon-

auch in Krisenzeiten, zur Verfügung steht. Außerdem können bei Mitlieferung von erprobten Sondereinrichtungen billige schwerflüssige und schwerentzündliche Brennstoffe, wie z. B. Dicköle, Naphtha und auch Steinkohlenteeröl, ver-wendet werden. So ergibt sich eine große Unabhängigkeit in der Wahl des Brennstoffes.

Der neue Deutz-VM-Motor wird in Leistungen von 75 bis 540 PS bei Drehzahlen von 300—400 je Minute in Drei- bis Achtzylinderbauart hergestellt. Die Sechs-, Sieben- und Achtzylindertypen sind direkt umsteuerbar, alle übrigen haben Wendegetriebe.

Auch als Bordhilfsmaschinen sind die neuen Deutz-VM-Motoren hervorragend geeignet, insbesondere zur direkten Kupplung mit Stromerzeugern. So besitzt z. B. das neue Bäder-Motorschiff „Königin Luise" drei derartige Aggregate von je 165 PS. Ruhiger Gang, bequeme Anbaumöglichkeit, kurze Baulänge, geringer Platzbedarf, Zuverlässigkeit und geringer Brennstoffverbrauch sind einige der kennzeichnendsten Vorzüge.

II. Bordhilfsmaschinen

Auf jedem Fahrzeug wird heute elektrische Energie für Licht und Kraft benötigt.

Motorfahrzeuge brauchen zum Anlassen der Hauptmotore Preßluft, die auch sonst nutzbringend für die verschiedensten Arbeiten Verwendung finden kann.

Für Feuerlöschzwecke und zum Lenzen werden Pumpen verschiedenster Ausführung, Größe und Leistungsfähigkeit benötigt.

Das Aufwinden der Anker besorgt heute das Windenaggregat.

Lademaschinen betreiben Krane, Spills und Ladebäume.

Betrachten wir einmal den derzeitigen technischen Stand dieser Einrichtungen unter Zugrundelegung des Fabrikationsprogramms der Firma Deutz:

1. R e i n e L i c h t - a g g r e g a t e. Das Ursprünglichste auf kleinen Fahrzeugen ist das Gleichstromaggregat. Es tritt immer dann in Tätigkeit, wenn die Hauptmaschinen im Hafen stilliegen, und bildet so eine jederzeit völlig unabhängige Licht- und Kraftquelle des Fahrzeuges, die zur Beleuchtung, für die Versorgung der Radiostation, zum An-

trieb kleiner Arbeitsmaschinen in der Bordwerkstatt, für den Wirtschaftsbetrieb usw. Verwendung fand. Die Abbildungen zeigen zwei derartige Kleinaggregate. Bei Abb. 5 handelt es sich um einen liegenden Viertakt-Kleinmotor, auf gemeinsamer Grundplatte direkt gekuppelt mit dem Stromerzeuger und den erforderlichen Meßinstrumenten; Leistung 2,5 kW. Abb. 6 zeigt einen stehenden Motor von 30 PS Leistung, ebenfalls direkt gekuppelt auf gemeinsamer Grundplatte mit der Gleichstrom-Dynamo, wobei die Platte zur Vermeidung von Erschütterungen noch auf besonderen Gummipuffern steht.

Nur für kleinste Leistungen (1,7 bis 3 kW) verwendet Deutz den kleinen liegenden Benzinmotor, Typ MA; für Leistungen über 3 kW kommt nur der Dieselmotor MAH in Frage. Die liegenden Deutz-MA- und MAH-Motoren werden, soweit Süßwasser zur Verfügung steht, mit Verdampfungskühlung ausgerüstet. Für Seewasserkühlung erhalten sie besondere K. W.-Pumpen.

Für größere Leistungen kommt die stehende Bauart AM in Frage, deren Leistungsbereich sich über eine Grenze von 6 bis 200 kW erstreckt. Auch die an anderer Stelle näher beschriebenen stehenden Deutz - VM - Schiffsdieselmotoren werden vielfach in großen Motorschiffen als Lichtaggregate angewendet. Die Bauarten MAH und AM haben Vorkammer - Brennstoffeinspritzung mit den großen Vorteilen, die diese einfache Verbrennungsmethode mit sich bringt. Die großen VM-Maschinen haben, wie wir in dem obengenannten Artikel erwähnt finden, direkte Brennstoffeinspritzung.

Abb. 7 zeigt ein derartiges Lichtaggregat.

Erwähnt sei hier noch, daß von den liegenden Motoren, die auch sonst für den Einbau in ortsbeweglichen Anlagen in großer Zahl Anwendung finden, kürzlich der 100 000.

Abb. 4. Bedienungsstand einer umsteuerbaren Deutz-VM-Maschine

Abb. 5. Diesel-Bordlichtgruppe 2,5 kW mit liegendem 1 Zyl. 4-Takt-Motor.

Abb. 6. Bordlichtgruppe 20 kW mit stehendem 2 Zyl. 4-Takt-Motor

Abb. 7. 3 Bord-Lichtgruppen auf dem Seebädermotorschiff „Königin Louise". Gesamtleistung 330 kW.

Abb. 8. Bordlichtgruppe 95 kW 2-Takt-Motor mit angebauter Spülpumpe.

Abb. 9. Diesel-Druckluftgruppe für 30 atü.

Abb. 10. Dieselbordgruppe (liegend, 4-Takt-Motor) zur Licht- und Drucklufterzeugung

Abb. 11. 2 Zyl. 2-Takt-Motor mit Stromerzeuger und Luftverdichter auf gemeinsamer Grundplatte.

Motor geliefert worden ist, ein Beweis für die Zuverlässigkeit dieser Bauart.

Auch Zweitaktmaschinen mit angebauter Spülpumpe Bauart OM (siehe Abb. 8) werden in Leistungen von 7,5 bis 95 kW oft als Bordaggregate geliefert; sie zeichnen sich durch ganz besondere Einfachheit im Aufbau und Betrieb aus.

Außer den normalen Lichtmaschinen gibt es noch sogenannte Notstrom-Aggregate. Das sind Licht-

Neuerdings findet man meist Gruppen, die Strom, Preßluft und Wasserversorgung in einem Aggregat vereinigen. Ein derartiges dreifaches Aggregat unter Verwendung des liegenden Deutz-Viertakt-Dieselmotors zeigt Abb. 12, Abb. 13 eine solche Anlage unter Verwendung des stehenden Viertaktmotors AM.

Preßluft wird in erster Linie auf dem Fahrzeug zum Anlassen und zum Umsteuern der Hauptmaschinen benötigt. Bei Hafenfahrzeugen, die oft manövrieren müssen, ist der Bedarf daran sehr groß. Mit Preßluft kann man aber auch

Abb. 12. Bordgruppe mit liegendem 4-Takt-Dieselmotor
mit Luftverdichter, Lichterzeuger und Pumpe.

maschinensätze, die, wie ihr Name schon sagt, als Notreserve dienen; sie setzen sich automatisch in Tätigkeit, wenn die Hauptlichtzentrale versagt, und setzen sich wieder still, wenn die normale Stromlieferung einsetzt. Auf großen Fahrzeugen wird man diese Aggregate von der übrigen Zentrale getrennt auf einem der oberen Decks aufstellen, damit ihre Betriebsfähigkeit unter allen Umständen auch dann gesichert ist, wenn der Maschinenraum überflutet sein sollte. Großer Schaden an Menschenleben und Sachwerten

Arbeitsmaschinen aller Art betreiben. Auch das Leerdrücken von Trimmtanks wird mittels Preßluft bewirkt.

Die Verwendung von Pumpen für die allgemeine Wasserversorgung, für das Leerpumpen der tiefliegenden Lenzräume und vor allen Dingen für Feuerlöschzwecke erfordert auf jedem Fahrzeug Antriebsmaschinen.

Daß man auch mit entsprechenden Sicherheitseinrichtungen Verbrennungsmotor-Aggregate auf Tankschiffen verwendet, zeigt Abb. 14.

Abb. 13. Bordgruppe mit stehendem 4-Takt-Dieselmotor
mit Luftverdichter, Pumpe und Lichterzeuger.

kann durch derartige Lichtmaschinen vermieden werden, weil die größte Gefahr einer Panik mit ihrer Hilfe verhindert werden kann.

2. Bordaggregate. Die zweite Gruppe bilden Bordaggregate für Kompressor oder Pumpenantrieb. Man findet sie nur selten mit einer Maschine allein gekuppelt (Abb. 9). Oft werden von dem gleichen Dieselmotor mehrere dieser Maschinen gleichzeitig angetrieben (siehe Abb. 10 und 11).

Der Zusammenbau von Zweier- und Dreieraggregaten ergibt gegenüber dem Einzelaggregat Platzersparnis und niedrigere Anschaffungskosten, da ja der Motor nur einmal beschafft zu werden braucht. Dreiergruppen von Bordaggregaten wird man hauptsächlich in kleineren Einheiten finden, da bei größeren Fahrzeugen Dieselzentralen eingebaut zu werden pflegen, mit deren Strom dann die auf dem Fahrzeug verteilten Arbeitsmaschinen versorgt werden.

Abb. 14 Bordgruppe für Tankschiffe mit 2 Zyl. 2-Takt-Motor mit Luftverdichter und Pumpe

einzigen Mann, der gleichzeitig Anker und Kette im Auge
behält.

Auch Ladewinden mit Motorantrieb finden immer mehr
Anwendung in der Schiffahrt. Sie ermöglichen den schnellen
Umschlag des Ladegutes, ohne eine große Zahl von Arbeits-
kräften zu erfordern und ohne einen übermäßig großen
Raum an Bord einzunehmen. Die direkte Kupplung mit der
Ladewinde ermöglicht dem Bedienenden nicht nur die volle
Beherrschung der Winde und des Motors, sondern läßt auch
eine solche Aufstellung an Bord zu, daß der Weg der Last
vollkommen übersehen werden kann (Abb. 16). Motor und
Winde sind auf einer gemeinsamen Grundplatte aufgebaut.
Die Winde kann vorwärts und rückwärts gesteuert werden
und ist mit einer Fußhebel-Bandbremse ausgerüstet, die
direkt auf die Seiltrommel wirkt und sichere Beherrschung
der Last gewährleistet.

Die Uebersicht zeigte das vielseitige Anwendungsgebiet
der Verbrennungskraftmaschine im Schiffshilfsdienst.

Abb. 15. Ankerwinde mit Spezial-Ankerwindengruppe. 4-Takt-Dieselmotor mit Getriebe auf gemeinsamer Grundplatte.

3. Windenantriebe. Eine dritte Gruppe bilden die
Windenantriebe für Anker und Ladebäume. Hier herrscht
unbedingt der kleine liegende Motor mit Verdampfungskühlung vor, weil er in der Bedienung einfach und in der
Wartung überaus anspruchslos ist. Abb. 15 zeigt ein Anker-
windenaggregat mit unmittelbar angebautem Getriebe. Das
Aggregat ist so durchgebildet, daß eine Aenderung der vorhandenen Handwinden nicht notwendig ist. In Tausenden
von Exemplaren geliefert, haben diese einfachen Gruppen
stets befriedigt. sie sind einfach aufzustellen und von un-
gelerntem Personal zu bedienen. Ihre Hauptvorzüge, die
stete Betriebsbereitschaft und die Unabhängigkeit von der
Hauptmaschine, sind oft von ausschlaggebender Bedeutung
für ihre Anwendung. Eine Ankerwinde mit Motorantrieb ist in wenigen Sekunden betriebsbereit, weil der
Motor auch in kaltem Zustande anspringt und in kürzester
Zeit voll belastet werden kann. Die Einschaltung des Getriebes erfolgt sanft und stoßfrei, die Bedienung durch einen

Abb. 16. Ladewinde mit 10 PS 4-Takt-Dieselmotor auf gemeinsamer
Grundplatte.

DIE SCHIFFS-DIESELMOTOREN DER BOHN & KÄHLER, MOTOREN- UND MASCHINENFABRIK IN KIEL

Das Bauprogramm für Schiffs-Dieselmotoren erstreckt sich auf Hauptantriebsmaschinen und Schiffs-Hilfsmaschinen. Es umfaßt mit vier Motorentypen einen Leistungsbereich von 6—340 PS gemäß folgender Aufstellung:

Kompressorlose Rohölmotoren in stehender Ausführung

Type KR 12	1, 2, 3, 4, 6 Zylinder,	6 bis 60 PS
„ KR 10	1, 2, 3, 4, 6 „	8 „ 90 „
„ KR 17	2, 3, 4, 6 „	24 „ 120 „
„ KR 28	3, 4, 6 „	120 „ 340 „

Diese Motoren arbeiten ausschließlich im Viertakt-Arbeitsverfahren, und zwar bis 120 PS Leistung mit Vorkammer, über 120 PS Leistung mit direkter Brennstoffeinspritzung in den Brennraum.

Die Motoren sind in kräftiger und gedrängter Bauart sowie aus den besten und zweckmäßigsten Werkstoffen hergestellt. Sie besitzen daher nur ein geringes Gewicht und

so die Maschine von niedrigster Leistung auf höchste Leistung und umgekehrt gebracht werden. Die unter besonders harten Bedingungen arbeitenden Schiffsantriebsmaschinen werden auch durch schweren Seegang und langen, ununterbrochenen in ihrem ruhigen und gleichmäßigen Lauf nicht beeinflußt. Der Brennstoffeinspritzdruck ist niedrig gehalten und verbürgt lange Lebensdauer der Brennstoffpumpen und Brennstoffventile. Ebenso sind Kompressionsdruck und Zünddruck niedrig gehalten, wodurch das Triebwerk der Maschine geschont, der Verschleiß der beweglichen Teile herabgesetzt und die Lebensdauer des Motors erhöht wird.

Die Schiffs-Antriebsmaschinen werden in drei Ausführungen geliefert: mit Wendegetriebe, mit Segelschraubenanlage oder als Sechszylinder-Motor auch direkt umsteuerbar. Die Regelung des Motors und die Umschaltung des Getriebes innerhalb der Stellungen Voraus, Stopp und Zurück kann auch durch einfache Vorrichtungen von Deck aus erfolgen.

kleinen Raumbedarf. Sie sind stets betriebsbereit und unempfindlich. Die Bedienungsweise der Motoren ist einfach gestaltet. Das Anlassen erfolgt bei den kleinen Motoren mittels einer Sicherheitsandrehkurbel, wobei eine Vorrichtung zur Reduzierung der Kompression das Anwerfen des Motors erleichtert. Die kleineren Motoren können auch mit einem Bosch-Anlasser geliefert werden, dessen Ritzel das Schwungrad in Drehung bringt und den Motor anwirft. Außerdem können alle Motoren auch mit einer geeigneten Bosch-Lichtmaschine ausgerüstet werden, die vom Motor direkt angetrieben wird. Die größeren Motoren werden durch Druckluft in Gang gesetzt.

Das Füllen der Druckluftbehälter bei den kleineren Maschinen wird selbsttätig vom Motorzylinder aus mit Hilfe eines Ladeventils bewerkstelligt. Eine Umlaufdruckschmierung und selbsttätige Regelung der Maschine bei Belastungsänderungen erübrigt für die kleineren Motoren Bedienungspersonal.

Die Drehzahl der Maschine kann durch einen einzigen Griff der gewünschten Leistung entsprechend geändert und

Die Motoren werden sowohl in Backbord- als in Steuerbordausführung hergestellt. Alle Teile der Motoren sind übersichtlich angeordnet und das Triebwerk durch große Oeffnungen nach Losnahme der Verschlußdeckel gut zugänglich. Die Kühlwasserpumpen und Lenzpumpen sind zwecks Austausch wechselseitig verbunden. Als Brennstoff können alle bekannten Dieseltreiböle benutzt werden; die Motoren springen mit diesen Treibölen selbst bei schlechter Witterung leicht an.

Die Type KR 12 arbeitet mit einem Drehzahlbereich von 500—1000 U/min und Zylinderleistungen von 6—10 PS. Abb. 2 zeigt eine Schiffs-Hilfsmaschine dieser Type, die mit einer Lichtmaschine direkt und mit einem Kompressor ausrückbar gekuppelt und auf einer gemeinsamen gußeisernen Unterplatte zusammengebaut ist.

Die Type KR 10 arbeitet mit einem Drehzahlbereich von 500—1000 U/min und Zylinderleistungen von 8—15 PS. Die Abb. 1 zeigt einen KR 10-Vierzylinder-Schiffhilfsmotor mit fest gekuppelter Lichtmaschine und ausrückbar gekuppeltem Luftkompressor auf einer gemeinsamen Unterplatte, sowie

Abb. 3

mit einer Riemenscheibenkupplung für den Antrieb einer Winde.

Type KR 17 arbeitet mit einem Drehzahlbereich von 300 bis 500 U/min und Zylinderleistungen von 12—20 PS. Die Sechszylindermaschine wird im Gegensatz zu den Typen KR 12 und KR 10, die nicht umsteuerbar sind, außer in normaler Ausführung auch direkt umsteuerbar ausgeführt.

Abb. 2

Bei der direkt umsteuerbaren Sechszylindermaschine erfolgt die Umsteuerung von Voraus auf Zurück und umgekehrt durch einfaches Drehen eines Handrades. Die Schubkraft der Schiffsschraube wird durch ein kräftig ausgebildetes Drucklager aufgenommen.

Die Abb. 3 zeigt einen direkt umsteuerbaren Sechszylinder-Schiffsantriebsmotor, der 120 PS bei 500 U/min leistet.

Die Type KR 28 arbeitet mit einem Drehzahlbereich von 250—375 U/min und Zylinderleistungen von 40—60 PS. Die Sechszylindermaschine wird direkt umsteuerbar ausgeführt. Die Umsteuerung ist einfach und betriebssicher. Zur Aufnahme der Schubkraft der Schiffsschraube ist ein besonderes Kugeldrucklager vorgesehen.

Abb. 4 zeigt die Maschine im Schnitt.

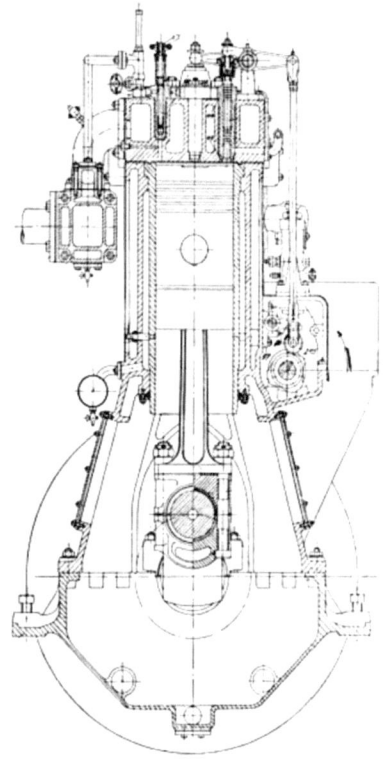

Abb. 4

DER JASTRAM-SCHIFFSDIESELMOTOR

Der Jastram-Schiffsdieselmotor ist hervorgegangen aus einer jahrzehntelangen Auswertung der Erfahrungen im Schiffsmaschinen- und Dieselmotorenbau. Er ist für vielseitige Zwecke als kompressorloser, einfachwirkender Viertakt-Schiffsmotor konstruiert. Im äußeren Aufbau zeigt der Motor eine Form, die ihn als Schiffsmaschine zweckentsprechend hervorhebt. Der organische Zusammenhang von Schwungrad, Motor und Wendegetriebe gibt dem Motor das Zeugnis einer in der Konstruktion gut gelungenen Spezialmaschine. Es ist hierbei größter Wert gelegt auf einfache Bauart und Bedienung, geringe Tourenzahl, Zuverlässigkeit und Sparsamkeit im Brennstoff- und Schmieröl-

Dreizylinder-Schiffsdieselmotor 50/65 PS

verbrauch. Gediegene, sorgfältige Werkmannsarbeit sind weitere Merkmale dieses Motors. Der Schiffsdieselmotor wird in vier verschiedenen Typenreihen mit 1—8 Zylindern geliefert, wobei sich Einzelleistungen pro Zylinder von 8 bis 60 PS ergeben bei Drehzahlen von 800—300.

Die Konstruktion ist gekennzeichnet durch tiefliegende Kurbelwelle in einem zweiteiligen Gehäuse mit großen Bedienungsdeckeln, so daß das Innere des Motors gut zugänglich ist. Das Gehäuse trägt die aus Spezial-Zylindereisen hergestellten Zylinder, deren Zuganker von Oberseite Zylinder bis unter die Grundlager durchgeführt sind. Die viereckige Form der Zylinder ergibt kurze, gedrungene Bauart mit größter Festigkeit und stabiler Wirkung gegen Erschütterungen. Die reichlich bemessenen Kühlräume gewährleisten Unempfindlichkeit gegen Schmutz und Sand. Alle

Sechszylinder-Schiffsdieselmotor 90/120 PS

innenliegenden Triebwerkteile sind absichtlich über das normale Maß stark gehalten, um bei dem anstrengenden Schiffsbetrieb eine stets loyale Beanspruchung und geringe Abnutzung aller Teile zu gewährleisten. Die Lager sind überdimensioniert und werden zur schnellen Ableitung der Wärme mit reichlichen Oelmengen überflutet. Das Schwungrad liegt hinter dem Motor, so daß bei Bruch des Propellers im Eis oder dgl. oder auch bei Bruch der ganzen Wellenleitung der Motor selbst bzw. dessen Triebwerkteile von schweren Schlägen verschont bleiben, indem das schwere Schwungrad die Schläge auffängt. Der Motor hat einen sanften Verbrennungsverlauf, und der Ausgleich aller bewegten Massen sichert dem Motor einen ruhigen Stand, auch in verhältnismäßig schwachen Schiffskörpern.

Die Regulierung des Motors geschieht von Hand vom Führerstand aus, während der Regulator für Einhalten der gewünschten Tourenzahl Sorge trägt bzw. verhindert, daß der Motor bei plötzlicher Belastungsänderung die Höchst-Tourenzahl überschreitet. Die Drehzahlverstellung gestattet eine Verminderung der Drehzahl in feinsten Abstufungen bis herunter auf ⅕ der Höchstdrehzahl.

Die Brennstoff-Versorgung erfolgt durch den Tagesbehälter. Der vorfiltrierte Brennstoff fließt mit Gefälle einem Brennstoff-Doppelfilter an der Maschine zu. Den gereinigten Brennstoff drücken die Brennstoffpumpen über federbelastete Ventile den einzelnen Zylindern zu, wo er unter Druck kurz vor dem oberen Totpunkt durch Vor-

Zweizylinder-Schiffsdieselmotor 35/45 PS

kammer-Zerstäubung in den Verbrennungsraum der Zylinder eintritt. Jeder Zylinder hat eine eigene, einzelstehende Brennstoffpumpe von einfacher, aber betriebssicherer Konstruktion, deren Kolben durch Nocken auf der Steuerwelle mittels Rollen und Führungen betätigt wird. Die Brennstoffmenge wird durch vom Regulator beeinflußte Ueberströmventile reguliert.

Für die Dieselmotoren ist handelsübliches Gasöl bzw. Rohöl, dessen Lagerung ungefährlich ist und keinen behördlichen Vorschriften unterliegt, zu verwenden.

Die Schmierung geschieht durch eine Umlaufpreßpumpe, welche unter dauerndem Druck das Oel fortlaufend durch die Lager drückt. In den Kreislauf ist ein Schmierölfilter eingeschaltet, welcher Schmutz und Schlamm zurückhält. Der Filter läßt sich reinigen, ohne daß irgendwelche Rohrleitungen abgenommen zu werden brauchen. Das aus dem Kurbeltrog durch die Zahnradpumpe angesaugte Schmieröl wird in diesem Filter gereinigt und den Lagern durch große Düsen zugeführt, welche sich von außen kontrollieren lassen. In den Oelkreislauf ist ein Oeldruck-

Vierzylinder-Schiffsdieselmotor 180/240 PS

manometer eingeschaltet, so daß auch der Schmierzustand der Maschine unter ständiger Beobachtung steht.

Der Zylinder und die Auspuffleitung sind mit Wasser gekühlt. Die Kühlung geschieht durch eine Bronze-Kühlwasserpumpe, welche durch Exzenter von der Zwischenwelle aus angetrieben wird. Die Pumpe ist vollkommen freiliegend angebaut, um sie leicht zugänglich zu machen, falls Störungen, besonders durch Schmutz usw., ein Nachsehen erforderlich machen. Die wasserführenden Rohre am Motor und sonstige Wasserarmaturen sind aus Kupfer bzw. aus seewasserbeständiger Bronze.

Das Anlassen geschieht bei Maschinen von über 30 PS durch einen Zylinder mittels Preßluft, die in reichlich dimensioniertem Anlaßbehälter von dem Anlaßzylinder des Motors selbst während des Betriebs aufgespeichert wird.

Vierzylinder-Schiffsdieselmotor 70/85 PS

Der Luftvorrat ist normalerweise so bemessen, daß er ohne Neuaufladung der Flasche für etwa 20 Anlaßmanöver ausreicht. Jede Luftflasche erhält einen Druckmesser, welcher den vorhandenen Luftvorrat anzeigt. Auf Wunsch werden auch elektrischer Anlasser sowie elektrische Glühkerzen geliefert. Das Anlassen von Motoren unter 30 PS erfolgt

mittels Handandrehvorrichtung mit Dekompressionshebel. Die Brennstoffpumpe für den Anlaßzylinder ist mit einer Vorrichtung versehen, die es verhindert, daß dieser Zylinder beim Anlassen mit Luft und Brennstoff gleichzeitig beschickt wird, wodurch Rückschläge von Zündungen in die Luftleitung vermieden werden.

Das Umsteuern erfolgt mittels Wendegetriebes, das von besonderer Bauart ist, wie es in gleich starker und schwerer Ausführung nur selten anzutreffen ist. Die Bedeutung eines Wendegetriebes für einen Schiffsmotor ist so wesentlich, daß diesem wichtigen Bestandteil seit Jahrzehnten ganz besonderes Interesse gewidmet wird. Das Wendegetriebe ist organisch verbunden mit dem Motor. Die verlängerte Kurbelwelle ragt bis tief in das Wendegetriebe hinein und ist gleichzeitig auch Träger der Umkehrräder vom Getriebe. Bei Vorwärtsgang wird die Kraft des Motors am Umfang des Schwungrades abgenommen. Hierbei ist Vorsorge getroffen, daß bei Rückschlägen der Schraube ein Gleiten am Umfang des Schwungrades stattfindet, um Beschädigungen der Schiffsschraube möglichst fernzuhalten. Der Schraubenschub wird auf das Motorenfundament übertragen. Zwei kräftige U-Eisen-Schienen geben als gemeinsames Fundament dem Motor und Wendegetriebe unverrückbare und gleichlaufende Achsmitten.

Einzylinder-Schiffsdieselmotor 10/12 PS

Die vorgesehenen Kontrollorgane im Verein mit der Anspruchslosigkeit der Motoren bezüglich der Wartung machen den mit der Aufsicht über die Maschine Betrauten weitgehend für andere Bordarbeiten frei. Da die meisten Kontrollorgane des Motors nebst der Bedienung des Wendegetriebes nach dem Steuerstand des Schiffes verlegt werden, ist der Schiffsführer schon allein in der Lage, das Schiff selbst zu manövrieren.

Die komplette Schraubenanlage nebst Schraube gehört zu der Lieferung des Schiffsdieselmotors. Der Schraubenschaft ist von reichlichem Durchmesser und in einem Stevenrohr solide gelagert. Die Schmierung der Schraubenanlage wird vom Inneren des Fahrzeuges aus vorgenommen. Die Herstellung der Schraubenanlage geschieht in Einzelbearbeitung je nach Bauart des Fahrzeuges. Die Propeller der kleinen Typen sind zwei- bzw. dreiflügelig, diejenigen der größeren Typen nur dreiflügelig und werden mit dem für das betr. Schiff größtmöglichen Durchmesser geliefert. Auf Wunsch wird der Jastram-Motor auch mit zahlreichen speziellen Sonderlieferungen versehen, wie elektr. Starteranlage, Beleuchtungs- und Signalanlage, Lenz-, Bergungs-, Feuerlösch- und Tank-Pumpen, Winden, Dynamos, Kompressoren usw.

DIESELMOTOREN DER WUMAG,
ABT. MASCHINENBAU, GÖRLITZ

Die Waggon- und Maschinenbau - Aktiengesellschaft Görlitz (Wumag) baut seit rund 25 Jahren Dieselmotoren für stationäre Anlagen, für Hilfsaggregate auf großen Seeschiffen und als Hauptmaschinen zum Antrieb von See- und Binnenfahrzeugen. Die Maschinen sind kompressorloser Bauart und arbeiten im einfachwirkenden Viertakt. Sie werden in 5 verschiedenen Größen ausgeführt mit Leistungen von etwa 100—2000 PS in drei bis zehn Zylindern. Die Drehzahl der kleinsten Type ist normal 750, die der größten 250. Die Zwischentypen sind ihren Abmessungen entsprechend abgestuft.

Der Aufbau der Maschinen erfolgt in sogenannter Kastenbauart, d. h. die Grundplatte ist für sich in einem Stück gegossen, während die Zylinder zu zweien oder dreien zusammengegossen sind und unter sich der Länge nach verschraubt werden, so daß ein Kastengestell entsteht, das eine besonders gute Längsfestigkeit der ganzen Maschine ergibt.

muß. An dieser Stelle tritt also eine außerordentlich große Materialbeanspruchung auf, die schon manchen zunächst unerklärlichen Bruch einer Schraubenverbindung verursacht hat.

Das Gewinde der Zuganker wie überhaupt aller größeren Schraubenverbindungen der Wumagmaschinen (Zylinderdeckelschrauben und Pleuelstangenschrauben ist so ausgebildet, daß alle Gewindegänge an der Kraftübertragung teilnehmen müssen. Außerdem ist für alle diese Verbindungsschrauben ein besonders reines, kerbzähes und alterungsfreies Material gewählt.

Bei der Ausbildung des Gestells wurde größter Wert auf die Zugänglichkeit des Kurbelraumes gelegt. Die großen seitlichen Fenster werden durch einfache Blechdeckel ohne Dichtungsmaterial und doch öldicht verschlossen. Die Gestellfenster sind ungewöhnlich groß, was sich bei Ueberholungsarbeiten angenehm bemerkbar macht.

250-PS-Wumag-Viertakt-Dieselmotor für das Hilfsaggregat eines seegehenden Frachtdampfers

Grundplatte und Zylinder werden durch Zuganker zusammengehalten, so daß die dazwischen liegenden Gußteile von den Verbrennungskräften entlastet sind. Bei der Ausbildung dieser Zuganker ist besondere Rücksicht darauf genommen, daß Kerbwirkungen vermieden werden. Die Muttern dieser Zuganker haben daher sowohl in der Grundplatte als auch im Zylindergestell kugelige Auflageflächen erhalten. Außerdem ist einem grundsätzlichen Mangel der Schraubenverbindung Rechnung getragen, der um so mehr ins Gewicht fällt, je größer die Schraube ist. Wird eine Schraubenverbindung auf Zug beansprucht, so muß sich die Schraube unter der Kraftwirkung dehnen, die Mutter jedoch wird unter der gleichen Kraftwirkung zusammengedrückt. Während also der Gewindegang in der Schraube eine Verlängerung erfährt, wird er in der Mutter verkürzt. Dies führt zwangläufig dazu, daß nur ein Gewindegang, nämlich der unterste in der Mutter, die gesamte Kraft übertragen

Die Kurbelwelle ist aus erstklassigem Siemens-Martin-Stahl geschmiedet und mit Rücksicht auf Drehschwingungen reichlich bemessen. Sie entspricht den Vorschriften sämtlicher Klassifikationsgesellschaften.

Die Laufbüchsen und Zylinderdeckel sowie Schmierölkühler sind wassergekühlt. Wird Seewasser als Kühlwasser verwendet, so erhalten alle Wasserräume Zinkschutzplatten. Rohre und Armaturen sind aus seewasserbeständigem Material hergestellt.

Sämtliche Maschinen können mit angehängten Pumpen ausgeführt werden. Kühlwasser- und Lenzpumpe sind umschaltbar eingerichtet, so daß selbst während des Betriebes die Lenzpumpe als Reservekühlwasserpumpe eingesetzt werden kann.

Die Oelversorgung geschieht durch eine Umlaufschmierung. Eine Zahnradpumpe saugt aus dem Oelsammelbehälter und drückt das Schmieröl durch Filter und Kühler

Wumag-Vierzylinder-Viertakt-Schiffsdieselmotor 180 PSe, 500 Umdr.

in die Grundlager, von wo es durch schräge Bohrungen in der Kurbelwelle an die Kurbelzapfen und durch die hohlen Pleuelstangen an die Kolbenbolzen gelangt. Die Laufbüchsen erhalten lediglich Spritzöl. Bei größeren Maschinen ist noch ein Zentralschmierapparat eingeschaltet, der Frischöl an die Laufbuchsen fördert.

Die Wumagmaschinen erhalten außerdem eine angebaute Schmierölreinigungsanlage, welche dauernd die Kohleteilchen entfernt, die zum Teil aus dem Verbrennungsraume stammen, zum Teil aber auch von der Zersetzung des Schmieröles selbst herrühren und das Oel schwarz färben. Diese Beimischungen häufen sich schon nach kurzer Betriebszeit so stark im Oel an, daß die gleitenden Teile der Motoren stark verschleißen. Durch die Oelreinigungsanlage wird solche Abnutzung vermieden, und das Schmieröl bleibt stets klar.

Der Brennstoff fließt vom Tagesbehälter über ein umschaltbares Doppelfilter zu den Brennstoffpumpen. Jeder Zylinder besitzt seine eigene Brennstoffpumpe, und zwar werden die bestbewährten Bosch-Pumpen verwendet. Die Einspritzung des Brennstoffes geschieht durch eine geschlossene Nadeldüse direkt in den Verbrennungsraum, daher auch die stete Betriebsbereitschaft der Maschinen ohne jede Hilfszündung. Die Schiffsmotoren können

ohne Schwierigkeit bis zu ¹/₅ ihrer normalen Drehzahl herabreguliert werden.

Das Anlassen geschieht durch Preßluft von 20—30 at Druck. Die Anlaßventile werden durch Druckluft gesteuert und sind so ausgebildet, daß sie sich nicht mehr öffnen, sobald die Zündung im Zylinder erfolgt. Dies vermeidet nicht nur ein Zurückschlagen von Zündungen in die Anlaßleitung, sondern bringt auch den Vorteil kleinsten Luftverbrauches beim Anlassen mit sich, weil selbst bei länger ausgedehntem Anlaßmanöver ein Luftverbrauch praktisch nicht mehr stattfindet, sobald die Maschine die Zündung aufgenommen hat.

Die Umsteuerung erfolgt durch Verschieben der Nockenwelle, wobei ein doppelter Satz Nocken (einer für Vorwärts- und einer für Rückwärtsgang) vorgesehen ist. Umsteuer- und Manöverhebel sind dabei derart miteinander verblockt, daß Fehlschaltungen unmöglich sind.

Es sei in diesem Zusammenhange noch auf eine weitere Besonderheit der Wumagmotoren hingewiesen, nämlich auf die Konstruktion des Kolbenbolzenlagers. Das Kolbenbolzenlager der Wumag besteht aus einer Lagerbüchse, die aus einer Zinn-Kupfer-Legierung hergestellt ist und den gehärteten Kolbenbolzen umschließt und die selbst wieder von einer glasharten Büchse umfaßt wird, welche in der Pleuelstange sitzt. Die Bronzebüchse dreht sich im Betriebe derart, daß abwechselnd stets andere Stellen zum Arbeiten kommen, deren Oelfilm vollkommen frisch ist. Bei dieser Konstruktion trägt also tatsächlich das Oel die Belastung, und es tritt keine metallische Berührung auf. Daß letzteres tatsächlich der Fall ist, zeigt der Umstand, daß an Lagern, die bereits 5 Jahre und länger im Betriebe sind, keine meßbare Abnutzung wahrzunehmen ist.

Außer der bekannten und bewährten Viertaktbauart bringt die Wumag noch eine neue Zweitaktmaschine, welche infolge ihrer Einfachheit noch anspruchsloser ist als der Viertaktmotor und nicht nur in der Herstellung billiger wird, sondern sich durch einen nicht unwesentlich besseren Brennstoffverbrauch auszeichnet.

Wumag-Vierzylinder-Viertakt-Schiffsdieselmotor 180 PSe, 500 Umdr.

DER „MODAAG-KRUPP"-SCHIFFS-DIESELMOTOR

Die Schiffsdieselmotoren, Bauart Modaag-Krupp, der Motorenfabrik Darmstadt sind Zweitakt-Motoren modernster Art mit Drehkolben-Spülgebläse. Zweitaktmotoren mit Kurbelkastenspülung saugen eine wesentlich geringere Frischluftmenge an, als das Kolbenhubvolumen beträgt (etwa 60 vH), und es ist aus diesem Grunde im Zylinder natürlich eine entsprechend geringere Sauerstoffmenge für die Verbrennung vorhanden. Beim Motor mit Kurbelkastengebläse dient die Unterseite des Motorkolbens als Spülpumpenkolben. Da er natürlich nur das gleiche Hubvolumen verdrängt wie dasjenige des eigentlichen Arbeitszylinders und der volumetrische Wirkungsgrad wegen der großen schädlichen Räume im Kurbelkasten und der im Betrieb entstehenden Undichtigkeiten der Grundlager am Kurbelwellenaustritt ziemlich schlecht ist, muß die angesaugte Luftmenge weit unter dem Hubvolumen des Zylinders zurückbleiben. Ein weiterer Nachteil ist, daß im Kurbelgehäuse Oel vom Treibstangenlager und den Grundlagern herumgeschleudert wird, das zum Teil von der Spülluft mitgerissen werden und im Zylinder verbrennen kann.

Im Gegensatz hierzu ist die Maschine mit besonders angebautem Gebläse, wie dies bei Großmaschinen schon immer der Fall war, auch für kleinere und mittlere Leistungen wesentlich im Vorteil. Das Gebläse kann so bemessen werden, daß unter Voraussetzung einwandfreier Einführung der Spülluft in den Zylinder das Hubvolumen fast vollkommen von verbrannten Gasen ausgewaschen und mit Frischluft gefüllt wird. Entsprechend der vorhandenen größeren Sauerstoffmenge kann auch eine größere Brennstoffmenge eingespritzt werden, so daß die Maschine mit einem höheren mittleren Druck arbeitet. Die höhere Wirtschaftlichkeit der Maschine mit besonderem Spülluftgebläse ergibt sich ohne weiteres daraus, daß der mittlere Druck des vollgespülten Motors um 60—70 vH über dem des Kurbelkastenmotors liegt. Deshalb wird auch der Zweitakt-Kurbelkastenmotor, welcher früher als Zweitaktmaschine kleinerer bis mittlerer Leistung das Feld behauptete, ständig zurückgedrängt. Die neuzeitlich entwickelte Zweitaktmaschine mit besonders angebautem Spülluftgebläse ist jeder guten Viertaktmaschine gleichwertig, sowohl in Brennstoff- und Schmierölverbrauch, als auch in Ueberlastbarkeit. Zu Unrecht wird heute noch vielfach die Viertaktmaschine gegenüber dem vollgespülten Zweitaktmotor als der bessere Motor bezeichnet. Der vollgespülte Zweitaktmotor hat hier den Vorteil der größeren Einfachheit — er arbeitet ohne Ventile —, der besseren Uebersichtlichkeit und des leichteren Gewichts. Der letzte Punkt ist besonders wesentlich für Schiffsmaschinen und sonstige Fahrzeug-

Abb. 1. Schiffsdieselmotor, SRB 32, von 50 PS Leistung mit Wendegetriebe

motoren, auch für Lieferungen nach Uebersee, wo die Fracht eine bedeutende Rolle spielt, und bei Gebirgstransporten.

Die hier zu beschreibenden Schiffs-Dieselmotoren sind mit angebautem Drehkolbengebläse ausgerüstet; es handelt sich also um Zweitaktmotoren der eben beschriebenen modernsten Art mit Vollspülung, die in den Typen SRF, SRB und SRK gebaut werden. Bei den SRF-Motoren handelt es sich um schneller laufende Maschinen, während bei den anderen Bauarten die Umdrehungszahlen 450—600 je Minute sind.

Motor-Bezeichnung	Leistung PS	Umdrhgszahl je Min	Anzahl d. Zylinder	Wendegetriebe o. umsteuerbar?
SRF 2	36	1250	2	Wendegetriebe
SRF 3	54	1250	3	Wendegetriebe
SRF 4	72	1250	4	Wendegetriebe
SRB 31	30/25	600/500	1	Wendegetriebe
SRB 32	60/50	600/500	2	Wendegetriebe
SRB 33	90/75	600/500	3	Wendegetriebe
SRB 34	120/100	600/500	4	Wendegetriebe
SRK 3	150	475	3	Wendegetriebe
SRK 4	200	475	4	Wendegetriebe
SRKu 4	200	475	4	umsteuerbar
SRK 5	250	475	5	Wendegetriebe
SRKu 5	250	475	5	umsteuerbar

I. Schiffs-Dieselmotoren SRF

Der Motor ist in Blockkonstruktion ausgeführt, da dieselbe für Schiffsmaschinen wegen ihrer großen Stabilität die günstigste ist.

Der Aufbau des Motors ist einfach und schließt sich den üblichen Konstruktionen moderner Fahrzeug-Dieselmaschinen an. Auf die Grundplatte, die über die Kurbelwellenlagerung hochgezogen ist, ist unmittelbar der Zylinderblock gesetzt. Den Abschluß bildet der Zylinderdeckel, der für alle Zylinder in einem Stück ausgeführt wird. Das Spülluftgebläse sitzt auf der Längsseite unter dem Auspuffsammelrohr, die Brennstoffpumpe auf der gegenüberliegenden Seite. Diese ist ein aus Pumpe, Pumpenantrieb, Regler und Regulierung bestehendes Aggregat von den Firmen Bosch bzw. Deckel und kann nach Lösen von vier Schrauben abgenommen werden. Der Antrieb für die Brennstoffpumpe und für das Spülluftgebläse erfolgt auf der dem Schwungrad gegenüberliegenden Seite mittels Rollenketten. Die Einspritzung ist eine unmittelbare.

Im Gehäuse des Drehkolbengebläses ist der Läufer (Drehkolben) exzentrisch gelagert. Der Läufer ist mit zwei Schiebern versehen, welche an der Gehäusewand und durch die Zentrifugalkraft angedrückt werden. Dieses Drehkolbengebläse fördert pro Umdrehung das doppelte Hubvolumen. Die angesaugte Luft wird in das Blockgestell gedrückt, dessen unterer Teil als Spülluftaufnehmer ausgebildet ist, und gelangt von hier aus durch die Spülschlitze in die Zylinder. Das Drehkolbengebläse ist von größter Einfachheit und Betriebssicherheit und arbeitet im Gegensatz zum Kolbengebläse ohne Ventile. Da der Ventilwiderstand in Fortfall kommt, ist der Lieferungsgrad des Gebläses sehr hoch.

Eine Druckumlaufschmierung versorgt alle beweglichen Teile des Motors, mit Ausnahme des Spülluftgebläses, welches einen besonderen Oelapparat besitzt, reichlich mit Schmieröl. Das Schmieröl wird mittels einer Drehkolben-

Abb. 2. Stirnseiten-Ansicht des Schiffsdieselmotors, SRK

pumpe, welche im tiefsten Teil der als Oelbehälter ausgebildeten Kurbelwanne sitzt, angesaugt und über einen Schmierölfilter nach sämtlichen Lagerstellen gedrückt. Von den Lagern läuft das Schmieröl nach der Kurbelwanne zurück und beginnt damit seinen Kreislauf von neuem.

Da der Motor im Verhältnis zu seiner Leistung leicht ist, eignet er sich besonders für kleinere und schnellaufende Fahrzeuge.

II. Schiffs-Dieselmotoren SRB

Diese Maschine ist ebenfalls im Blockgestell ausgeführt, weicht aber im allgemeinen Aufbau von dem vorhergehenden Typ etwas ab (Abb. 1). Auf der gemeinsamen Grundplatte ist das Motorgestell befestigt, welches eingesetzte Zylinderbüchsen (siehe Abb. 2) trägt. Auf dem Gestell sind einzelne Deckel für jeden Zylinder aufgesetzt, welche gleichzeitig die Zylinderbüchsen festziehen. In dem Antriebsgehäuse an der dem Schwungrad gegenüberliegenden Stirnseite des Motors befinden sich der Regler, der Brennstoffpumpenantrieb und die Schmierölpumpe. Diese werden mittels Schraubenrädern angetrieben. In das treibende Schraubenrad auf der Kurbelwelle greift eine elastische Kupplung ein, welche die Spülpumpe (Drehkolbengebläse) antreibt. Die Spülpumpe drückt die angesaugte Spülluft in einen Spülluftaufnehmer an der Hinterseite der Maschine unter dem Auspuffsammelrohr.

Die Brennstoffpumpe (siehe Abb. 4) hat Nadelhubregulierung, welche vom Regler unmittelbar beeinflußt wird. Für den Schiffsbetrieb besonders wichtig ist, daß der Regler so konstruiert ist, daß, um verschiedene Drehzahlen zu fahren, eine Beeinflussung der Brennstoffpumpe von Hand nicht erforderlich ist, sondern der Regler über den ganzen Drehzahlbereich unmittelbar beeinflußt wird. Da nun die Brennstoffpumpe für Drehzahlverstellung nicht von Hand betätigt wird, mißt der Regler der Pumpe für jede Drehzahl die genau erforderliche Brennstoffmenge zu, so daß die Maschine in jedem Drehzahlbereich gleich sparsam arbeitet und Tourenschwankungen, wie sie bei Handregulierung unumgänglich sind, vermieden werden.

Der Brennstoff wird unter hohem Druck unmittelbar in die Zylinder eingespritzt (Düse: siehe Abb. 5). Der große Vorteil der unmittelbaren Einspritzung gegenüber Vorkammer-Maschinen besteht darin, daß hier eine besondere Zündeinrichtung nicht erforderlich ist. Es genügt auch zum Anlassen die hochverdichtete Luft, um den Brennstoff zu entzünden. Selbst bei niedrigsten Temperaturen springt dieser Motor ohne jede Hilfszündung einwandfrei an.

Auf Grund umfassender Untersuchungen und Erfahrungen ist das Spülverfahren so ausgebildet, daß eine einwandfreie Auswaschung und Füllung des Zylinders mit Frischluft gewährleistet ist. Dadurch können die Zweitaktmotoren mit dem gleichen mittleren Druck arbeiten, wie eine gute Viertaktmaschine. Der Brennstoffverbrauch ist dementsprechend und zufolge des hohen mechanischen Wirkungsgrades außerordentlich niedrig. Er beträgt, auf Vollast bezogen, für die

Mehrzylinder-Maschinen 170 g pro PS/std. Der Verbrauch bei Ueberlast und Teillasten zeigt ohne weiteres, daß der Motor außerordentlich günstig ausgelegt ist und über den ganzen Leistungsbereich sehr wirtschaftlich arbeitet. Der Motor ist äußerst anpassungsfähig und zu 25 vH überlastbar.

Die Kühlwasserräume sind so ausgebildet, daß die Strömungsgeschwindigkeit des Wassers hoch und die Wärmeabführung gut ist.

Die Druckölumlaufpumpe ist an der tiefsten Stelle des Oelsumpfes der Kurbelwanne eingebaut, so daß sie immer unter

Abb. 3. Kolben, Pleuelstange und Zylinderbüchse
für Schiffsdieselmotor, SRB

Oel steht; sie kann durch Lösen von vier Schrauben herausgenommen und nachgesehen werden.

Als besonderer Vorteil dieser Maschine ist noch hervorzuheben, daß die Zylinderbüchsen aus besonders geeignetem Spezialguß auswechselbar sind.

Der Motor ist infolge seiner verhältnismäßig niedrigen Drehzahl, des günstigen Aufbaues, des geringen Brennstoffverbrauches und der großen Ueberlastbarkeit als Schiffsmaschine besonders geeignet.

III. Schiffs-Dieselmotoren SRK

Wie die beiden anderen Typen, ist auch dieser im Blockgestell ausgeführt. Im konstruktiven Aufbau weicht er in verschiedenen Punkten von den beiden vorher beschriebenen Typen ab. Die Motoren bis 5 Zylinder besitzen 1 Gebläse. Auf der vorderen Längsseite der Maschine ist eine Steuerwelle angeordnet, welche ganz durchgeht und in einem am Gestell befestigten Steuerbalken eingebaut ist. Die Steuerwelle hat Brennstoff-, Anfahr- und, bei den umsteuerbaren Maschinen, Umsteuernocken. Der Regler ist unmittelbar auf die Steuerwelle aufgesetzt. Auf dem Steuerbalken sind weiter die Brennstoffpumpen, Anfahr- und Umsteuerventile aufgesetzt. Seitlich an dem Steuerbalken ist der Steuerkasten angebaut, welcher die Hebel für Brennstoff, Anlassen bzw. Umsteuern und die Drehzahlverstelleinrichtung, welche durch Handrad betätigt wird, trägt. Im Steuerkasten sind auch ein mit Tachometer, das Oeldruck- und Anlaßluftmanometer untergebracht. Kühlwasser- und Lenzpumpe (siehe Abb. 5) sind als Kolbenpumpe ausgebildet und an der dem Schwungrad gegenüberliegenden Stirnseite angeordnet. Auf Wunsch wird auch ein Ladekompressor mitgeliefert, welcher über der Kühlwasser- und Lenzpumpe angeordnet und während des Betriebs ein- und ausschaltbar ist.

Der Motor arbeitet wiederum mit unmittelbarer Einspritzung ohne jegliche besondere Hilfszündeinrichtung. Da die im Steuerbalken liegende Steuerwelle längs des ganzen Motors läuft, konnten die Brennstoffpumpen vor jedem Zylinder unmittelbar angeordnet werden, so daß die Brennstoffdruckleitungen für alle Zylinder gleich sind, dementsprechend genau gleichmäßig arbeiten und leicht einzuregulieren sind. Wie bei dem vorgenannten Typ SRB wird bei der Drehzahlregulierung nicht die Brennstoffpumpe von Hand beeinflußt, sondern vom Regler unmittelbar. Die

Verstellung der Drehzahl ist in den weitesten Grenzen möglich. Der Motor arbeitet noch bei 75 Umdrehungen pro Minute gleichmäßig.

Die Druckölumlaufpumpe ist als Drehkolbenpumpe ausgebildet und mit dem Spülpumpenzapfen elastisch gekuppelt. Sie saugt das Schmieröl aus einem neben der Maschine angeordneten besonderen Schmierölbehälter und drückt es

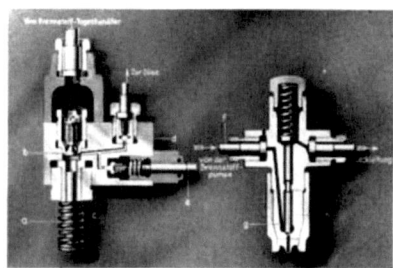

Abb. 4. Brennstoffpumpe	Abb. 5. Düse
a = Brennstoff-Pumpenkolben	e = Druckleitung
b = Saugeventil	f = Brennstoff-Zuführung
c = Druckventil	g = Düsennadel
d = Regulierventil	

nach sämtlichen Schmierölstellen des Motors mit Ausnahme der Spülpumpe.

Die Spülpumpe wird durch einen Druckschmierapparat mit Frischöl geschmiert. Die Oelabstreifeinrichtung der Kolben hält das im Kurbelgehäuse herumgeschleuderte Spritzöl von den Kolben fern und verhindert dadurch Oelverluste durch die Auspuffschlitze.

Der Motor wird von 4 Zylindern an als umsteuerbare Maschine ausgebildet. Die Umsteuerung ist einfach zu bedienen und übersichtlich. Ein Verschieben der Steuerwelle, wie es bei Viertaktmaschinen allgemein üblich ist, kommt hier in Fortfall. Die Brennstoffnocken sind so ausgebildet, daß sie auch für Rückwärtsfahrt richtig arbeiten. Die Umsteuernocken für „Voraus" und „Zurück" sind als Negativnocken ausgebildet. Die ganze Umsteuerung wird mit Druckluft betätigt. Die Steuerkolben werden durch diese Luft auf die Negativnocken gedrückt und dann entsprechend betätigt. Die durch diese Steuerkolben gesteuerte Luft, tritt in die mit Differential-Kolben ausgerüsteten Anfahr-Ventile und öffnet sie in der vorgeschriebenen Kolbenstellung, entsprechend welcher die Negativnocken eingestellt sind.

Beim umsteuerbaren Motor ist für das Drehkolben-Spülluftgebläse eine besondere Umsteuerung erforderlich, da im Gegensatz zu Kolbengebläsen sich bei Drehkolbengebläsen die Ein- und Auslaßöffnungen bei Umkehrung der Drehrichtung vertauschen. Die hier angewandte neuartige Umsteuerung der Spülluftgebläse arbeitet völlig selbsttätig ohne jeden Handgriff. Die Spülpumpen laufen immer in der gleichen Richtung, gleichgültig, ob die Maschine vorwärts oder rückwärts dreht. Lediglich die Spülpumpen-Antriebswelle ändert ihre Drehrichtung. Dies geschieht über ein patentiertes Rollengetriebe.

Die Umsteuerung kann auf einfachste Weise, da nur Luftleitungen erforderlich sind. vom Steuerhaus aus betätigt werden. In etwa 4 bis 5 Sekunden ist die Maschine von voller Fahrt „Voraus" auf volle Fahrt „Zurück" umsteuerbar. Sie eignet sich aus diesem Grunde auch für den Hafen-, Bugsier-, Schlepp- und Kanalbetrieb, wo viele Schleusen vorhanden sind und an die Manövrierfähigkeit größte Anforderungen gestellt werden müssen.

BÜSSING-NAG-DIESELMOTOREN

Die Vereinigten Nutzkraftwagenfabriken Büssing-NAG in Braunschweig haben sich schon früh mit dem Bau leichter Fahrzeug-Dieselmotoren für den Einbau jeden Verwendungszweckes beschäftigt, so daß dieses Werk heute bereits über große Erfahrungen im Bau von Leicht-Dieselmotoren verfügt. Es werden Dieselmotoren von 45—145 PS geliefert, die allen im Fahrzeugbetriebe auftretenden Forderungen genügen. Alle Büssing-NAG-Motoren arbeiten nach dem Vorkammerverfahren, das sich bei leichten Dieselmotoren sehr gut bewährt hat.

Der Brennstoff wird bei Vorkammermotoren nicht direkt in den Zylinder eingespritzt, sondern zunächst in die Vorkammer, die mit dem Zylinder in Verbindung steht. In der Vorkammer beginnt die Entzündung des Brennstoffes, während die Hauptverbrennung im Zylinder stattfindet. Durch die Vorkammer ist es möglich, niedrigere Einspritzdrücke zu verwenden, da die Vorkammer den Brennstoff und einen Teil der Verbrennungsluft mit großer Geschwindigkeit in den Zylinder bläst und somit eine gute Vernebelung des Brennstoffes hervorruft. Die Vorkammer bewirkt ferner einen äußerst ruhigen Gang der Maschine, da die ersten Verbrennungsstöße in der Vorkammer und nicht im Zylinder auftreten, wodurch sowohl der Kolben als auch die übrigen Triebwerksteile geschont werden. Nicht zuletzt sorgt auch die Vorkammer dafür, daß bei jeder Drehzahl und Belastung das Gasöl im Motor restlos verbrennt, die Motoren rauchfrei arbeiten und daher einen niedrigen Brennstoffverbrauch haben.

Die Büssing - NAG - Dieselmotoren werden in verschiedene Baureihen eingeteilt. Alle

Abb. 1. Büssing-NAG-Dieselmotor 40/45 PS Dreizylinder (Typ LD 3)

Motoren einer Reihe haben dieselben Hauptabmessungen, so daß größte Austauschbarkeit aller wichtigen Teile gewährleistet ist. In ihrem Aufbau unterscheiden sich die Motoren jeder Baureihe grundsätzlich nur in der Zylinderzahl.

Die leichte Motorenreihe umfaßt 4 Motoren, einen Dreizylinder-Motor von 45 PS, einen Vierzylinder-Motor von 60/65 PS, einen Fünfzylinder-Motor von 75 PS und einen Sechszylinder-Motor von 90 PS. Alle Motoren sind dem neuesten Stand der Motorentechnik entsprechend äußerst einfach und übersichtlich im Aufbau und in der Bedienung, so daß keine besonders geschulten Arbeitskräfte für ihre Wartung erforderlich sind.

Bei den leichten Motoren sind die Zylinder und das Kurbelgehäuseoberteil in einem Block zusammengegossen, wodurch die Motoren eine unerreichte Festigkeit gewährleisten. Die höchste Drehzahl der leichten Motoren beträgt 2000 pro Minute. Alle wichtigen Aggregate, die der Beobachtung und Wartung bedürfen, sind leicht zugänglich angeordnet, so daß sie während des Betriebes jederzeit kontrolliert werden können.

Die Motoren der beiden schweren Baureihen unterscheiden sich lediglich durch die Zylinderabmessungen und sind in ihrer sonstigen Ausführung völlig übereinstimmend.

Die Schwermotorenreihe umfaßt 2 Vierzylinder-Motoren von 70/75 PS und 80/85 PS und 2 Sechszylinder-Motoren von 120 PS und 145 PS. Die Höchstdrehzahl der Vierzylinder-Motoren kann mit 1300 oder 1500 pro Minute festgelegt werden, woraus sich die beiden verschiedenen Leistungen für diese Motoren ergeben. Die Sechszylinder - Motoren haben beide eine Höchstdrehzahl von 1500 pro Minute. Es steht natürlich nichts im Wege, die Drehzahlen der Motoren herabzusetzen, wodurch naturgemäß auch die Leistung zurückgeht, so daß es empfehlenswerter ist, die Drehzahl durch ein Getriebe abzustufen. Im Gegensatz zu den leichten Motoren sind bei den schweren Maschinen Zylinder und Kurbelgehäuseoberteil getrennt hergestellt und werden zusammen verschraubt. Das Kurbelgehäuseoberteil besteht in diesem Falle aus Leichtmetall, während die Zylinder aus Grauguß hergestellt sind. Die Ausführung wie bei den kleinen Motoren würde hier zu schwer werden.

Das hohe Gewicht der Dieselmotoren, hervorgerufen durch die kräftige Bauart, die wegen der hohen Arbeitsdrücke notwendig ist, hat lange Zeit hindurch dem Dieselmotor die Einführung in den Fahrzeugbetrieb verschlossen. Durch langjährige Forschungsarbeit ist es Büssing-NAG gelungen, das Gewicht der Dieselmotoren durch Verwendung hochwertigsten Materials so herabzusetzen, daß diese nicht viel schwerer sind als gleichstarke Vergasermotoren.

Die Betriebskostenersparnis, die mit Dieselmotoren erzielt wird, braucht hier nur kurz gestreift zu werden. Der mengenmäßige Verbrauch des Dieselmotors liegt durch günstigere Brennstoffausnutzung etwa 30 vH unter dem Verbrauch des Vergasermotors. Da in den Dieselmotoren Brenn-

Abb. 2

Abb. 3

Abb. 4

Abb. 4. Sechszylinder-Büssing-NAG-Dieselmotor 135/145 PS
(Typ GD 6)

Abb. 5.   Büssing-NAG-Vierzylinder-Dieselmotor 60/65 PS
(Typ LD 4)

Abb. 5

109

stoffe verwertet werden, die im Preis wesentlich niedriger liegen als die Leichtbrennstoffe, kann die Brennstoff-Kostenersparnis beim Dieselbetrieb bei Berücksichtigung aller Faktoren gegenüber dem Vergaserbetrieb bis zu 75 vH betragen.

in den vom Vergaserbetrieb gewohnten Grenzen. Es besteht daher heute keinerlei Veranlassung mehr, dem Dieselbetrieb skeptisch gegenüberzustehen.

Auf Grund seiner wirtschaftlichen und technischen Vorzüge hat sich der Dieselmotor heute bereits ein weites Feld

Abb. 6. Büssing-NAG-Sechszylinder-Dieselmotor Typ LD 6 85 90 PS

Ein weiterer Vorteil bei der Verwendung von Dieselmotoren besteht darin, daß der Dieselbetrieb nicht annähernd so feuergefährlich ist wie der Vergaserbetrieb, ein Vorzug, der keineswegs unterschätzt werden darf.

Die Betriebssicherheit der Büssing-NAG-Dieselmotoren steht heute keineswegs der von Vergasermaschinen nach, und auch die Unterhaltungskosten bewegen sich durchaus

erobert, indem er nicht nur für Landfahrzeuge, sondern auch in der Schiffahrt und im Kleingewerbe Eingang gefunden hat.

Der Büssing-NAG-Dieselmotor findet, zusammengebaut mit entsprechendem Bootswendegetriebe und unter Umständen mit Einschaltung eines Uebersetzungsgetriebes, geeignete Verwendung im Boots- und Schiffbau.

Abb. 7. Büssing-NAG-Sechszylinder-Dieselmotor Typ FD 6 110 120 PS

MAYBACH-SCHIFFSDIESELMOTOREN

Der Maybach-Motorenbau war auf Grund seiner jahrzehntelangen außergewöhnlich umfangreichen Erfahrungen im Bau von raschlaufenden Automobil-, Flug- und Luftschiffmotoren wohl in einer besonders günstigen Lage, die für den Leichtbau erforderlichen Gesichtspunkte von vornherein bei der Konstruktion zu berücksichtigen und alle der Erreichung des gesteckten Zieles sich in den Weg stellenden Schwierigkeiten zu überwinden. Es ist daher dem Maybach-Motorenbau auch gelungen, in Weiterentwicklung seiner bereits sehr leichten und langjährig bewährten raschlaufenden Dieselmotoren mit Drucklufteinblasung, schnelllaufende kompressorlose Dieselmotoren zu schaffen, die mit den allgemeinen wirtschaftlichen Vorteilen des Dieselverfahrens zugleich die Vorzüge niedrigsten Gewichtes und geringsten Raumbedarfs sowie höchster spezifischer Leistung pro Liter Hubvolumen bei guter Verbrennung aufweisen.

Der Aufbau der kompressorlosen Maybach-Dieselmotoren ist äußerst einfach gehalten, die einzelnen Organe sind übersichtlich angeordnet. Die konstruktive Durchbildung nach Art der Automobilmotoren und die hervorragenden Betriebseigenschaften gestatten es, die Motoren ohne ständige Wartung zu fahren und die Bedienung vom entfernt gelegenen Steuerstand in einfacher und sicherer Weise vorzunehmen. Kompressorlose Maybach-Dieselmotoren können infolge ihrer gedrängten Bauart auch in Schiffskörper mit sehr beschränkten Raumverhältnissen eingebaut werden. Bei der robusten, in sich steifen Bauart der Maschinen kann das Fundament verhältnismäßig leicht gehalten werden. Die Massenkräfte sind bei den Motoren weitgehend ausgeglichen, so daß keinerlei Erschütterungen auftreten, die sich auf den Schiffskörper übertragen können. Die vom Maybach-Motorenbau entwickelten kompressorlosen Schiffsdieselmotoren sind nicht umsteuerbare, schnellaufende Sechs- bzw. Zwölfzylinder-Dieselmotoren, die im Viertakt nach dem System der Strahlzerstäubung arbeiten (siehe nebenstehende Tafel).

Die konstruktive Durchbildung und der Aufbau der kompressorlosen Sechs- und Zwölfzylinder-Maybach-Schiffsdieselmotoren sind in ihren Grundzügen gleichartig und sollen nachstehend behandelt werden.

Gehäuse: Das aus Ober- und Unterteil bestehende Leichtmetallgehäuse ist bis zum Zylinderkopf hochgezogen und wird durch Querwände, in welchen die Lagerstellen sich befinden, versteift. Die Zylinderschrauben sind bei den Sechszylinder-Motoren bis zu den Lagerdeckeln durchgeführt, so daß das Gehäuse von Zug entlastet ist. Bei den Zwölfzylinder-Motoren verbinden durchgehende Zuganker das Gehäuseober- und -unterteil miteinander. Zur Kühlung des Oelvorrats und des Triebwerks wird die Verbrennungsluft teilweise durch das Gehäuse hindurchgesaugt. Die verschiedenen Hilfsapparate, wie Schmieröl- und Brennstoff-Filter, Kühlwasserpumpe, Schlammabsaugpumpe, Starter usw., sind organisch an geeigneten Stellen des Gehäuses angebaut.

Technische Daten	Type S G O 4	Type S G O 5 h	Type S G O 5
Leistung	150 PS	210 PS	410 PS
Drehzahl	1400 U min	1400 U min	1400 U min
Zylinderzahl	6 in einer Reihe	6 in einer Reihe	12 in 60⁰-V-Form
Zylinderbohrung . . .	140 mm	150 mm	150 mm
Kolbenhub	180 mm	200 mm	200 mm
Hubvolumen je Zylinder	2.77 l	3.534 l	3.534 l
Gesamthubvolumen . .	16.6 l	21.2 l	42.4 l
Motorgewicht ohne Wasser und Schmieröl	950 kg	1300 kg	1950 kg
Motorlänge	1620 mm	1950 mm	2060 mm
Motorhöhe über Kurbelwellenmitte	850 mm	990 mm	930 mm
Wasserinhalt des Motors	etwa 45 l	etwa 56 l	etwa 95 l
Oelinhalt	etwa 25 kg	etwa 35 kg	etwa 45 kg

Zylinder: Während bei den Sechszylinder-Motoren Reihen-Bauart Verwendung findet, werden bei den Zwölfzylinder-Motoren je 6 Zylinder V-förmig unter einem Winkel von 60 angeordnet. Bei Motoren unter 200 PS sind die Zylinder zu einem Blockgußstück zusammengefaßt. Bei den 210 PS- und 410 PS-Motoren werden Einzelzylinder verwendet, die durch Aneinanderschrauben zu einem Block vereinigt werden. Die so entstandenen Zylinderblöcke werden in das Kurbelgehäuse derart eingesetzt, daß dadurch eine weitere Versteifung des Gehäuses entsteht. Zylinder und Zylinderköpfe bestehen aus einem Stück. Es erübrigen sich hierdurch Kühlwasserübertritte, Dichtungen aller Art, Zylinderdeckelschrauben u. a. m. Da es sich durchweg um

Abb. 1. 150 PS - Sechszylinder-Maybach-Schiffs-Dieselmotor Typ SG 04

Abb. 2. 210 PS - Sechszylinder-Maybach-Schiffs-Dieselmotor Typ SG 05 h

111

Abb. 3. 410 PS - Zwölfzylinder-Maybach-Schiffs-Dieselmotor Typ SG 05

kleine, leichte Teile handelt, macht es keine Schwierigkeiten, die Einzelzylinder bzw. den Zylinderblock abzuheben, um beispielsweise die Ventile nachzuschleifen. Für die Einzelzylinder wird in weitestgehendem Maße Austauschbau angewendet, so daß jeder beliebige Zylinder durch einen anderen ersetzt werden kann. Diese Austauschbarkeit erstreckt sich auch auf verschiedene Motoren gleicher Zylinderabmessungen; z. B. sind die Zylinder, sowie die Mehrzahl aller sonstigen wichtigen Teile zwischen den 210 PS-Sechszylinder- und den 410 PS-Zwölfzylinder-Dieselmotoren auswechselbar.

Triebwerk: Die in einem Stück aus hochwertigen Spezialstahl geschmiedete Kurbelwelle ist in sieben Spezialrollenlagern gelagert. Bei der Kurbelwelle wurde besondere Sorgfalt auf ihre konstruktive Gestaltung und peinliche Bearbeitung gelegt. Bei den Sechszylinder-Motoren arbeitet jede Pleuelstange auf einen Kurbelzapfen. Bei den Zwölfzylinder-Motoren umfassen die sechs Hauptkolbenstangen einer Zylinderreihe die Zapfen der Kurbelwelle. An jeder

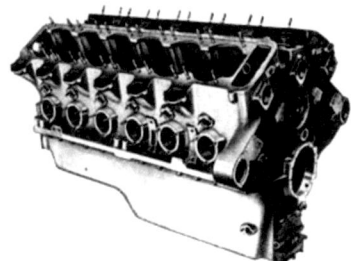

Abb. 4. Gehäuse-Ober- und -Unterteil des 410 PS - Schiffs-Dieselmotors Typ SG 05

Hauptkolbenstange greift die Anlenkkolbenstange des gegenüberliegenden Zylinders an, so daß jeweils zwei Kolben über ein gemeinsames Hubrollenlager auf denselben Kurbelzapfen arbeiten. Die Pleuelstangen sind aus bestem Spezialstahl gefertigt. Die Massenkräfte des Triebwerks sind dynamisch genau ausgeglichen, so daß sich auch bei hohen Drehzahlen ein sehr ruhiger Gang des Motors ergibt. Die durch die Rollenlagerung bedingte kurze Bauart der Kurbelwelle ermöglicht es, die geringen, infolge der unvermeidlichen Federung der Kurbelwelle auftretenden Schwingungen durch einen besonderen Schwingungsdämpfer wirkungsvoll zu beseitigen. Die Motoren besitzen also keinerlei Sperrbereich und können deshalb mit jeder beliebigen Drehzahl betrieben werden, was bei der Verwendung derselben im Schiffsbetrieb wichtig ist.

Lager: Kurbelwelle und Kurbelzapfen sind bei allen 3 Typen in Spezialrollenlagern gelagert. Diese Lagerung ermöglicht, wie bereits erwähnt, die außerordentlich robuste und gedrungene Bauart der Maybach-Motoren. Rollen und Laufringe sind aus einem hochwertigen, gehärteten Spezialstahl hergestellt, der in den Werken des Maybach-Motorenbau einer besonderen thermischen Behandlung unterworfen wird. Diese Spezialrollenlagerung ermöglicht neben der bei den Wälzlagern allgemein vorhandenen minimalen Abnutzung eine hohe Belastungsfähigkeit. Auf diese Weise ist es möglich, lange Laufzeiten zwischen den Ueberholungen vorzusehen.

Kolben: Für die Kolben der Maybach-Schiffsdieselmotoren findet eine Spezial-Aluminiumlegierung Verwendung. Da der Kolbenbolzen in der Pleuelstange fest sitzt und sich in den Kolbenaugen bewegt, konnten die Auflageflächen sehr reichlich bemessen werden, was nicht nur im Hinblick auf geringe Flächenpressung und gute Schmierung, sondern auch für die Kolbenbefestigung von Vorteil ist. Jeder Kolben ist mit sechs Kolbenringen versehen. Das abgestreifte Oel fließt beim Abwärtsgang der Kolben durch Bohrungen nach der Kolbenbolzenlagerung. Am unteren Teil des Kolbens sind noch Oelfangnuten eingefräst.

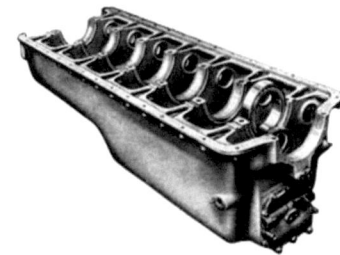

Abb. 5. Gehäuse-Unterteil des 410 PS - Dieselmotors

Steuerung: Der Antrieb der Steuerwellen erfolgt durch Stirnräder von der Kurbelwelle aus. Die im Einsatz gehärtete Steuerwelle ist oben auf jedem Sechszylinderblock in Gleitlagern gelagert und betätigt die Ein- und Auslaßventile über Schwinghebel, Rollen und Nocken. Durch diese Anordnung ist es möglich, neben einem sehr geringen Ventilspiel die für die Beanspruchung der Ventilfedern maßgebenden Massenkräfte der Steuerungsteile klein zu halten. Die Schwinghebel sind mit halbkugelförmigen Druckpfannen versehen, um eine möglichst abnutzungsfreie Betätigung der Ventile zu erreichen. Die Ventile bestehen aus hochhitzebeständigem Chrom-Siliziumstahl. Die Ventilfedern aus hochwertigem Spezialstahl sind als ineinandergesetzte Doppelfedern ausgebildet.

Brennstoffeinspritzung: Die Motoren arbeiten mit direkter Strahlzerstäubung. Dieses System bietet den Vorteil der Anwendung eines kompakten Kompressionsraums, der in jeder Hinsicht den Wärme- und sonstigen Beanspruchungen gewachsen ist. Außerdem wird bei einer verhältnismäßig hohen Literleistung eine sehr gute Verbrennung bei allen Drehzahlen und Belastungen erzielt. Für je

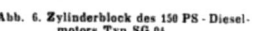

Abb. 6. Zylinderblock des 150 PS - Dieselmotors Typ SG 04

Abb. 7. Einzelzylinder des 410 u. 210 PS - Dieselmotors

Abb. 8. Kurbelwelle des 150 PS - Schiffs-Dieselmotors Typ SG 04

sechs Zylinder einer Zylinderreihe ist eine Einspritzpumpe
vorgesehen, die auf der Schwungradseite am Gehäuse-Ober-
teil angebaut ist und von der Steuerwelle aus angetrieben
wird. Einspritzmenge und Einspritzzeitpunkt werden automatisch durch den Regler bzw. einen Spritzversteller beeinflußt, so daß bei jeder Belastung und Drehzahl ein weicher
Gang des Motors und eine gute Verbrennung erzielt wird.
Die mit Mehrlochdüse ausgerüsteten Einspritzventile sind
seitlich an den Zylindern leicht zugänglich angeordnet. Diese
Einspritzventile sind federbelastete Nadelventile, die automatisch durch den Druck der Einspritzpumpe gesteuert
werden. Das Anlassen der Motoren auch in kaltem Zustand erfolgt leicht und sicher, ohne Zuhilfenahme irgend-
welcher Hilfsmittel.

Abb. 9. Kurbelwelle des 410 PS - Schiffs-Dieselmotors Typ SG 05

R e g u l i e r u n g : Die Motoren sind mit einem Oeldruck-
regler ausgerüstet, der als Leerlauf- und Maximalregler
wirkt und am Füllungshebel der Einspritzpumpe unter Ver-
mittlung eines Drucköl-Servomotorkolbens angreift. Der
Regler dient gleichzeitig als Sicherheitseinrichtung bei Ver-
sagen der Schmierung und stellt den Motor sofort automatisch ab, wenn der Schmieröldruck eine bestimmte Grenze
unterschreitet. Die Spannung der Reglerfeder ist durch
einen Hebel in weiten Grenzen veränderlich, wodurch jede
beliebige Drehzahl zwischen Vollast und Leerlauf eingestellt
werden kann. Es ergibt sich dadurch eine außerordentlich
bequeme Betätigung des Motors, weil jeder Stellung des

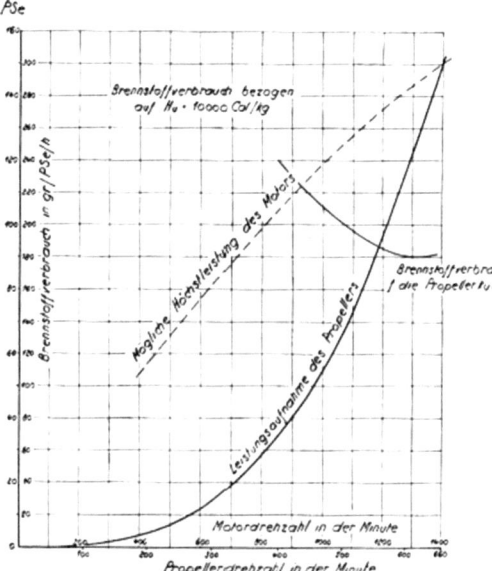

Abb. 10. An der Propellerwelle gemessene Leistung und
Brennstoffverbrauch des Motors Typ 604 mit Schiffsgetriebe UR 1

Motorhebels eine ganz bestimmte Motordrehzahl entspricht,
die unabhängig von sonstigen Einflüssen, so z. B. auch bei
Betätigung des Wendegetriebes automatisch gehalten wird.

A n l a s s e n : Das Anlassen der Diesel-Motoren erfolgt
durch einen am Gehäuse - Oberteil angebauten elektrischen Anlasser durch Druckknopf oder Schalter vom
Steuerstand aus. Auf Wunsch wird am Motor eine Lichtmaschine direkt angebaut, die dann gleichzeitig zum Aufladen der Anlaßbatterie dient.

S c h m i e r u n g : Der Schmierölkreislauf ist bei allen
Motoren gleichartig. Das Oel wird dem als Vorrats-
behälter ausgebildeten Gehäuse-Unterteil entnommen und
von der Zahnradölpumpe durch ein Druckölfilter zu den
einzelnen Schmierstellen verteilt. Für eine ausreichende
Kühlung des Schmieröls wird dadurch gesorgt, daß ein Teil
der Verbrennungs-Frischluft durch das Kurbelgehäuse hindurch angesaugt wird.

K ü h l u n g : Die Rückkühlung des geschlossenen, durch
eine Umwälzpumpe stets im Umlauf gehaltenen Süßwasser-
Kühlkreislaufes im Motor erfolgt durch See- bzw. Frisch-

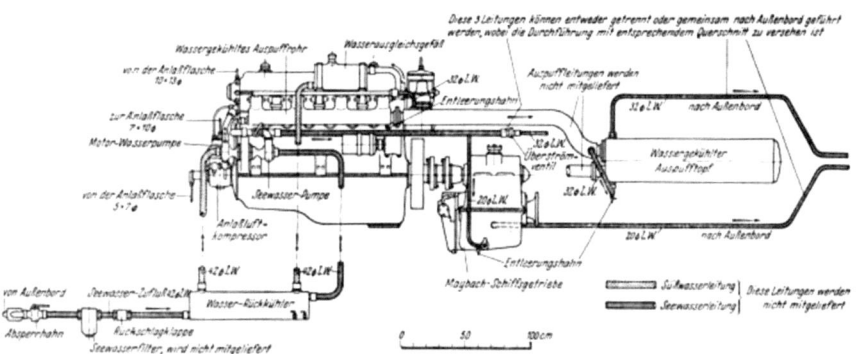

Abb. 11. Schema des Kühlwasserkreislaufes beim 150 PS - Schiffs-Dieselmotor Typ SG 04

wasser in einem besonderen Röhrenkühler unter Verwendung der ebenfalls am Motor angebauten See- bzw. Frischwasserpumpe. Es handelt sich also bei allen Maybach-Dieselmotoren um eine sogenannte indirekte Kühlung. Dieses System gestattet eine gleichmäßige Temperierung des Motors und verhindert das Zusetzen der Kühlwasserräume des Motors bei Fahrt in verschlammten Gewässern mit seinen infolge der verminderten Wärmeabfuhr für den Blockzylinder so schädlichen Folgen.

Wende- und Untersetzungsgetriebe: Die kompressorlosen Maybach-Dieselmotoren sind nicht direkt

Abb. 12 Schiffsgetriebe Typ U R 1

umsteuerbar. Die bei Dieselmotoren größerer Leistung verwendete direkte Umsteuerung hat bei raschlaufenden Motoren den Nachteil, daß durch den Umsteuermechanismus die Steuerung sehr kompliziert und das Manövrieren des Schiffes leicht unsicher wird. Bei den kompressorlosen Maybach-Dieselmotoren werden diese Nachteile dadurch vermieden, daß ein Umkehrgetriebe verwendet wird.

Die vom Maybach-Motorenbau gebauten Schiffsgetriebe sind als Untersetzungsgetriebe ausgeführt und enthalten außerdem einen Rückwärtsgang sowie eine Leerlaufstellung. Für die Motoren G O 4 und G O 5 h wird ein in seinen einzelnen Teilen außerordentlich kräftiges Schiffsgetriebe Type U R 1 verwendet, welches das Drehmoment beider Motorentypen absolut betriebsicher auf die Propellerwelle zu übertragen vermag. Für den Motor G O 5 ist ein besonderes Schiffsgetriebe U R 3/U R 4 vorgesehen, welches in der Wirkungsweise mit dem Getriebe Type U R 1 übereinstimmt.

Das Untersetzungsverhältnis ist so gewählt, daß sich bei 1400 Umdrehungen des Motors für die Typen U R 1, U R 3 und U R 4 660, 710 bzw. 500 Umdrehungen der Propellerwelle ergeben.

Diese Drehzahlen gestatten die Wahl eines Propellers mit gutem Wirkungsgrad.

Das Gewicht beträgt für die Getriebe:
Type U R 1 . . . . . . ca. 350 kg
Type U R 3/4 . . . . . . ca. 600 kg

Das untenstehende Bild zeigt ein Maybach-Schiffsgetriebe Type U R 1 im Schnitt. Dadurch, daß die Stirnräder ständig im Eingriff sind und das Wenden durch Betätigung zweier Lamellenkupplungen mittels Druckölkolben erfolgt, wird ein sehr weiches Schalten ermöglicht und tritt auch ein Verschleiß der Räder nicht ein. Die Lebensdauer des Getriebes ist dadurch praktisch unbegrenzt und die Betriebssicherheit unter allen Umständen gewährleistet. Die Betätigung des Getriebes kann von jeder beliebigen Stelle aus vom Führer durch ganz geringen Kraftaufwand vorgenommen werden, da lediglich ein Oelschieber, der den Weg für das Drucköl freigibt, zu verdrehen ist. Die zum Schalten des Getriebes verwendeten Lamellenkupplungen sind so ausgebildet, daß sie unter allen Umständen die im Betrieb vorkommenden Umsteuermanöver sicher und sehr genau unter beliebig lange Zeit ohne Nachteil leer mitlaufen können. Das Manövrieren mit dem Schiffsgetriebe wird durch die zur Anwendung gebrachte Art der Motorregulierung außerordentlich einfach, denn das Getriebe kann bei jeder beliebigen Motorhebelstellung auf Leerlauf gestellt werden, ohne daß der Motor den betreffenden Drehzahlbereich verläßt. Es ergibt sich dadurch von selbst ein sicherer gesteuerter Leerlauf.

Der Antrieb der Schraubenwelle erfolgt bei dem Schiffsgetriebe U R 1 von der unteren Getriebewelle, die mit festem Kupplungsflansch und entsprechendem Gegenflansch versehen wird. Abweichend hiervon hat das Getriebe U R 3/4 eine durchgehende Treibachse, so daß die Schraubenwellenmitte mit der Kurbelwellenmitte des Motors am Kupplungsflansch des Getriebes übereinstimmt.

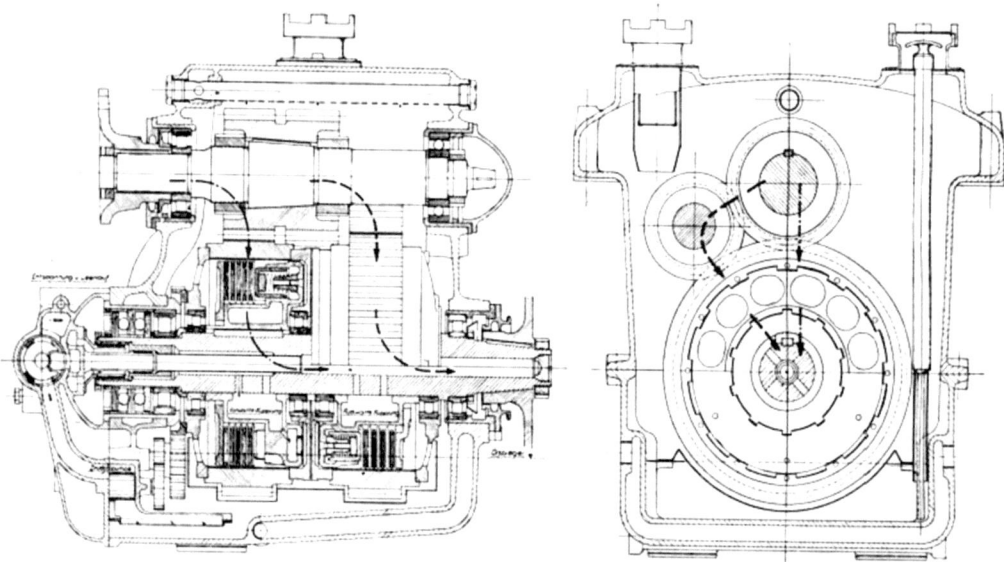

Abb. 13. Schnitt durch das Schiffsgetriebe Typ U R 1

DER HANOMAG-DIESEL-SCHIFFSMOTOR

Mit dem Bau des Motors wurde auf Grund jahrzehntelanger Erfahrungen auf dem Sondergebiet ein Diesel-Schiffsmotor geschaffen, der seinen bekannten und bewährten Vorläufern in keiner Hinsicht nachsteht.

Die Motoren werden als Viertakter mit Vorkammer und luftloser Einspritzung in drei Typen gebaut.

Type	DS 30	DS 40	DS 50
Zylinderzahl	4	4	4
Leistung, PS	30	40	50
Minutl. Drehzahl	800	1100	1300
Bohrung, mm	105	105	105
Hub, mm	150	150	150
Gewicht mit Wendegetriebe netto etwa	1110 kg	1450 kg	1450 kg
Untersetzung	—	n 650	n 750
Treibstoffverbrauch für PS/std/g	200	200	200

Wie Abb. 2 zeigt, werden die Motoren in einem Block mit einzeln auswechselbaren Zylinderbuchsen gebaut und gewährleisten dadurch eine gleichmäßige Kühlung.

Der Zylinderkopf ist leicht abnehmbar. Die Ventile sind hängend angeordnet und von oben gesteuert. Alle Triebwerkteile des Motors sind wasserdicht gekapselt und trotzdem jederzeit während des Betriebes kontrollierbar und leicht zugänglich.

Die Kurbelwelle ist dreimal in sehr groß bemessenen Gleitlagern gelagert. Die Kurbelwelle selbst ist ausbalanciert, im Einsatz gehärtet aus hochwertigem Stahl mit glasharten Laufflächen nach patentiertem Spezialverfahren hergestellt.

Der Kolbenwerkstoff besteht aus Spezialkolbenguß. Die Treibstangen sind aus S.M.-Spezial-Stahl. Die Lagerung ist besonders breit gehalten.

Von dem vorderen Kurbelwellenzapfen aus erfolgt über schrägverzahnte Räder der Antrieb der Steuerwelle, der Brennstoffpumpe sowie der Bosch-Lichtmaschine.

Die Kühlung erfolgt durch eine kräftig gehaltene Kolbenpumpe, welche von der Steuerwelle angetrieben wird, desgleichen die Lenzwasserpumpe. Kolbenkühl- und Lenzpumpe können durch Umschaltung in ihrer Wirkungsweise gewechselt werden. Diese Anordnung hat sich im praktischen Bordbetrieb besonders vorteilhaft herausgestellt.

Das Pumpengehäuse sowie der Kolben sind aus seewasserbeständiger Bronze hergestellt. Die Größe der Pumpe ist so bemessen, daß sie, ohne die Kühlwirkung im Motor selbst zu beeinträchtigen, das am Motor befindliche Auspuffsammelrohr ebenfalls mitkühlt und dadurch das Auspuffgeräusch ganz erheblich herabmindert. Gleichzeitig versorgt die Kolbenkühlwasserpumpe den gesondert im Boot befindlichen wassergekühlten Schalldämpfer mit Frischkühlwasser von Außenbord.

Die Schmierung aller belasteten Motorteile erfolgt durch

Abb. 1. Hanomag-Diesel-Schiffsmotor Type DS 30, Auspuffseite

Abb. 2

Abb. 3

ein Preßschmiersystem. Das Oel wird durch eine Zahnradpumpe, welcher ein Sieb vorgeschaltet ist, angesaugt und durch ein Druckfilter hindurchgepreßt. Von dort gelangt es durch Kanäle zu den Hauptlagern der Kurbelwelle. Es tritt sodann in die durchbohrte Kurbelwelle ein und gelangt zu den Pleuellagern. Aus diesen wird es seitlich herausgeschleudert. Seitenkanäle führen zur Nockenwelle und zu den Zahnrädern. Das Schleuderöl schmiert noch die Zylinderbahnen und Kolbenbolzen. Es sammelt sich dann

Die Motortype DS 30 arbeitet mit direkter Kurbelwellendrehzahl von n = 800 auf die Schraubenwelle. Die Motortypen DS 40 und DS 50 arbeiten über ein Untersetzungsgetriebe eigener Konstruktion auf das Wendegetriebe. Type DS 40 n = 650, DS 50 n = 750.

Das Anlassen des Hanomag-Dieselmotors erfolgt von Hand durch eine sehr kräftig gebaute Andrehvorrichtung oder elektrisch mittels Anlasser. Zur Erleichterung des Anlassens sind in die Zylinder Glühkerzen eingesetzt.

Der Hanomag-Diesel-Schiffsmotor ist von seinen Vorläufern den Vergasermotoren in bezug auf Konstruktion und Gewicht kaum zu unterscheiden. Der Motor ist überdimensioniert für seine Leistung gebaut und verfügt über große Kraftreserven.

Die Hanomag-Dieselmotoren haben gerade durch die vielseitige Verwendung in der ganzen Welt als Zugmaschinen einen harten Lehrmeister gehabt, wie es wenigen Dieselmotorenfabriken der Welt beschieden war. Auf diesem Anwendungsgebiet mußten über viele Jahre hinaus in allen Erdteilen besondere Versuche mit den Motoren angestellt werden, um den Ansprüchen vollauf gerecht werden zu können. Als Schiffsmotor hat der Hanomag-Motor sich bei dem vielseitigen Einsatz in allen Weltteilen, besonders im Kriege bei der Armee und der Marine, im Rettungsbootswesen eine sehr beachtenswerte Stellung erobert, die darauf schließen läßt, daß er als Dieselmotor sich in gleicher Weise die Bahn durch

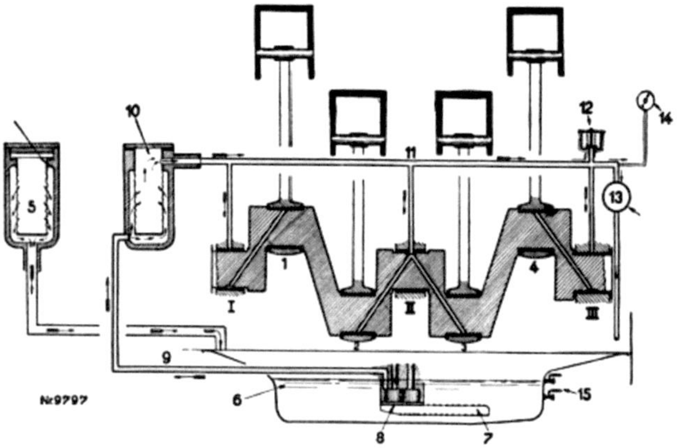

Abb. 4. Schema des Schmierölkreislaufes

I—I = Pleuellager, I—III = Hauptlager 7 = Oelsieb 10 = Druck-Oelfilter 15 = Dauerfilter
5 = Oeleinguß 8 = Oelpumpe 11 = Verteilerleitungen 14 = Manometer
6 = Oelmulde 9 = Oelleitung 12 = Ueberdruckventil 15 = Kontrollhähne

wieder in die Oelmulde. Ein Teilstrom des Oeles wird beständig durch ein sehr wirksames Dauerfilter gereinigt. Die zentralarbeitende Oeldruckpumpe macht am Motor selbst jede weitere Schmierstelle überflüssig; sämtliche Oelleitungen sind im Zylinderblock eingegossen. Die zusätzliche Oelauffüllung oder Erneuerung desselben ist während des Betriebes ohne besondere Vorkehrungen möglich.

Die Brennstofförderung erfolgt durch eine kräftig gebaute Einspritzpumpe (Kolbenpumpe), welche überdimensioniert ist, im Oelbad läuft und vollständig staub- und wasserdicht gekapselt ist. Sie ist in der ganzen Anordnung von sehr beachtenswerter Einfachheit und auch während des Betriebes leicht zugänglich. Die Pumpe hat vier einzelne Pumpenkolben, die den Brennstoff vom Hauptbrennstoffbehälter durch ein in der Zuleitung angebautes Filter ansaugen und unter kräftigem Druck in die einzelnen Einspritzventile pressen. Im Pumpengehäuse selbst ist noch ein zweites Filter eingebaut, welches die letzten Schmutzteile aus dem Brennstoff entfernt. Durch den in der Pumpe eingebauten Entlüftungshebel können die Pumpenventile angehoben und Luftblasen durch die Einspritzventile entfernt werden.

Manövriereinrichtung des Hanomag-Diesel-Boots- und Schiffsmotors wird, wie Abb. 1 zeigt, durch ein Doppelkonuswendegetriebe bewerkstelligt. Der Doppelkonus hat einen Belag und ermöglicht ein stoßfreies Kuppeln und Umsteuern von Stopp auf Voraus- und Rückwärtsfahrt. Die Bewährung des Wendegetriebes wird in den Leserkreisen als bekannt vorausgesetzt.

seine stete Bereitschaft ohne besondere Pflege im rauhesten Dienst brechen wird. In vielen Hafenverkehrs- und Inspektionsbooten, Barkassen und Leichtern laufen schon eine große Anzahl Hanomag-Diesel-Schiffsmotoren zur vollsten Zufriedenheit ihrer Besitzer.

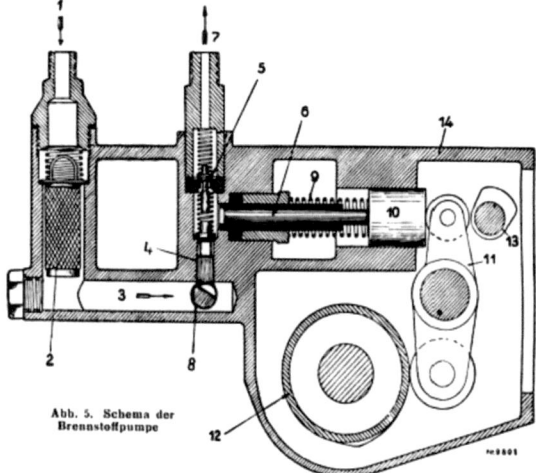

Abb. 5. Schema der Brennstoffpumpe

1 = Brennstoffzufluß 7 = Brennstoffleitung zum 11 = Nockenhebel
2 = Brennstoffilter   Einspritzventil 12 = Nockenwelle mit Nocken
3 = Brennstoffkanal 8 = selbsttätige Pumpen- 13 = Nockenwelle zum Ab-
4 = Saugventil   lüftung   schalten von 2 oder
5 = Druckventil 9 = Kolbenfeder   4 Zylindern
6 = Pumpenkolben 10 = Kolbenführung 14 = Pumpengehäuse

DER DIESELMOTORENBAU DER HANSEATISCHEN
MOTORENGESELLSCHAFT M.B.H., BERGEDORF-HAMBURG

Die H. M. G. ist als Spezialfabrikantin für Schiffsdieselmotoren bekannt. Sie hat den Dieselmotor aus ihren Glühkopfmotoren entwickelt und stellt ausschließlich Zweitaktmotoren her.

Abb. 1. HMG-Diesel-Schiffsmotor

Seit einigen Jahren ist ein intensiver Kampf zwischen Zweitakt und Viertakt entbrannt. Für größere Leistungen ist wohl endgültig diese Frage zugunsten des Zweitaktmotors entschieden. Der Hauptzweck des Zweitaktmotors ist in

Die einfachste Zweitaktmaschine ist zweifellos die mit Kurbelkastenspülung, eine Konstruktion, die gewissermaßen von der Natur nahegelegt wird. Die andere Möglichkeit wäre die Verwendung eines eigenen Spülluftkompressors, ein Weg, der von verschiedenen anderen Fabriken begangen wird, der aber im allgemeinen nicht restlos befriedigt hat, und zwar mit Rücksicht auf die Komplizierung der Maschine und auf die Minderung des Wirkungsgrades durch die zusätzlichen Verluste im Kompressor.

Die Motoren wurden daher mit Kurbelkastenspülung ausgestattet, um billig zu konstruieren, sondern um das einfachste Mittel der Spülung sich nutzbar zu machen. Die Nachteile, die für dieses System genannt werden, sind dadurch gebannt, daß eine Spezialführung der Luft auf Grund langer Versuche eingeführt worden ist. Eine wesentliche Rolle spielen dabei natürlich Kolben- und Zylinderdeckelformen, Wahl der Größe und Lage der Spülschlitze. Es verdient gesagt zu werden, daß die ausgeführte Spülung auch bei schnellaufenden Motoren die besten Ergebnisse gezeigt hat.

Die Motoren haben Bosch-Brennstoffpumpen, die ein korrektes Einspritzen bei feinster Verteilung des Brennstoffes und geringen Brennstoffmengen bei Drücken bis über 400 at gewährleisten. Die direkte Einspritzung, die bei der

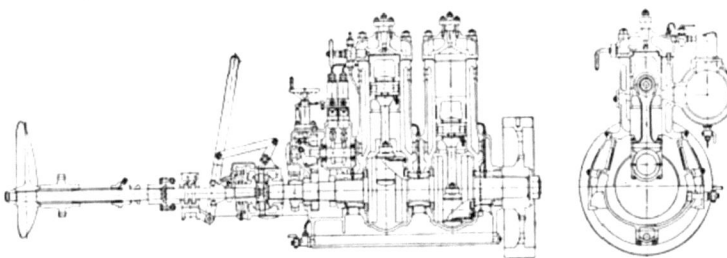

Abb. 2. Schnitt durch einen HMG-Diesel-Schiffsmotor

erster Linie, einen einfachen Motor zu schaffen, bei dem die Zahl der bewegten lebenswichtigen Teile auf ein Minimum reduziert ist, insbesondere durch Wegfall aller Ventile usw. Es bedarf keiner besonderen Betonung, daß diese Forderung nach Einfachheit speziell für Kleinmotoren von ausschlaggebender Bedeutung ist.

Konstruktion gewählt wurde, ist die natürliche und in der ausgeführten Form besser, weil einfacher als die Vorkammer mit ihren verschiedenen Nachteilen.

Die richtige Konstruktion der Gestängelager sowie Kolben- und Kurbellager, die beim Zweitaktmotor ja höher beansprucht sind als beim Viertaktmotor, da hier der so-

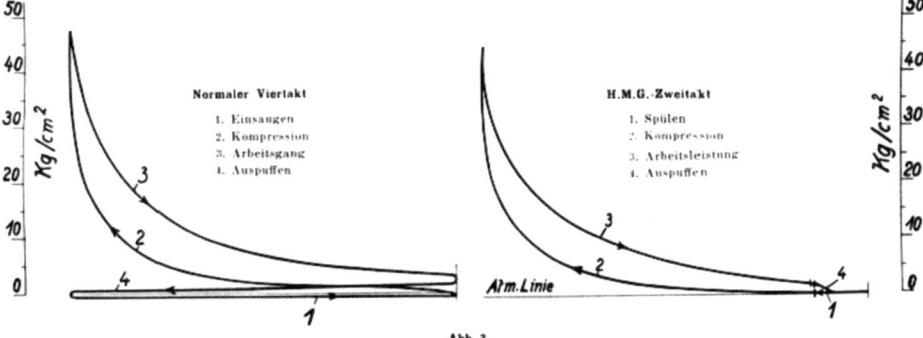

Abb. 3.

genannte Erholungstakt fehlt, ist von wesentlicher Bedeutung. Durch Verwendung geeigneten Lagermetalls, besonderer Bronzelager mit ganz dünner Weißmetallschicht, Zuführung von Drucköl in kurzen Pausen, ist das Kurbellager zuverlässig zum Laufen gebracht. Für das Kolbenbolzenlager

Abb. 4.

werden verwendet die sogenannten Nadellager, welche sich auch bei sehr schlechter Oelversorgung und bei höchsten Drücken allgemein bewährt haben.

Für die Grundlager ist Umlaufschmierung vorgesehen unter zwangsläufiger Rückgewinnung und Reinigung. Das stellt einen großen Vorteil der Konstruktion dar. Beim normalen Viertakt wird nämlich demgegenüber das Schmieröl

summarisch in der Kurbelwanne gelassen und, ohne daß man es kontrollieren und reinigen könnte, den Grundlagern wieder zugeführt. Das Oel wird dabei durch die Verbrennungsrückstände, die zwischen Kolben- und Zylinderlaufbahn hindurchtreten, verschmutzt und in diesem Zustand wieder verwendet.

Es wird bei den Motoren ein Oelverbrauch erreicht, der auf etwa 2,5 g pro PSe/std gehalten werden kann. Das ist ein Resultat, das, verglichen mit den sich in der Praxis ergebenden Zahlen des Viertaktmotors, als mindestens ebenso gut bezeichnet werden muß.

Der Brennstoffverbrauch ist je nach der Größe 168 g/PSe×std bei den großen bis 190 g/PSe×std bei den kleinen Motoren. Der Motor erreicht Verbrauchszahlen, die gewiß zu den besten gezählt werden können. Es ist dabei vermieden, bei den Angaben eine Spitzenleistung vom Probierstand einzusetzen.

Wenn es also gelungen ist, den Zweitaktmotor von früheren Mängeln zu befreien, so treten die Vorteile, die der Zweitaktmotor der H. M. G. gegenüber dem Viertaktmotor bietet,

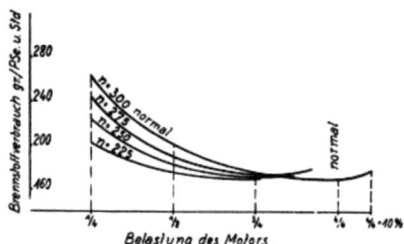

Abb. 6. Brennstoffverbrauchskurven für HMG-Dieselmotor Nr. 5104. Normale Leistung: 225 PS, n = 300

um so mehr in Erscheinung. Die Vorteile lauten kurz zusammengefaßt wie folgt:

größte Einfachheit (Personalersparnis),

wesentliche Einschränkung aller bewegten und dem Verschleiß unterworfenen Maschinenteile (Ersparnis an Ersatzteilen),

klare und kontinuierliche Wärmeführung im Zylinder (Einschränkung der Brüche infolge Wärmespannung),

besserer Ungleichförmigkeitsgrad bei gleicher Zylinderzahl,

höheres Anfahrmoment,

geringerer Platzbedarf und kleineres Gewicht und infolgedessen auch

geringerer Anschaffungspreis.

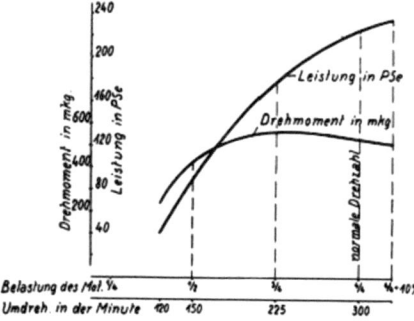

Abb. 5. Leistungen und Drehmomente verschiedener Belastungsgrade für HMG-Dieselmotor Nr. 5104. Normale Leistung: 225 PS, n = 300.

Nachstehende Aufstellung gibt Aufschluß über die serienmäßig hergestellten HMG Dieselschiffsmotoren:

Type	Leistung PS	Anzahl der Zylinder	Umdrehungen pro Minute	Netto-Gewicht kg	Brennstoffverbrauch Gr. PSe/Std.
1 D 17	8/10	1	700/900	595	195
1 D 20	15/18	1	600/750	860	190
2 B 18	20/24	2	650/850	870	195
2 D 20	30/36	2	600/750	1220	190
3 D 20	45/54	3	600/750	1720	190
4 D 20	60/72	4	600/750	2180	190
2 D 24	35/40	2	400/450	2200	185
1 D 25	25/28	1	400/450	1560	180
2 D 26	50/55	2	400/450	2950	180
3 D 26	75/80	3	400/450	3940	180
4 D 26	100/110	4	400/450	4750	180
2 D 33	80/85	2	325/350	5700	170
3 D 33	120/125	3	325/350	7460	170
4 D 33	160/170	4	325/350	9490	170
2 D 42	140/150	2	270/300	9800	168
3 D 42	210/225	3	270/300	14000	168
4 D 42	280/300	4	270/300	17500	168

MWM PATENT BENZ-SCHIFFSDIESELMOTOREN DER MOTOREN-WERKE MANNHEIM A.-G., VORM. BENZ ABT. STAT. MOTORENBAU

Die Motoren-Werke Mannheim A.-G. verdanken ihre Stellung auf dem Gebiete des Schiffs-Dieselmotorenbaues im wesentlichen zwei Faktoren: Gegründet als Abteilung des stationären Motorenbaues der Firma Carl Benz & Cie., die als eine der ersten die Motorisierung des Straßenverkehrs eingeleitet hat, haben die Motoren-Werke Mannheim schon frühzeitig erkannt, daß die Bedeutung des leichten und schnellaufenden Verbrennungsmotors sich keineswegs allein auf die Verwendung in Straßenfahrzeugen beschränkt. Gelegen am Rhein, im zweitgrößten Binnenhafen Europas und vertraut mit den besonderen Bedürfnissen der Flußschiffahrt, hat man in Mannheim bereits um

zukünftige Entwicklung der Dieselmaschine richtunggebende Gedanke ausgesprochen wurde, den Brennstoff ohne Verwendung von Einblaseluft in den Arbeitszylinder einzuführen, derart, daß er

„durch eine heiße Kammer gespritzt wird, wobei er teilweise vollkommen verbrennt, teilweise sich zersetzt und teilweise verdampft und durch diese Umsetzung auf dem Wege durch die Kammer den Druck in derselben über den Druck im Arbeitsraum des Zylinders erhöht, wodurch mit dem Brennstoff zugleich während der ganzen Durchtrittsdauer Gase und Dämpfe in den Zylinder strömen und dabei den Brennstoff zerstäuben."

Abb. 1. Direkt umsteuerbarer 6 Zylinder-Schiffsdieselmotor, Bauart RH; mit 480 PS bei 375 U min

die Jahrhundertwende den Bau von Schiffsmotoren, und zwar zunächst von Benzin- und Petroleum-, später aber auch von Dieselmaschinen aufgenommen.

Schon im frühesten Stadium des Dieselbaues war man sich im Mannheimer Werk darüber klar, daß eine ausgedehntere Verwendung dieser Maschinen, besonders für die in der Binnenschiffahrt geforderten kleineren und mittleren Leistungen, im wesentlichen davon abhinge, ob es gelingen würde, die klassische Lufteinblasungs-Dieselmaschine einfacher, leichter und billiger zu gestalten. Vor allem galt es, den mehrstufigen, teuren und komplizierten Kompressor mit seinen zahlreichen Luftleitungen, Ventilen, Luftflaschen und Oelabscheidern zu beseitigen und die bisherige Lufteinblasung des Brennstoffes durch einfachere Mittel zu ersetzen.

Umfangreiche Vorarbeiten der Mannheimer Versuchsabteilung waren erforderlich, bis endlich zum ersten Male im DRP. 230 517 vom 14. März 1909 der für die gesamte

Mit dieser wörtlich dem Patentanspruch entnommenen Erklärung war der sogenannte „Vorkammerprozeß" so eingehend beschrieben, wie es bei dem damaligen Stande der Technik möglich war. Neuere Forschungen erklären den sich in der Vorkammer abspielenden Vorgang vielleicht etwas anders, man weiß heute, daß eine Verdampfung des Brennstoffes in der Kammer nur in sehr geringem Maße vor sich geht und daß beim Abblasen der Kammer nicht nur Gase und Dämpfe, sondern auch reine Luft nach dem Hauptverbrennungsraum überströmt. Sicher aber ist es, daß in bezug auf die für Schnelläufer so wichtige Verwirbelung und Verteilung des Brennstoffes die Vorkammergase dieselbe Wirkung haben wie die Einblaseluft der klassischen Dieselmaschine.

Waren mit dieser Erkenntnis auch schon im Jahre 1909 das Arbeitsverfahren und damit auch die wichtigsten Konstruktionsmerkmale der Vorkammermaschine hinreichend beschrieben, so hat doch die Entwicklung der betriebs-reifen Maschine mehr als zehn Jahre gedauert.

Unmittelbar nach Kriegsende wurden die Versuche an kompressorlosen Maschinen in verstärktem Umfange auf-genommen, da die hauptsächlich in Schweden und England entwickelte Glühkopfmaschine anfing, sich gerade wegen ihrer einfachen, billigen Bauart weitere Anwendungsgebiete des Oelmotors zu erobern.

Wieder war es ein Patent des Mannheimer Werkes, das die Entwicklung des Dieselmotors einen gewaltigen Schritt weiter förderte, das DRP. 397 142 vom 18. März 1919, welches den sogenannten Kammer- oder Trichtereinsatz — gelegentlich wohl auch Brenner genannt — unter Schutz stellt. Dieser Kammereinsatz oder Kammerdüse bildet die Verbindung zwischen Vorkammer und Hauptverbrennungs-raum; sie beeinflußt maßgebend den ganzen Verbrennungs-vorgang. Nach dem diesem Patent zugrunde liegenden Gedankengang soll sie in der Hauptsache den Zweck haben, durch ihre hohe Temperatur — sie ist durch einen Luft-spalt vom eigentlichen Vorkammerhals isoliert — eine

Festhalten an einer traditionellen oder durch Patentschutz gesicherten Entwicklungsrichtung? Keineswegs, es ist allein die Ueberzeugung von den Vorteilen des Vorkammerverfah-rens, welche dieses besonders für Schiffsmotoren geeignet erscheinen lassen. Einer der wichtigsten Vorzüge des Vor-kammerverfahrens gegenüber anderen ist die Unempfind-lichkeit der Maschinen gegen die Art des verwendeten Brennstoffes, und das ist gerade für Schiffe, die häufiger außerhalb ihres Heimathafens Brennstoff übernehmen müssen, von nicht zu unterschätzender Bedeutung. Ein weiterer wichtiger Punkt sind die geringen Einspritzdrücke, die bei der Vorkammermaschine nur etwa 75 at betragen, während sie beispielsweise beim Druckeinspritzverfahren mindestens doppelt so hoch sind. Diese geringen Drücke wirken sich besonders günstig auf Brennstoffpumpe und Düsen aus, die gering beansprucht und daher weniger der Abnutzung und Ueberholung unterworfen sind. Die Ver-brennung geht beim Vorkammerverfahren bei verhältnis-mäßig niedrigem Druckanstieg vor sich, die Maschinen arbeiten außerordentlich weich und mit geringen Ge-

Abb. 2. Direkt umsteuerbarer 6 Zylinder-Schiffsdieselmotor, Bauart RH; mit 275 PS bei 500 U min

sichere Zündung des eingespritzten Brennstoffes zu be-wirken. Außerdem soll sie in gewissem Grade regelnd auf die Lufttemperatur der Vorkammer einwirken, indem sie während des Abblasens der Kammer Wärme aufnimmt und diese während des Verdichtungshubes an die einströmende Luft abgibt.

Diese beiden Patente bilden die wichtigsten konstruk-tiven Grundlagen der heutigen Vorkammermaschine. Sie finden sich bereits in den älteren Traktormotoren von Benz & Cie., in sämtlichen ortsfesten und Schiffsmaschinen der Motoren-Werke Mannheim A.-G. vorm. Benz. Wohl ist das erstgenannte Vorkammerpatent inzwischen (im Jahre 1932) abgelaufen, wohl hat der Kammereinsatz im Laufe der Jahre geringfügigere Aenderungen erfahren, aber noch steht das Arbeitsverfahren als solches dank seiner großen Vorzüge gesichert da und beherrscht beispielsweise für schnell-laufende Motoren ganz uneingeschränkt den deutschen Markt.

Warum nun Vorkammer? Ist es heute, wo auch andere Arbeitsverfahren wie die Strahleinspritzung und das Luft-kammerverfahren ihre praktische Bedeutung voll erwiesen haben, bei den Motoren-Werken Mannheim lediglich das

räuschen, auch werden die Triebwerksteile wenig bean-sprucht.

Wenn von Verfechtern anderer Arbeitsverfahren ein günstigerer Brennstoffverbrauch gegenüber Vorkammer-maschinen angegeben wird, so ist zu berücksichtigen, daß dieser Vergleich hauptsächlich für Vollastbetrieb gilt, wäh-rend bei verminderter Belastung, also gerade einem Fall. der im Schiffsbetrieb häufiger vorkommt, die Verbrauchs-kurven der verschiedensten Motorentypen dicht beieinander liegen, sich zum Teil sogar überschneiden. Wenn man weiter zuungunsten der Vorkammermaschine noch ein-wendet, daß es notwendig ist, zum Zwecke des Anlassens der kalten Maschine die Vorkammern — sei es elektrisch oder mit Hilfe von Glimmpapier — vorzuwärmen, so hat es sich im praktischen Betriebe bei vielen tausenden aus-geführter Maschinen gezeigt, daß diese Maßnahme nicht die geringsten Schwierigkeiten verursacht und vom Bedienungs-personal nicht einmal als Unbequemlichkeit angesehen wird. Es hat sich im Gegenteil gezeigt, daß die — im äußersten Falle etwa eine Minute in Anspruch nehmende — Vorwär-mung der Kammern ein sicheres Anspringen der Maschine auch dann bewirkt, wenn der Druck in der Anlaßluftflasche schon weit unter das zulässige Maß gesunken ist. Da die Vorwärmung, wie bereits oben gesagt, nur beim Anlassen der kalten, nicht etwa der betriebswarmen Maschine erforderlich ist, sind etwaige Befürchtungen, die gegenüber Schwierigkeiten beim Manövrieren gehegt werden sollten, vollständig gegenstandslos.

Das Bauprogramm der MWM ist außerordentlich reichhaltig und erstreckt sich auf Einheiten von 5 PS bis 1200 PS, die für die verschiedenartigsten Zwecke — sei es als Haupt- oder als Hilfsmaschine — bestimmt sind. Begünstigt

Bauart RH bezeichnen, der in Zwei- bis Achtzylinderanordnung bis zu Einheiten von 1200 PS gebaut wird. Diese weit verbreitete und bekannte Typenreihe hat sich, wie wohl kaum eine andere Konstruktion, in ihren Grundelementen beinahe unverändert nun schon seit 15 Jahren auf dem Markt gehalten und damit hinreichend ihre unbedingte Zuverlässigkeit unter Beweis gestellt.

Der Aufbau der Type RH ist gekennzeichnet durch die bekannte und im Schiffbau wegen ihrer Steifigkeit und kurzen Baulänge besonders bewährten Blockkonstruktion,

Abb. 3. Direkt umsteuerbarer 6 Zylinder-Schiffsdieselmotor, Bauart RS; mit 1000 PS bei 600 U min

durch ihre bereits erwähnte günstige geographische Lage, haben die Motoren-Werke Mannheim A.-G. vorm. Benz stets in engster Verbindung mit den führenden Werften und den maßgebenden Schiffahrtsgesellschaften gestanden und können auf Grund der ihnen zur Verfügung stehenden Erfahrungen jede Gewähr für Wirtschaftlichkeit und Zweckmäßigkeit der von ihnen ausgeführten Motoren übernehmen. Dies gilt jedoch nicht nur für die besonderen Bedürfnisse der Binnenschiffahrt, vielmehr haben die MWM niemals die Verbindung mit der Seefahrt verloren und zahlreiche Anlagen insbesondere für die Küstenschiffahrt und die Hochseefischerei geliefert.

Als den Standard-Schiffsmotor der MWM kann man die

bei der Kurbelgehäuse und Zylinderblock ein gemeinsames Gußstück bilden. Die Formgebung des Blockes folgt in klaren Linienzügen den auftretenden Kräften, wobei jede unnütze Gewichtsanhäufung im Gußstück bewußt vermieden wird. Die auswechselbaren Zylinderbüchsen aus verschleißfestem Grauguß werden von oben in den Block eingeschoben, große, leicht abnehmbare Lukendeckel ermöglichen bequeme Zugänglichkeit zu den Triebwerksteilen. Auf dem Block sitzen die als Einheit für jeden Zylinder ausgebildeten Zylinderköpfe, bei deren Konstruktion man besonderen Wert auf gute, Wärmestauungen vermeidende Kühlwasserführung gelegt hat.

Kurbelwelle und Pleuelstangen sind äußerst kräftig gehalten; für Kurbelwellen- und Pleuellager werden Bronzeschalen mit Weißmetallausguß, für das Kolbenbolzenlager glatte Bronzebüchsen verwendet.

Die in einem besonderen, am Gehäuse angeflanschten Trog gelagerte Steuerwelle wird von der Schwungradseite aus durch Zahnräder angetrieben; auf ihr sind auch die Nocken für die Brennstoffpumpen eigener bewährter Konstruktion angeordnet. Die Regelung der Maschinen erfolgt je nach den Anforderungen des Betriebes entweder direkt durch Füllungsregelung oder mittelbar über einen Drehzahlregler mit veränderlicher Federspannung.

Am vorderen Maschinenende sind die Kühlwasser- und Lenzpumpen, einfachwirkende Tauchkolbenpumpen mit leicht zugänglichen Ventileinsätzen, angeordnet; sie werden unmittelbar von der Kurbelwelle angetrieben und sind an die Drucköbung des Motors angeschlossen. Die Lenzpumpe besitzt dieselben Abmessungen wie die Kühlwasserpumpe und kann mit Hilfe einer Kreuzschaltung als Reserve für diese gefahren werden.

Abb. 4. Bootsdiesel Typ KD 15 Z, 16 PS bei 1250 U min

Die den Pumpenantrieb tragende Traverse ist zur Aufnahme eines zweistufigen Kompressors ausgebildet, welcher die für direkt umsteuerbare Maschinen erforderliche Anlaßluft liefert.

Die Druckumlaufschmierung erfolgt in bekannter Weise durch eine Zahnradpumpe, die das Oel über ein Filter und einen Oelkühler zu der Verteilungsleitung und von dort aus zu den einzelnen Schmierstellen drückt. Kolben und Zylinder werden bei allen Maschinen durch Frischöl von einem besonderen Boschöler geschmiert; dieser Oeler dient auch zum Verschmieren der Zylinderlaufbahnen vor Inbetriebsetzung des Motors.

Die RH-Motoren werden bis zu Leistungen von etwa 150 PS gewöhnlich mit Wendegetrieben ausgerüstet; alle Sechs- und Achtzylindermaschinen können jedoch auch direkt umsteuerbar geliefert werden.

Den besonderen Bedingungen der Schiffahrt entsprechend sind alle Bedienungs- und Kontrollelemente handlich zu-

sammengefaßt und leicht erreichbar angeordnet. Ihre Betätigung kann — wenn erforderlich — auch vom Steuerstand des Schiffes erfolgen; für ihre größeren Maschineneinheiten hat die MWM eine hierfür besonders geeignete Druckluft-Umsteuerung entwickelt und bei mehreren großen Rheinschleppern mit bestem Erfolg ausgeführt.

Während die Bauart RH einen verhältnismäßig langsam laufenden, überaus robusten Maschinentyp für schwerste Dauerbeanspruchung darstellt, entspricht die Typenreihe RS den besonderen Anforderungen nach einer leistungsfähigen aber leichten Antriebsmaschine für Schnellboote, Yachten und ähnliche Fahrzeuge.

Die Motoren dieser Bauart sind dementsprechend Schnellläufer und werden in Sechs- und Achtzylinderanordnung mit Leistungseinheiten von 150 bis 1200 PS bei Drehzahlen von 1250 bis 600 U/min gebaut. Wie die Maschinen des Typs RH werden auch sie in Blockkonstruktion ausgeführt, jedoch ist das Kurbelgehäuse bei der Block hier nicht in der Mittelebene der Kurbelwelle geteilt, sondern höher hinaufgezogen und mit der Grundplatte aus einem Stück gefertigt; der eigentlich die auswechselbaren Laufbüchsen enthaltende Zylinderblock wird auf dieses Kurbelgehäuse aufgeschraubt. Diese ebenfalls außerordentlich steife Konstruktion hat den Vorteil, Kurbelgehäuse und Zylinderblock — entsprechend den vielfach stark variierenden Verwendungszwecken — entweder aus Grauguß oder aus Leichtmetall, das Kurbelgehäuse nötigenfalls auch als geschweißte Stahlkonstruktion herstellen zu können.

Die Ausbildung der Einzelteile, so z. B. der einzeln gegossenen Zylinderköpfe, lehnt sich zwar an die Konstruktionsgrundsätze des Typs RH an, hat jedoch den besonderen Bedingungen des Leichtbaues und Schnellaufes entsprechende Aenderungen erfahren. Erwähnt sei nur die Verwendung besonders hochwertiger Stähle für die Trieb-

werksteile, die Ausführung der Kolben in Aluminiumlegierung sowie ganz allgemein die vielseitige Anwendung von Leichtmetall für Lukendeckel, Gehäuseteile, Ventilkappen u. dergl.

Der geringe Raumbedarf und das niedrige Gewicht lassen die Bauart RS nicht nur als Haupt-, sondern auch als Hilfsmaschinen besonders verwendungsfähig erscheinen; sie eignet sich infolge ihrer hohen Drehzahl vorzüglich zur direkten Kupplung mit Generatoren, Zentrifugalpumpen und Kreiselgebläsen und findet in dieser Eigenschaft auch vielfach im Bordbetrieb Verwendung.

Für den Antrieb kleinerer Fahrzeuge, wie Beiboote, Fähren, Barkassen usw., kommen die Kleinmotoren der Baureihe KD in Betracht, die als Ein- und Zweizylinderanordnung in Leistungen von 5 PS aufwärts gebaut werden.

Diese Bauart ist gekennzeichnet durch einen besonders einfachen und robusten Aufbau. Kurbelgehäuse und Zylinderblock — letzterer mit eingesetzten Laufbüchsen — sind aus einem Stück gegossen, und die ungewöhnlich kräftige, in Wälzlagern laufende Kurbelwelle wird seitlich eingeschoben. Ein auf der Auspuffseite sitzender großer Lukendeckel gestattet leichte Zugänglichkeit zum Triebwerk; auch der Ausbau des Kolbens erfolgt durch dieses Fenster ohne Demontage des Zylinderkopfes. Der — beim Zweizylindermodell zu einem Gußstück zusammengefaßte — Zylinderkopf enthält Ein- und Auslaßventile sowie das seitwärts angeordnete Brennstoffventil; auf ihm sitzt eine leicht abnehmbare Haube, in welche das Luftfilter eingebaut ist.

Die Umkehrung der Drehrichtung erfolgt bei allen Motoren durch ein Wendegetriebe, auf dessen guten organischen Zusammenbau mit der Maschine besonderer Wert gelegt wurde.

Ein besonderes Feld findet die durch die Vielseitigkeit ihrer Anwendungsmöglichkeit besonders interessante Bauart KD in Verbindung mit Bordaggregaten, die für diesen Leistungsbedarf standardmäßig ausgebildet sind, so z. B. in direkter Kupplung mit kleineren Generatoren, Kreiselpumpen und Luftverdichtern. Da die Motoren für verschiedene Kühlungsarten, also auch Verdampfungs- und Venti-

latorkühlung eingerichtet sind, so eignen sie sich auch besonders vorteilhaft für Aufstellung an Deck, beispielsweise als Windenaggregate.

Als selbstverständlich sei nur erwähnt, daß Konstruktion und Ausführung sämtlicher MWM-Motoren unter strenger Anlehnung an die Vorschriften der Schiffbau-Klassifikationsgesellschaften, wie Germanischer Lloyd, Britischer Lloyd und Büro Veritas, erfolgt, je nach Wunsch und Auftrag der Abnehmer. Die Motoren werden nach neuzeitlichen Grundsätzen und sachgemäßer Materialauswahl in Serienfabrikation hergestellt und jede einzelne Maschine, bevor sie das Werk verläßt, auf dem Prüfstand einer eingehenden Erprobung unterzogen.

JUNKERS-DIESELMOTOREN IN DER SCHIFFAHRT

Das Streben der Technik in den letzten Jahrzehnten ging dahin, eine Kraftmaschine zu schaffen, welche sich durch erhöhte Betriebssicherheit auszeichnet. So führte die Entwicklung zur kompressorlosen Dieselmaschine, die in den letzten Jahren eine immer stärkere Verwendung auf allen Gebieten gefunden hat.

An eine moderne Schiffsmaschine stellt man folgende Bedingungen:

    stete Betriebsbereitschaft und leichte Bedienungsart,

    größte Standsicherheit und geringe Raumbeanspruchung sowie

    geringer Brennstoffverbrauch und damit höchste Wirtschaftlichkeit.

Diese Vorzüge besitzt der Dieselmotor und hat daher im Schiffbau eine weitgehende Verwendung gefunden.

von den übrigen Dieselmaschinen-Konstruktionen unterscheidet, näher zu erläutern.

Der ventillose Junkers-Gegenkolben-Dieselmotor arbeitet nach dem Zweitaktverfahren (s. Abb. 1). Er ist durch zwei gegenläufig in einem oben und unten offenen Zylinder arbeitende Kolben gekennzeichnet. Die Kolben schließen zwischen sich den Verbrennungsraum ein und dienen gleichzeitig als Steuerungsorgane. Je nach ihrer Stellung öffnen oder schließen sie die in den Zylinderwandungen angeordneten Spül- und Auspuffschlitze. Der untere Kolben gestattet den Verbrennungsgasen den Abzug, der obere der Spülluft den Zutritt.

Die durch die Spülpumpe geförderte Luft tritt durch tangential im Zylinder mündende Spülschlitze in diesen ein. In diesem stark rotierend, verdrängt sie nach beendigter

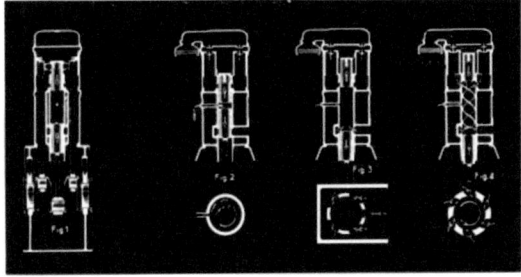

Abb. 1. Arbeitsweise des Junkers-Gegenkolben-Dieselmotors

Bei der Entwicklung der Junkers-Schiffs-Dieselmotoren, die auf langjährige Erfahrung aufgebaut wurde, hat man sich besonders von den oben aufgeführten Gesichtspunkten leiten lassen und baut Maschinentypen, die überall in der Schiffahrt anzutreffen sind.

Die Motoren werden in Verbindung mit Wendegetrieben bewährter Bauart, welche angeflanscht oder angekuppelt werden können, geliefert. Um einen möglichst günstigen Wirkungsgrad der Propelleranlage zu erzielen, werden je nach den vorliegenden Verhältnissen Wendegetriebe mit oder ohne Untersetzung geliefert.

Jeder Motor kann mit einer Kühlwasser- und Lenzpumpe, die direkt am Motor angebaut ist, ausgerüstet werden. Die Drehzahlregulierung ist übersichtlich angeordnet und mit geringen Verstellkräften und leichten Seilzügen auch vom Steuerstand aus möglich.

Die Bemessung der Kurbelwelle und des Triebwerkes entspricht den Abnahmebestimmungen des Germ. Lloyd. des Lloyd reg. of ship, des Büro Veritas usw.

Bei der Bedeutung, die das Junkers-Gegenkolbenprinzip im Laufe der Jahrzehnte gewonnen hat, ist es notwendig, die Bauart, die sich in der Durchführung des Arbeitsprozesses in ihrer konstruktiven Gestaltung grundlegend

Verbrennung die noch im Zylinder befindlichen Restgase durch die Auspuffschlitze und füllt den Zylinder mit reiner Luft. Wenn nun inzwischen durch die Aenderung der Bewegungsrichtung der beiden Kolben die Verbrennungsluft komprimiert ist, so wird bei Erreichung des inneren Totpunktes die durch eine Hochdruckpumpe geförderte Brennstoff in die stark erhitzte Luft eingespritzt und gelangt restlos zur Verbrennung. Durch die starke Rotation der Spülluft, die während der Verdichtung bestehen bleibt, ist für gute Mischung von Luft und Brennstoff gesorgt und die restlose Verbrennung gewährleistet. Die beim Expansionshub geleistete Arbeit wird durch das Gestänge der Kolben auf die Kurbelwelle übertragen.

Die Brennstoffpumpe wird mittels eines Fliehkraftreglers automatisch auf die jeweils erforderliche Fördermenge reguliert; sie wird durch eine Nockenscheibe derartig angetrieben, daß sie stets im erforderlichen Augenblick die jeweils benötigte Brennstoffmenge durch die offene Düse fächerförmig über den Verbrennungsraum in feinster Zerstäubung verteilt.

Die Schmierung erfolgt automatisch durch eine eingebaute Räderpumpe, die das Schmieröl durch alle gleitenden Teile preßt. Bei den Maschinen der Type HK 108 ist für die

Schmierung der Kolben ein besonderer Kolbenöler vorgesehen.

Bei der Type HK 65 (Abb. 2) erfolgt das Anlassen von Hand, während die Type HK 108 (Abb. 3) durch Preßluft angelassen wird. Eine über dem Zylinder angeordnete Luftpumpe erzeugt die zum Anlassen erforderliche Anlaßluft. Außerdem kann jeder Motor auch mit einer elektrischen Anlaßvorrichtung ausgerüstet werden.

Das Junkers-Gegenkolbenprinzip schafft verbrennungstechnisch die denkbar günstigsten Verhältnisse. Hervorragende Spülung, günstigster Verbrennungsraum, Langhubigkeit auch bei hohen Drehzahlen trotz geringer Kolbengeschwindigkeit geben eine kaum zu erreichende Ausnutzung des Brennstoffes und sichern besonders hohen Nutzeffekt. Der Fortfall jeglicher Steuerungsorgane erhöht die Betriebssicherheit und Lebensdauer der Maschine.

Durch die Gegenläufigkeit ihrer Kolben und die Art ihrer Anlenkung an die Kurbelwelle ergibt sich, daß nicht nur die

Abb. 2. Junkers-Schiffs-Dieselmotor, Typ 2
SHK 65, 20/25 PSe bei 1200/1500 U/min

Arbeitszylinder, sondern auch die Grundplatte frei von den bei Dieselmotoren an und für sich hohen Zug- und Druckkräften sind, da diese fast restlos direkt auf die Kurbelwelle wirken, ohne Reaktionskräfte auszulösen, wie dieses bei Einkolbenmaschinen der Fall ist (s. Abb. 4 u. 5). Diese Teile sind daher praktisch unbeansprucht und können daher sehr leicht gehalten werden.

Aber nicht nur die Arbeitsdrücke, sondern auch die Massendrücke der hin und her gehenden Teile eines jeden Zylinders sind fast restlos ausgeglichen. Deshalb besitzt schon eine Einzylinder-Junkers-Gegenkolben-Dieselmaschine einen sehr ruhigen und erschütterungsfreien Gang, wie ihn andere Bauarten nur in Vierzylinder-Anordnung erreichen

Abb. 3. Junkers-Schiffs-Dieselmotor,
Typ 2 SHK 108, 50 PSe bei 750 U/min

können. Selbst dann ist dieser Vorteil nur unter der Bedingung zu gewinnen, daß eine biegungsfeste Ausführung der Maschine durch Blockkonstruktion und Ausgleich der Zylinder zueinander durchgeführt ist.

Weiter ergibt sich ein wesentlicher Vorteil durch die Unterteilung der Zylinderleistung auf zwei Kolben; denn diese und ihre Gestänge werden leichter, und damit werden sowohl die Wirkung der Zünddrücke als auch die Massenkräfte geringer. Die Kolbengeschwindigkeit kann auch bei hohen Drehzahlen wesentlich geringer als bei Ein-

kolbenmaschinen gehalten werden, wodurch man ungünstige Verbrennungsräume und schlechte Verbrennungsverhältnisse vermeidet. Auch dieser Vorteil wirkt sich in besonders ruhigem Stand der Maschine aus.

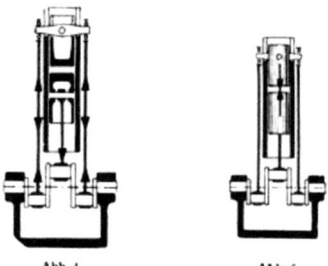

Abb. 4   Abb. 5
Darstellung des Massenausgleichs

Eine der Hauptforderungen, die der Schiffsbetrieb stellt, nämlich die Uebertragung von Schwingungen zu vermeiden, die sich über das ganze Schiff fortpflanzen und wie sie durch nicht ausgeglichene Maschinen erzeugt werden und zu unerträglichen Belästigungen der Fahrgäste führen, wird daher vom Junkers-Motor erfüllt.

Abb. 6. Junkers-Schiffs-Dieselmotor, Typ 1 SHK 65, 10 PSe bei
1200 U/min

Junkers-Schiffsdieselmotoren werden gebaut in den Leistungen von 5 bis 100 PSe in Ein- und Mehrzylinder-Ausführung. Der Brennstoffverbrauch beträgt bei der Type SHK 65 (Abb. 6) 200 Gramm pro PSe und Stunde und bei der Type SHK 108 (Abb. 7) 190 Gramm pro PSe und Stunde. Die Motoren sind auch als Antriebsmaschinen für Bordhilfsaggregate hervorragend geeignet, so können sie Anwendung finden zur direkten Kupplung mit Stromerzeugern, Pumpen, Kompressoren und Winden. Auch für dieses Gebiet gelten die Vorteile des Dieselmotors im allgemeinen und insbesondere des Gegenkolben-Dieselmotors.

Abb. 7. Bordhilfs-Aggregat mit Junkers-Dieselmotor, Typ 1 HK 108, 25 PSe bei 750 U/min

SELVE-DIESEL-SCHIFFSMOTOREN DER
VEREINIGTEN DEUTSCHEN METALLWERKE A.G., ALTENA I. W.,
MOTORENWERK HÜNENGRABEN

Unter den Erzeugerfirmen von Antriebsmotoren für leichte und mittlere Wasserfahrzeuge genießen die Fabrikate der Vereinigten Deutschen Metallwerke A. G., Altena i. W., einen guten Ruf.

Die kompressorlosen Dieselmotoren, die in 3 Typen in Ein-, Zwei- und Dreizylinder-Ausführung mit einer Leistung von 8 bis 36 PS und Drehzahlen von 700 bis 1000 Touren pro Minute hergestellt werden, arbeiten im Zweitakt.

Die Konstruktionsart des Zweitakt-Dieselmotors vermeidet eine ganze Reihe von empfindlichen Teilen und ist in der Bedienung bedeutend einfacher als ein Viertaktmotor, was bei den hergestellten Größen von entscheidender Bedeutung ist, da für derart kleine Anlagen gewöhnlich keine besonders ausgebildeten Maschinenwärter zur Verfügung stehen.

Da beim Dieselmotor nur reine Luft verdichtet und der Brennstoff erst im oberen Totpunkt eingespritzt wird, werden Brennstoffverluste vermieden, die bei Zweitaktmotoren, die mit Gasgemisch arbeiten, unausbleiblich sind. Der Zweitakt-Dieselmotor arbeitet in dieser Beziehung genau so öko-

hochverdichtete, bis zur Entzündungstemperatur des Brennstoffes erhitzte Luft eingeblasen. Die Verbrennung der Motoren ist durch richtige Luftführung in jeder Beziehung vollkommen; der Auspuff ist bei allen Belastungen bis zur Volleistung rauchfrei.

Das Triebwerk ist völlig gekapselt. Die Hauptwelle, die Pleuelstangen sowie die Kolbenbolzen sind auf Rollen gelagert, die Welle zur Betätigung der Einspritzpumpe ist mit Kugellagern versehen. Abgesehen von der großen, durch Verwendung dieser vollkommenen Konstruktionselemente bedingten Haltbarkeit wird durch diese zwar teure aber qualitativ unbedingt beste Ausführung der Oelverbrauch auf das äußerste herabgesetzt.

Das Schwungrad ist vor dem Motor angeordnet, um möglichst günstige Einbaumöglichkeiten zu schaffen.

Die Zylinder sind mit auswechselbaren Hartgußlaufbüchsen versehen.

Die Kolben nebst Pleuelstangen können ohne weitere Demontage der Maschine nach Abnahme des Zylinderkopfes nach oben ausgebaut werden.

nomisch wie ein Viertaktmotor, hat aber gegenüber dem Viertaktmotor die oben erwähnten Vorzüge, die von entscheidender Bedeutung sind, aufzuweisen.

Der Brennstoff wird bei jedem Kolbenhub durch eine Bosch-Brennstoffpumpe und Bosch-Einspritzdüse in die

Die Schmierung sämtlicher Schmierstellen erfolgt durch eine Zentralschmierpumpe. Der vordere Steuerräderkasten ist als Vorratsölbehälter ausgebildet.

Regulierung. Im vorderen Steuerräderkasten ist ein Maximal- und Minimal-Fliehkraftregler eingebaut, der die auf dem Steuerräderkasten angeordnete Brennstoffpumpe reguliert. Durch die Handregulierung kann die Tourenzahl von der minimalen bis zur maximalen verstellt werden.

Die Kühlwasserpumpe ist am Motor direkt angebaut, auf besonderen Wunsch kann eine Lenzpumpe mitgeliefert werden.

Weise wie das Wendegetriebe auf der Grundplatte montiert ist, so daß das Aggregat als vollständig Ganzes zur Ablieferung gelangt.

Sämtliche Motoren der Serie RZ werden mit derselben Sorgfalt hergestellt wie die übrigen Fabrikate, denen allgemein äußerste Betriebssicherheit und Unverwüstlichkeit

Abb. 2. Selve-Diesel-Bootsmotor RZ 320 BW
3 Zylinder, 24—36 PS

Sämtliche drei Typen können mit Lichtmaschinen und elektrischen Anlassern ausgestattet werden.

Das Anlassen erfolgt ohne besonderen Hilfsbrennstoff. Zur Erleichterung des Anlassens im kalten Zustand und der sofortigen Zündung wird Glimmpapier oder bei elektrischen Anlassern eine Glühkerze benutzt.

Als Brennstoffe kommen alle Dieselmotoren-Brennstoffe mit Ausnahme von Steinkohlenteeröl in Betracht.

Das reichlich bemessene Wendegetriebe ist, als Wanne ausgebildet, auf der Grundplatte des Motors montiert, wodurch irgendwelche Zwängungen zwischen Motor und Getriebe, die bei separat angebauten Getrieben unausbleiblich sind, vollständig ausgeschaltet werden.

Bei Verwendung von umsteuerbaren Schrauben wird der Motor anstatt des Wendegetriebes auf Wunsch mit einer ausrückbaren Scheibenkupplung geliefert, die in gleicher

nachgerühmt werden. Die Herstellung der Einzelteile geschieht in Lehren, wodurch eine evtl. nötig werdende Austauschbarkeit garantiert ist.

Jede Maschine wird nach Fertigstellung gebremst und kommt fertig montiert zum Versand, so daß sie an Ort und Stelle ohne weitere Arbeiten in Betrieb gesetzt werden kann.

Typenbezeichnung	RZ 120 BW	RZ 220 BW	RZ 320 BW
Bremsleistung bei 700 Umdr. . . .	8 PS	16 PS	24 PS
bei 850 Umdr. . . .	10 PS	20 PS	30 PS
bei 1000 Umdr. . . .	12 PS	24 PS	36 PS
Gewicht des Motors mit Wendegetriebe . . . . . netto ca kg	480	630	820
verpackt ca kg	560	730	950

KENNDATEN
DEUTSCHER BOOTS- UND SCHIFFS-
DIESELMOTOREN

(NACH EINER UMFRAGE)

KENNDATEN DEUTSCHER BOOTS- UND SCHIFFSDIESELMOTOREN

(nach einer Umfrage)

Hub-raum l	Herstellerwerk Typ	Zylinderzahl	Manöver-art	Arbeits-verfahren	Anlaß-verfahren	Boh-rung mm	Hub mm	Leistung PS	Drehzahl U/min	Ver-dich-tungs-grad	Mittlerer effekt. Druck kg/cm²	Mittlere Kolben-geschwin-digkeit m/s	Gewicht kg	Leistungs-gewicht kg/PS	Literleistung PS/l	Verbrauch g/PSh	Einspritz-pumpe	Düse	Einspritz-Druck	Ein-spritz-Beginn °voT
AEG																				
208	UM 36/36	6	di. u.	4 Takt 1 fach	Luft	350	360	420	375	12	4,85	4,50	17000	40,5	2,02	200	e	e	80	8
1795	6×63/96	6	"	"	"	630	960	1160	125	12	4,65	4,00	196000	169	0,65	196	e	e	60	4
3100	6×74/120	6	"	"	"	740	1200	1800	115	12	4,55	4,60	282000	137	0,66	187	e	e	60	5
3100	6×74/120	6	"	"	"	740	1200	2050	105	12	5,67	4,20	282000	137	0,66	187	e	e	60	5
4135	8×74/120	8	"	"	"	740	1200	2825	125	12	4,92	5,00	300000	126	0,68	188	e	e	60	12
3360	6×74/130	6	"	"	"	740	1300	2200	124	12	4,76	5,37	300000	136,5	0,65	178	e	e	60	10
3530	HUDz 6×60/110	6	"	2 Takt dopp.	"	600	1100	4100	118	13	4,45	4,32	252000	61,5	1,16	162	e	e	300	20
5220	HDz 8×70/120	6	"	"	"	700	1200	4500	86	13	4,50	3,44	435000	96,8	0,862	168	e	e	300	20
5880	HUDz 7×70/120	7	"	"	"	700	1200	6700	115	13	4,46	4,60	380000	56,7	1,14	163	e	e	300	20
Bohn & Kähler																				
2,03	KR 12 E	1	W	4 Takt VK	Hand-, Druckluft und elektrisch	120	180	10	1000	17	5,0	6,0	590	59	5,0	210	e	B	100	17
4,06	" " Z	2	"	"		120	180	20	1000	17	5,0	6,0	875	43	5,0	210	e	B	100	17
6,09	" " D	3	"	"		120	180	30	1000	17	5,0	6,0	1145	35	5,0	210	e	B	100	17
8,12	" " V	4	"	"		120	180	40	1000	17	5,0	6,0	1350	33	5,0	205	e	B	100	17
12,18	" " S	6	"	"		120	180	60	1000	17	5,0	6,0	1540	25	5,0	205	e	B	100	15
2,92	KR 10 E	1	"	"	Druckluft	140	190	15	1000	17	5,0	6,35	650	43	5,15	200	B	B	100	15
5,84	" " Z	2	"	"		140	190	30	1000	17	5,0	6,35	880	29	5,15	200	B	B	100	15
8,76	" " D	3	"	"		140	190	45	1000	17	5,0	6,35	1150	25	5,15	195	B	B	100	15
11,68	" " V	4	"	"		140	190	60	1000	17	5,0	6,35	1380	23	5,16	195	B	B	100	15
17,52	" " S	6	"	"		140	190	90	1000	17	5,0	6,35	1870	21	5,16	195	B	B	100	13
12,50	KR 17 Z	2	"	"		175	260	40	500	16	5,6	4,32	1840	46	3,12	190	e	B	100	13
18,75	" " D	3	"	"		175	260	60	500	16	5,6	4,32	2290	38	3,12	190	e	B	100	13
25	" " V	4	"	"		175	260	80	500	16	5,6	4,32	2720	34	3,12	185	e	B	100	13
37,50	" " S	6	di. u.	"		175	260	120	500	16	5,6	4,32	3565	30	3,12	185	e	B	100	13
37,50	" " SU	6	W	"		175	260	120	500	16	5,6	4,32	3685	31	3,12	170	e	B	100	13
77,50	KR 28 D	3	di. u.	DE		280	420	150	325	14	5,34	4,55	9540	64	1,94	165	B	B	280	12
103,35	" " V	4	W	"		280	420	200	325	14	5,34	4,55	11100	55	1,94	165	B	B	280	12
155	" " S	6	di. u.	"		280	420	300	325	14	5,34	4,55	15220	51	1,94	165	B	B	280	12
155	" " SU	6	"	"		280	420	300	325	14	5,34	4,55	16000	53	1,94	165	B	B	280	12
Büssing-NAG																				
3,7	LD 3	3	W	4 Takt VK	elektrisch	110	130	45	2000	16,5	5,87	8,77	425	9,45	12,5	220	B	B	85	32
4,95	" " 4	4	"	"	"	110	130	60	2000	16,5	6,05	8,77	525	8,75	12,5	220	B	B	85	32
6,2	" " 5	5	"	"	"	110	130	75	2000	16,5	6,1	8,77	620	8,3	12,15	220	B	B	85	32
7,4	" " 6	6	"	"	"	110	130	90	2000	16,5	5,88	8,77	665	7,4	12,5	220	B	B	85	32
8,3	FD 4	4	"	"	"	125	170	75	1500	16,5	6,12	8,5	700	9,35	9,0	220	B	B	85	23
12,5	FD 6	6	"	"	"	125	170	110	1500	16,5	6,7	8,5	865	7,2	9,6	220	B	B	85	23
9	GD 6	6	"	"	"	130	170	85	1500	16,5	6,32	8,5	710	8,35	9,4	220	B	B	85	23
13,5	" " 6	6	"	"	"	130	170	130	1500	16,5	6,65	9,08	895	6,42	10,2	220	B	B	85	23

Daimler-Benz A.-G. siehe Mercedes-Benz

Anmerkung: Einspritzpumpen = Düsen, B = Bosch-Erzeugnis, D = Fried. Deckel-Erzeugnis, e = eigenes Erzeugnis, DE = direkte Strahleinspritzung LS = Luftspeicherverfahren WK -- Wälzkammerverfahren`
WiK = Wirbelkammerverfahren, VK = Vorkammerverfahren, W = Wendegetriebe.

129

Kenndaten deutscher Boots- und Schiffsdieselmotoren Fortsetzung (nach einer Umfrage)

Deutsche Werke Kiel Aktiengesellschaft

Hubraum l	Hersteller Typ	Zylinderzahl	Manöverart	Arbeitsverfahren	Anlaßverfahren	Bohrung mm	Hub mm	Leistung PS	Drehzahl U/min	Verdichtungsgrad	Mittlerer effekt. Druck kg/cm²	Mittlere Kolbengeschwindigkeit m/s	Gewicht kg	Leistungsgewicht kg/PS	Literleistung PS/l	Verbrauch g/PSh	Einspritzpumpe	Düse	Einspritzdruck	Einspritzbeginn °voT
18,4	M 24	3	W	4 Takt DE	Luft	180	240	55/68/85	500/600/750	13	5,55	4–6	1950	35,5/23	3	175	B	B	250	10
24,4	"	4	di. u.	"	"	180	240	75/90/115	500/600/750	13	5,55	4–6	2250	30/19,6	3,6	175	B	B	250	10
36,7	"	6	W	"	"	180	240	115/135/170	500/600/750	13	5,55	4–6	3100	27/23	6,56	175	B	B	250	10
22,2	M 32	2	W	"	"	210	320	50/60	375/450	13	5,42	4,8	3000	41/49	2,25/2,7	175	B	e	250	10
33,3	"	3	di. u.	"	"	210	320	75/90	375/450	13	5,42	4,8	3700	43,7/36,5	2,25/2,7	175	B	e	250	10
44,4	"	4	W̄	"	"	210	320	100/120	375/450	13	5,42	4,8	4370	38,4/32	2,25/2,7	175	B	e	250	10
66,6	"	6	di. u.	"	"	210	320	150/186	375/450	13	5,42	4,8	5750	35,7/30	2,25/2,7	175	B	e	250	10
88,8	"	8	W̄	"	"	210	320	200/240	375/450	13	5,42	1/4,8	7150	64,5/68,5	2,25/2,7	170	B	e	250	10
48,2	M 420	2	di. u.	"	"	270	420	100/110	340/375	13	5,45	4,75/5,25	6450	64,5/68,5	2,07/2,3	170	B	e	250	10
72,3	"	3	W̄	"	"	270	420	150/165	340/375	13	5,45	4,75/5,25	7950	53/48	2,07/2,3	170	B	e	250	10
96,5	"	4	di. u.	"	"	270	420	200/220	340/375	13	5,45	4,75/5,25	8900	44,5/40,5	2,07/2,3	170	B	e	250	10
145	M 580	2	"	"	"	370	580	300/330	340/375	12,5	5,45	4,75/5,25	12400	41,5/37,5	2,07/2,3	170	B	B	250	10
193	"	3	"	"	"	370	580	400/440	340/375	12,5	5,45	4,75/5,25	15600	39/35,5	2,07/2,3	170	B	B	250	10
375	"	6	"	"	"	370	580	600	265	12,5	5,45	5,12	27600	46	1,5	170	B	B	250	10
437	"	7	"	"	"	370	580	700	265	12,5	5,45	5,12	31600	45	1,5	170	B	B	250	10
500	"	8	"	"	"	370	580	800	265	12,5	5,45	5,12	35500	44,4	1,5	170	B	B	250	10
6,62	3 V 18 L	3	W̄	4 Takt LS	el. Luft	125	180	33/50	800/1200	12,5	5,62/6,87	4,8/7,2	860	25,7/17	5/7,6	195/210	B	B	125	28
8,83	4 V 18 L	4	"	"	"	125	180	44/66	800/1200	12,5	5,6	4,8/7,2	1020	23/15,4	5/7,5	195/210	B	B	125	28
13,3	6 V 18 L	6	"	"	"	125	180	67/125	800/1400	12,6	5,62/6,1	4,8/8,4	1200	18/9,6	5/9,5	195/210	B	B	125	28
18,3	3 V 24	3	di. u.	4 Takt DE	Luft	180	240	90	800	13,92	5,55	6,4	1580	17,6	4,9	180	e	e	280	25
24,5	4 V 24	4	"	"	"	180	240	120/145	800/1000	13,92	5,5/5,32	6,4/8	1800	15/12,44	4,9/5,9	180	e	e	280	25
30,6	5 V 24	5	"	"	"	180	240	150/183	800/1000	13,92	5,5/5,32	6,4/8	2080	14/11,5	4,9/5,9	180	e	e	280	25
36,7	6 V 24u	6	W̄	"	"	180	240	180/220	800/1000	13,92	5,5/5,32	6,4/8	2380	13,2/10,5	4,9/5,9	180	e	e	280	25
49	8 V 24u	8	"	"	"	180	240	240/293	800/1000	13,92	5,5/5,32	6,4/8	3100	13/10,5	4,9/5,9	180	e	e	280	25
59,5	5 V 30	5	di. u.	"	"	225	300	250/312	700/900	14,5	5,23	7/9	3500	12,4/10	4,2/5,2	175	e	e	280	25
71,5	6 V 30u	6	W̄	"	"	225	300	300/375	700/900	14,5	5,23	7/9	4670	11,5/9,3	4,2/5,2	175	e	e	280	22
95	8 V 30u	8	di. u.	"	"	225	300	400/500	700/900	14,7	5,23	7/9	5850	11,6/9,3	4,2/5,2	175	e	e	280	22
115	8 V 35u	6	"	"	"	265	350	340/460	500/700	14,7	5,3/5,1	5,8/8,2	7700	17/12,7	3,4	170	e	e	280	20
154	8 V 35u	8	"	"	"	265	350	450/615	500/700	14,7	5,3/5,1	5,8/8,2	—	17/12,5	3,4	170	e	e	280	20
775	TV 74	6	W̄	"	"	470	740	840	180	12	5,5	4,46	56000	67	1,1	170	e	e	280	20
900	TV 74	7	"	"	"	470	740	980	180	12	5,5	4,45	65000	66,5	1,1	170	e	e	280	17
1030	TV 74	8	"	"	"	470	740	1120	175	11,9	5,4	4,45	73000	65	1,1	170	e	e	500	17
1290	TV 90	6	"	"	"	550	900	1350	175	11,9	5,4	5,25	90000	66,5	1,05	170	e	e	500	17
1510	TV 90	7	"	"	"	550	900	1575	175	11,9	5,4	5,25	103000	64,5	1,05	170	e	e	500	17
1720	TV 90	8	"	"	"	550	900	1800	175	11,9	5,4	5,25	114000	63,5	1,05	170	e	e	500	17

Fried. Krupp-Germaniawerft A.-G., Kiel-Gaarden

Hubraum l	Typ	Zylinderzahl	Manöverart	Arbeitsverfahren	Anlaßverfahren	Bohrung mm	Hub mm	Leistung PS	Drehzahl U/min	Verdichtungsgrad	Mittlerer effekt. Druck kg/cm²	Mittlere Kolbengeschwindigkeit m/s	Gewicht kg	Leistungsgewicht kg/PS	Literleistung PS/l	Verbrauch g/PSh	Einspritzpumpe	Düse	Einspritzdruck	Einspritzbeginn °voT
87,24	S I b	6	di. u.	Direkte Einspritzung oder Strahleinspritz.	Preßluft	230	350	260	500	13,3	5,38	5,83	9300	35,8	2,98	175	B	B	300	10
155,61	S II b	6	"	"	"	280	420	390	420	13,3	5,4	5,87	14000	36	2,51	170	B	B	300	10
288,6	S III b	6	"	"	"	350	500	620	350	13,3	5,53	5,85	25900	41,9	2,15	170	B	B	300	10
505	G I L	6	"	"	"	400	670	750	250	13,3	5,34	5,6	42250	56,3	1,49	170	e	e	300	10
583	G II k	6	"	"	"	430	670	875	215	13,3	5,4	5,58	49400	56,5	1,5	170	e	e	300	10
760	G III L	6	"	"	"	460	780	1000	189	13,3	5,39	5,6	67000	67	1,32	170	e	e	300	10
1060	G IV L	6	"	"	"	500	900	1180	188	13,3	5,32	5,63	88000	74,5	1,11	170	e	e	300	10
1283	G V L	6	"	"	"	550	900	1460	175	13,3	5,47	5,63	104500	71,7	1,14	170	e	e	300	10
1782	G VI L	6	"	"	"	600	1050	1750	160	13,3	5,52	5,6	142000	81	0,98	170	e	e	300	10

Anmerkung: Einspritzpumpen = Düsen, B = Bosch-Erzeugnis, D = Fried. Deckel-Erzeugnis, e = eigenes Erzeugnis, DE = direkte Strahleinspritzung, LS = Luftspeicherverfahren, WK = Wälzkammerverfahren, WiK = Wirbelkammerverfahren, VK = Vorkammerverfahren, W = Wendegetriebe.

Kenndaten deutscher Boots- und Schiffsdieselmotoren Fortsetzung (nach einer Umfrage)

Hubraum l	Herstellerwerk Typ	Zylinderzahl	Manöverart	Arbeitsverfahren	Anlaßverfahren	Bohrung mm	Hub mm	Leistung maximal PS	Drehzahl U/min	Verdichtungsgrad	Mittlerer effekt. Druck kg/cm²	Mittlere Kolbengeschwindigkeit m/s	Gewicht kg	Leistungsgewicht kg/PS	Literleistung PS/l	Verbrauch g/PSh	Einspritzpumpe	Düse	EinspritzDruck	EinspritzBeginn v oT
Hanomag																				
5,2	DS 30	4	W	4 DE	Hand, el., Glühkerze	105	150	30	800	20	6,3	4,0	1110	37	5,77	200	e	e	130	15
5,2	DS 40	4	"	4 DE	"	105	150	40	1100	20	6,3	5,5	1450	36	7,7	200	e	e	130	15
5,2	DS 50	4	"	4 DE	"	105	150	50	1300	20	6,3	6,5	1450	29	9,6	200	e	e	130	15
Hanseatische Motorengesellschaft m. b. H.																				
1,93	1 D 17	1	W	2 Takt DE	Luft	120	170	8/10	700/900	15/17	2,6	3,9	595	75	5	195	B	B	200	12/18
2,4	2 B 18	2	"	"	"	130	180	20/24	650/850	15/17	2,6	3,9	870	44	5	195	B	B	200	12/18
3,54	1 D 20	1	"	"	"	150	200	15/18	600/750	15/17	3	4	860	57	5	190	B	B	200	12/18
3,54	2 D 20	2	"	"	"	150	200	30/36	600/750	15/17	3	4	1220	40	5	190	B	B	200	12/18
3,54	3 D 20	3	"	"	"	150	200	45/54	600/750	15/17	3	4	1720	38	5	190	B	B	200	12/18
3,54	4 D 20	4	"	"	"	150	200	60/72	600/750	15/17	3	4	2180	36	5	190	B	B	200	12/18
7,39	1 D 26	1	"	"	"	190	260	25/28	400/450	15/17	3,7	3,5	1560	62	3,4	180	B	B	200	12/18
7,39	2 D 26	2	"	"	"	190	260	50/65	400/450	15/17	3,7	3,5	2950	60	3,4	180	B	B	200	12/18
7,39	3 D 26	3	"	"	"	190	260	75/80	400/450	15/17	3,7	3,5	3940	53	3,4	180	B	B	200	12/18
7,39	4 D 26	4	"	"	"	190	260	100/110	400/450	15/17	3,7	3,5	4750	48	3,4	180	B	B	200	12/18
14,3	2 D 33	2	"	"	"	235	330	80/85	325/350	15/17	3,8	3,6	5700	71	3	170	B	B	200	12/18
14,3	3 D 33	3	"	"	"	235	330	120/125	325/350	15/17	3,8	3,6	7460	62	3	170	B	B	200	12/18
14,3	4 D 33	4	"	"	"	235	330	160/170	325/350	15/17	3,8	3,6	9490	59	3	170	B	B	200	12/18
29,7	2 D 42	2	"	"	"	300	420	140/150	270/300	15/17	3,8	3,8	9800	70	2,5	168	B	B	200	12/18
29,7	3 D 42	3	"	"	"	300	420	210/225	270/300	15/17	3,8	3,8	14000	67	2,5	168	B	B	200	12/18
29,7	4 D 42	4	"	"	"	300	420	280/300	270/300	15/17	3,8	3,8	17500	62	2,5	168	B	B	200	12/18
Henschel-Lanova																				
9,12	G	6	W	4 Takt, LS	el.	110	160	72/86	1000/1250	12,5	7,25	5,35÷6,67	770	10,7÷8,95	7,9÷9,45	200	B	B	100	—
11,80	J	6	"	"	"	125	160	92/108	1000/1250	12,5	6,90	5,35÷6,67	850	9,23÷7,9	7,9÷9,15	200	B	B	100	—
4,40	O	4	"	"	Hand, el.	105	140	58	1500	12,5	6,65	7,0	528	10	12	200	B	B	100	—
6,60	S	6	"	"	"	105	140	85	1500	12,5	6,65	7,0	610	7,75	11,9	200	B	B	100	—
3,05	L	2	"	"	Hand	110	160	25	1000	12,5	7,25	5,35	450	18	8,2	200	B	B	100	—
4,58	M	3	"	"	"	110	160	37,5	1000	12,5	7,25	5,35	520	13,9	8,2	200	B	B	100	—
6,10	P	4	"	"	"	110	160	50	1000	12,5	7,25	5,35	600	12	8,2	200	B	B	100	—
1,53	K	1	"	"	"	110	160	12,5	—	—	—	—	350	28	8,2	—	—	—	—	—
Humboldt-Deutz																				
—	SA 1 M 313	1	W	4 Takt VK	elektr.	—	—	6/45	1000/1500	—	—	—	—	—	—	—	e	e	—	—
—	SA 2 M 313	2	"	"	"	—	—			—	—	—	—	—	—	—	e	e	—	—
—	SA 2 M 317	2	"	"	"	—	—			—	—	—	—	—	—	—	e	e	—	—
—	SA 3 M 317	3	"	"	"	—	—	45/120	1000/1350	—	—	—	—	—	—	—	e	e	—	—
—	SA 4 M 317	4	"	"	"	—	—			—	—	—	—	—	—	—	e	e	—	—
—	SA 6 M 317	6	"	"	"	—	—			—	—	—	—	—	—	—	e	e	—	—
—	SA 8 M 317	8	"	"	"	—	—			—	—	—	—	—	—	—	e	e	—	—
—	SA 2 M 220	2	"	"	Druckluft	—	—	37/270	750/1000	—	—	—	—	—	—	—	e	e	—	—
—	SA 3 M 220	3	"	"	"	—	—			—	—	—	—	—	—	—	e	e	—	—
—	SA 4 M 220	4	"	"	"	—	—			—	—	—	—	—	—	—	e	e	—	—

Anmerkung: Einspritzpumpen = Düsen, B = Bosch-Erzeugnis, D = Fried. Deckel-Erzeugnis, e = eigenes Erzeugnis, DE = direkte Strahleinspritzung, LS = Luftspeicherverfahren, WK = Wälzkammerverfahren, WiK = Wirbelkammerverfahren, VK = Vorkammerverfahren, W = Wendegetriebe.

Kenndaten deutscher Boots- und Schiffsdieselmotoren Fortsetzung (nach einer Umfrage)

Hub-raum l	Herstellerwerk Typ	Zylinderzahl	Manöver-art	Arbeits-verfahren	Anlaß-verfahren	Boh-rung mm	Hub mm	Leis-tung PS	Drehzahl U/min	Ver-dich-tungs-grad	Mittlerer effkt. Druck kg/cm²	Mittlere Kolben-geschwin-digkeit m/s	Gewicht kg	Leistungs-gewicht kg/PS	Literleistung PS/l	Verbrauch g/PSh	Einspritz-pumpe	Düse	Einspritz-Druck	Einspritz-Beginn Tovo
Humboldt - Deutz																				
—	SA 6 M 220	6	W	4 Takt VK	Druckluft	—	—			—	—	—	—	—	—	—	⊘	⊘	—	—
—	SA 3 M 224	3	„	„	„	—	—	37/270	750/1000	—	—	—	—	—	—	—	⊘	⊘	—	—
—	SA 4 M 224	4	„	„	„	—	—			—	—	—	—	—	—	—	⊘	⊘	—	—
—	SA 6 M 224	6	Ü	„	„	—	—			—	—	—	—	—	—	—	⊘	⊘	—	—
—	SA 8 M 224	8	„	„	„	—	—			—	—	—	—	—	—	—	⊘	⊘	—	—
—	RA 6 M 220	6	W	„	„	—	—	115/270	750/1000	—	—	—	—	—	—	—	⊘	⊘	—	—
—	RA 6 M 224	6	„	„	„	—	—			—	—	—	—	—	—	—	⊘	⊘	—	—
—	RA 8 M 224	8	„	„	„	—	—			—	—	—	—	—	—	—	⊘	⊘	—	—
—	SÜ 3 M 140	3	Ü	4 Takt DE	„	—	—	75/125	375/450	—	—	—	—	—	—	—	⊘	⊘	—	—
—	SU 4 M 140	4	„	„	„	—	—			—	—	—	—	—	—	—	⊘	⊘	—	—
—	SV 3 M 336	3	W	„	„	—	—			—	—	—	—	—	—	—	⊘	⊘	—	—
—	SV 4 M 336	4	„	„	„	—	—	95/540	300/500	—	—	—	—	—	—	—	⊘	⊘	—	—
—	SV 5 M 336	5	„	„	„	—	—			—	—	—	—	—	—	—	⊘	⊘	—	—
—	RV 6 M 336	6	Ü	„	„	—	—			—	—	—	—	—	—	—	⊘	⊘	—	—
—	RV 8 M 336	8	„	„	„	—	—			—	—	—	—	—	—	—	⊘	⊘	—	—
—	SV 3 M 345	3	W	„	„	—	—			—	—	—	—	—	—	—	⊘	⊘	—	—
—	SV 4 M 345	4	„	„	„	—	—			—	—	—	—	—	—	—	⊘	⊘	—	—
—	SV 5 M 345	5	Ü	„	„	—	—			—	—	—	—	—	—	—	⊘	⊘	—	—
—	RV 6 M 345	6	„	„	„	—	—	420/1100	180/375	—	—	—	—	—	—	—	⊘	⊘	—	—
—	RV 7 M 345	7	„	„	„	—	—			—	—	—	—	—	—	—	⊘	⊘	—	—
—	RV 8 M 345	8	„	„	„	—	—			—	—	—	—	—	—	—	⊘	⊘	—	—
—	RVMS 258	6	„	„	„	—	—			—	—	—	—	—	—	—	⊘	⊘	—	—
—	RVMA 258	6	„	„	„	—	—			—	—	—	—	—	—	—	⊘	⊘	—	—
—	RVMS 266	6	„	„	„	—	—			—	—	—	—	—	—	—	⊘	⊘	—	—
—	RVMA 244	8	W	„	„	—	—			—	—	—	—	—	—	—	⊘	⊘	—	—
—	RVMA 266	8	„	4 Takt VK lieg.	Hand	—	—	5/10	1500/1000	—	—	—	—	—	—	—	⊘	⊘	—	—
—	SMAH 611	1	„	„	„	—	—			—	—	—	—	—	—	—	⊘	⊘	—	—
—	SMAH 614	1	„	2 Takt VK stehend	„	—	—			—	—	—	—	—	—	—	⊘	⊘	—	—
—	SMAH 616	1	„	„	„	—	—			—	—	—	—	—	—	—	⊘	⊘	—	—
—	SOME 117	1	„	„	Luft	—	—			—	—	—	—	—	—	—	⊘	⊘	—	—
—	SOMZ 117	2	„	„	„	—	—	8/145	370/750	—	—	—	—	—	—	—	⊘	⊘	—	—
—	SOME 122	1	„	„	„	—	—			—	—	—	—	—	—	—	⊘	⊘	—	—
—	SOMZ 122	2	„	„	„	—	—			—	—	—	—	—	—	—	⊘	⊘	—	—
—	SOMZ 125	2	„	„	„	—	—			—	—	—	—	—	—	—	⊘	⊘	—	—
—	SOME 130	1	„	„	„	—	—			—	—	—	—	—	—	—	⊘	⊘	—	—
—	SOMZ 130	2	„	„	„	—	—			—	—	—	—	—	—	—	⊘	⊘	—	—
—	SOMZ 130	3	„	„	„	—	—			—	—	—	—	—	—	—	⊘	⊘	—	—
—	SOMD 130	2	„	„	„	—	—			—	—	—	—	—	—	—	⊘	⊘	—	—
—	SOMV 130	4	„	„	„	—	—			—	—	—	—	—	—	—	⊘	⊘	—	—
Jastram								proZylinder												
3	KR 4	1/8	W	4 Takt VK	Luft	143	190	12	800	15	5	4,3	—	22	4	188	•	B	50	20
6	KR 7	1/8	„	„	„	175	230	19,5	600	15	5	4,3	—	28	3,5	186	e	B	50	20
13	KR 12	2/6	„	4 Takt DE	„	228	320	32	450	13	5	4,3	—	41	2,5	183	B	B	140	30
28	KR 14	2/6	„	„	„	305	380	57	360	13	5	4,3	—	52	2	181	B	B	140	30

Anmerkung: Einspritzpumpen = Düsen, B = Bosch-Erzeugnis, D = Fried. Deckel-Erzeugnis, e = eigenes Erzeugnis, WK = Wälzkammerverfahren, WiK = Wirbelkammerverfahren, VK = Vorkammerverfahren, DE = direkte Strahleinspritzung, LS = Luftspeicherverfahren, W = Wendegetriebe.

Kenndaten deutscher Boots- und Schiffsdieselmotoren Fortsetzung (nach einer Umfrage)

Hubraum l	Herstellerwerk Typ	Zylinderzahl	Manöverart	Arbeitsverfahren	Anlaßverfahren	Bohrung mm	Hub mm	Leistung PS	Drehzahl U/min	Verdichtungsgrad	Mittlerer effekt. Druck kg/cm²	Mittlere Kolbengeschwindigkeit m/s	Gewicht kz	Leistungsgewicht kg/PS	Literleistung PS/l	Verbrauch g/PSh	Einspritzpumpe	Düse	Einspritzdruck ca.	Einspritzbeginn °voT
Jung																				
1,43	SE 110	1	W	2 Takt DE	Hand el.	110	150	11	1000	4,25	3,48	5	375	34	7,7	185	B	B	150	6
2,86	SZ 110	2	"	"	"	110	150	22	1000	4,25	3,48	5	520	23,5	7,7	185	B	B	150	6
2,52	SE 130	1	"	"	Druckl. el	130	190	16	800	4,2	3,57	5,05	520	32,5	6,4	175	B	B	150	6
5,04	SZ 130	2	"	"	"	130	190	32	800	4,2	3,57	5,05	790	24,5	6,4	175	B	B	150	6
7,56	SD 130	3	"	"	"	130	190	48	800	4,2	3,57	5,05	1100	23	6,4	175	B	B	150	6
10,08	SV 130	4	"	"	"	130	190	64	800	4,2	3,57	5,05	1300	20,5	6,4	175	B	B	150	6
Junkers																				
0,6	1 SHK 65	1	W	2 Takt DE	Hand el.	65	ho="90 hu="90	8/12,5	1000/1500				380			200	e	e		
0,6	2 SHK 65	2				65	ho="120 hu=90	16/25	1000/1500				550			200	e	e		
0,6	3 SHK 65	3				65	ho=120 hu=90	24/36	1000/1500				780			200	e	e		
2,75	1 SHK 108	1			Luft, el.	108	ho=120 hu=180	25	750				950			190	e	e		
2,75	2 SHK 108	2			"	108	ho=120 hu=180	50	750				1350			190	e	e		
2,75	3 SHK 108	3			"	108	ho=120 hu=180	70	750				1750			190	e	e		
2,75	4 SHK 108	4			"	108	ho=180 hu=180	100	750				2200			190	e	e		
Kämper																				
4,46	F 10	4	W	4 Takt WK	el., Hand	100	142	50	1600	4,1	6,3	7,6	600	12	11,2	210	B	B	80	20
7,87	D 12	4	"	"	"	120	170	70	1300	4,1	6,3	7,35	775	11	8,9	200	B	B	80	20
6,69	6 F 10	6	"	"	"	100	142	75	1600	4,1	6,3	7,6	750	10	11,2	210	B	B	80	20
11,81	6 D 12	6	"	"	"	120	170	105	1300	4,1	6,3	7,35	1000	9,5	8,9	200	B	B	80	20
M. A. N., Werk Augsburg				Nur einige Typen als Beispiele aus dem gesamten Erzeugnis-Programm																
5,3	W6V17,5/22	6	W	4 Takt VK	el, Luft	175	220	115/190	600/1000	3,52	5,3	4,4/7,33	2060/2130	17,9;10,80 18,8/11,4	21,8/36	210	B	B	130	
26,8	W6V30/38	6	di. u.	4 Takt DE	Luft	300	380	492/690	500/700	3,8	5,5	6,33/8,86	9100	18,2/13	18,4/26	170	e	e	180	
26,8	G6Vu42	6	"	"	"	285	420	250/400	250/395	4,5	5,7	3,5/5,6	16200	65/40,5	9,3/14,9	174	e	e	180	
95,4	G6Vu60	6	"	"	"	450	600	770/1080	215/300	5	5,7	4,3/6,0	50000	65;46,3	8,1/11,3	170	e	e	180	
311	K6Vu60/110	6	"	Kreuzkopf 2Taktdoppelt	"	600	1110	1140/1650	100/145	4	5,5	3,67/5,31	160000	140.97	3,68/5,31	168	e	e	180	
587	D6Zu60/110	6	"	Kreuzkopf 2 Takt 1fach	"	600	1100	3240/4800	90/140	4	4,54	3,3/5,13	250000	72 52	10,43/15,4	164	e	e	180	
488	K6Zu72/120	6	"	Kreuzkopf 2 Takt 1fach	"	720	1200	2520/3660	80/125	4	4,6	3,2/5,0	330000	130.92	5,17/7,5	166	e	e	180	
148,6	G6Z52/70	6	"	2 Takt 1fach Tauchkolb.	"	520	700	1790/2180	190/250	4	4,7	4,43/5,83	70000	39/32	12/14,7	163	e	e	180	

Anmerkung: Einspritzpumpen = Düsen, B = Bosch-Erzeugnis, D = Fried. Deckel-Erzeugnis, e = eigenes Erzeugnis, DE = direkte Strahleinspritzung, WK = Wälzkammerverfahren, WiK = Wirbelkammerverfahren, VK = Vorkammerverfahren, LS = Luftspeichereinspritzung, W = Wendegetriebe. Einspritzverfahren,

Hub-raum l	Herstellerwerk Typ	Arbeits-verfahren	Ma-növer-art	Zylinderzahl	Anlaß-verfahren	Boh-rung mm	Hub mm	Leistung PS	Drehzahl U/min	Ver-dich-tungs-grad	Mittlerer effekt. Druck kg/cm²	Mittlere Kolbengeschwindigkeit m/s	Gewicht kg	Leistungs-gewicht kg/PS	Literleistung PS/l	Verbrauch g/PSh	Einspritz-Pumpe	Düse	Einspritz-Druck	Ein-spritz-Beginn °voT
Maybach Motorenbau G. m. b. H.																				
16,6	SG 04	4 Takt DE	W	6	el.	140	180	150	1400	14	5,8	8,4	950	6,32	9,03	195	D	D	200	24
21,2	SG 05h	"	"	6	Luft	150	200	210	1400	12	6,35	9,33	1300	6,2	9,9	185	D	D	200	24
42,4	SG 05	"	"	12	"	150	200	410	1400	12	6,2	9,33	1950	4,75	9,7	185	D	D	200	24
Mercedes-Benz-Dieselmotoren / Daimler-Benz A.-G.																				
2,860	EB	4 Takt VK	W	1	Hand Luft el.	135	200	10/18	540/900	17	5,8	5	550	36,6	5,6	190	e	D	65	10
5,720	BM 202	"	"	2	Luft, el.	135	200	20/35	540/1000	17	5,8	5	800	26,6	5,6	190	e	e	65	10
8,580	DB	"	"	3	"	135	200	30/50	540/1000	17	5,8	5	1300	29	5,6	190	e	e	65	10
11,440	VB	"	"	4	"	135	200	40/70	540/1000	17	5,8	5	1500	25	5,6	190	e	e	65	10
17,160	ZB	"	"	6	el.	135	200	60/105	540/1000	17	5,8	6	1950	21,7	5,6	190	e	B	65	10
3,760	BOM 59	"	"	4	"	100	120	18/35	750/1500	17	5,8	6	610	17,4	9,7	190	B	B	65	10
4,950	" 65	"	"	4	"	110	130	23/45	750/1500	17	5,8	6,5	620	13,7	9,7	190	B	B	65	10
7,400	" 67	"	"	6	"	110	130	34/70	750/1500	17	5,8	6,5	820	11,7	9,7	190	B	B	65	10
9,400	" 77	"	"	6	"	110	165	46/80/93	750/1500	17	5,8	7,2	930	11,7	8,4	190	B	B	65	10
10,300	" 79	"	"	6	"	115	165	51/88/100	750/1300/1500	17	5,8	7,2	940	10,7	8,4	190	B	B	65	10
12,500	" 54	di. u.	"	6	"	125	170	61/106/120	750/1300/1600	17	5,8	7,4	1220	11,5	8,4	170	B	B	65	10
Modaag-Krupp																				
4,26	RF 3	2 Takt	W	3	Luft, el.	110	150	54	1250	75	4,56	6,25	500	9,25	12,7	210	B/D	D	280	18
5,68	RF 4	"	"	4	"	110	150	72	1250	15	4,56	6,25	650	9,05	12,7	210	B/D	D	280	18
4,77	RB 31	"	"	1	Luft	150	270	25	500	15,1	4,7	4,5	660	26,4	5,24	180	B/D	D	280	12
9,54	RB 32	"	"	2	"	150	270	50	500	15,1	4,7	4,5	990	19,8	5,24	170	B/D	D	280	12
14,31	RB 33	"	"	3	"	150	270	75	500	15,1	4,7	4,5	1300	16,3	5,24	170	B/D	D	280	12
19,08	RB 34	"	"	4	"	150	270	100	500	15,1	4,7	4,5	1630	16,3	5,24	175	B/D	D	280	12
31,05	RK 3	"	"	3	"	200	330	150	500	14,6	4,35	5,5	2600	17,3	4,83	180	B/D	D	260	10
41,40	RK 4	"	"	4	"	200	330	200	500	14,6	4,35	5,5	3400	17,0	4,83	180	B/D	D	260	10
51,75	RK 5	"	"	5	"	200	330	250	500	14,6	4,35	5,5	4400	17,6	4,83	180	B/D	D	260	10
62,10	RK 6	di. u.	"	6	"	200	330	300	500	14,6	4,35	5,5	5200	17,4	4,83	180	B/D	D	260	10
Motorenwerke Mannheim A.-G. vorm. Benz																				
1,03	KD 15 E	4 Takt VK	W	1	Hand	95	150	8	1250	75	5,6	6,3	320	40	7,8	195	D	D	80	5/10
2,06	KD 15 Z	"	"	2	"	95	150	16	1250	15	5,6	6,3	420	26	7,8	195	D	D	80	5/10
2,21	KD 18 E	"	"	1	"	125	180	15	1000	15	6,0	6,0	420	28	6,8	195	D	D	80	5/10
4,42	KD 18 Z	"	"	2	Druckluft	125	180	30	1000	15	6,0	6,0	520	17	6,8	195	D	D	80	5/10
12,5	RH 226 Z	"	"	2	"	175	260	45	600	15	5,4	5,2	2200	49	3,6	190	D	D	80	5/10
18,7	RH 226 D	"	"	3	"	175	260	70	600	15	5,4	5,2	2600	37	3,6	190	D	D	80	5/10
25,0	RH 226 V	"	"	4	"	175	260	90	600	15	5,4	5,2	2970	33	3,6	190	D	D	80	5/10
37,5	RH 226 SU	di. u.	"	6	"	175	300	140	600	15	5,4	5,2	4140	30	3,6	190	e	e	80	5/10
20,8	RH 130 Z	"	W	2	"	210	300	65	500	15	5,7	5,0	3300	51	3,2	190	D	e	80	5/10
31,2	RH 130 D	"	"	3	"	210	300	100	500	15	5,7	5,0	4000	40	3,2	185	D	e	80	5/10
41,6	RH 130 V	"	"	4	"	210	300	135	500	15	5,7	5,0	4600	34	3,2	185	D	e	80	5/10
62,4	RH 130 SU	di. u.	6	"	210	300	200	500	15	5,7	5,0	6100	30,5	3,2	185	D	e	80	5/10	

Anmerkung: Einspritzpumpen = Düsen, B = Bosch-Erzeugnis, D = Fried. Deckel-Erzeugnis, e = eigenes Erzeugnis, DE = direkte Strahleinspritzung, LS = Luftspeicherzündung, WK = Wälzkammerverfahren, VK = Vorkammerverfahren, WiK = Wirbelkammerverfahren, W = Wendegetriebe.

Kenndaten deutscher Boots- und Schiffsdieselmotoren Fortsetzung (nach einer Umfrage)

Hubraum l	Type	Zylinderzahl	Manöverart	Arbeitsverfahren	Anlaßverfahren	Bohrung mm	Hub mm	Leistung PS	Drehzahl U/min	Verdichtungsgrad	Mittlerer effekt. Druck kg/cm²	Mittlere Kolbengeschwindigkeit m/s	Gewicht kg	Leistungsgewicht kg/PS	Literleistung PS/l	Verbrauch g/PS h	EinspritzPumpe	Düse	EinspritzDruck	EinspritzBeginn %oT
Motorenwerke Mannheim A.-G. vorm. Benz																				
29,1	RH 135 Z	2	W	4 Takt VK	Druckluft	230	350	80	450		5,5	5,2	3700	45	2,9	175	e	e	80	5/10
43,6	RH 135 D	3	"	"	"	230	350	120	450		5,5	5,2	4500	36	2,9	175	e	e	80	5/10
58,1	RH 135 V	4	di. u.	"	"	230	350	160	450		5,5	5,2	5180	31,5	2,9	175	e	e	80	5/10
87,2	RH 135 SU	6	"	"	"	230	350	240	450		5,5	5,2	6830	27	2,9	175	e	e	80	5/10
116,2	RH 135 AU	6	"	"	"	230	350	320	450		5,6	5,2	7850	24	2,5	175	e	e	80	5/10
142,5	RH 140 SU	6	"	"	"	275	400	380	425		5,6	5,2	11800	31	2,2	175	e	e	80	5/10
204,0	RH 145 SU	6	"	"	"	310	450	450	350		5,6	5,2	16600	47,5	2,2	170	e	e	80	5/10
272	RH 145 AU	6	"	"	"	310	450	450	350		5,6	5,2	20800	35	1,9	170	e	e	80	5/10
345	RH 252 SU	8	"	"	"	375	520	660	300		5,7	5,2	27000	41	1,9	170	e	e	80	5/10
460	RH 252 AU	8	"	"	"	375	520	880	300		5,7	5,4	34300	39	1,5	170	e	e	80	5/10
648	RH 65 SU	8	"	"	"	460	650	1000	250		5,5	5,4	60000	60	1,5	170	e	e	80	5/10
864	RH 65 AU	8	"	"	"	460	650	1320	250		5,5	5,4	76000	57,5	1,5	170	e	e	80	5/10
Selve																				
1,686	RZ 120 BW	1	W	2 Takt	Hand, el.	120	150	8	700	12	3,05	3,5	480	60	4,75	200	B	B	80/100	12
1,686	RZ 120 BW	1	"	"	"	120	150	10	850	12	3,13	4,25	480	48	5,95	200	B	B	80/100	12
1,686	RZ 120 BW	1	"	"	"	120	150	12	1000	12	3,2	5	480	40	7,1	200	B	B	80/100	12
3,37	RZ 220 BW	2	"	"	"	120	150	16	700	12	3,05	3,5	630	40	4,75	200	B	B	80/100	12
3,37	RZ 220 BW	2	"	"	"	120	150	20	850	12	3,13	4,25	630	31	5,95	200	B	B	80/100	12
3,37	RZ 220 BW	2	"	"	"	120	150	24	1000	12	3,2	5	630	26	7,1	200	B	B	80/100	12
5,06	RZ 320 BW	3	"	"	"	120	150	24	700	12	3,05	3,5	820	34	4,75	200	B	B	80/100	12
5,06	RZ 320 BW	3	"	"	"	120	150	30	850	12	3,13	4,25	820	27	5,95	200	B	B	80/100	12
5,06	RZ 320 BW	3	"	"	"	120	150	36	1000	12	3,2	5	820	23	7,1	200	B	B	80/100	12
Wumag																				
6,36	V 18/25	3/6	W	4 Takt 1fach	Luft	180	250	1 Zyl. 20/30	500/750	13	5,3/5,6	4,17/6,25	650	37/24	4,72	175	B	e	300	8
15,10	V 24/32	2/8	"	"	"	245	320	47/55	500/600	13	5,3/5,6	5,33/6,4	1300	37/32	3,62	170	B	e	300	8
31,7	V 29/48	2/8	"	"	"	290	480	60/85	300/428	13	5,3/5,6	4,8/6,85	3000	54/40	2,68	168	B	e	300	8
59,0	V 38/52	3/8	4 Zyl. dir. umsteuerbar	"	"	380	520	112/140	300/375	13	5,3/5,6	5,2/6,5	4500	48/39	2,38	165	B	e	300	8
108,0	Z 46/65	3/6	"	"	"	460	650	175/200	250/300	13	5,3/5,6	5,4/6,5	8000	53/47	1,85	190	B	e	300	8
3,08	Z 14/20	3/6	"	2 Takt 1fach	Luft, el.	140	200	22/30	750/1000	15	4,5/4,25	5,0/6,67	400	20/15	9,75	185	e	B	300	8
4,62	Z 16/23	3/8	"	"	"	160	230	29/46	600/1000	15	4,5/4,25	4,6/7,67	600	24/15	9,95	180	e	B	300	8
9,43	Z 20/20	3/8	2 u. 3 Zyl. mit Wendegetr., ab	"	Luft	200	300	50/70	500/750	15	4,5/4,25	5,0/7,5	1000	23/16	7,40	175	e	B	300	8
16,74	Z 24/37	3/8	"	"	"	240	375	77/100	428/600	15	4,5/4,25	5,25/7,5	1600	23/18	6,0	170	e	B	300	8
27,7	Z 28/45	3/8	"	"	"	280	450	109/140	375/500	15	4,5/4,25	5,6/7,5	2500	26/20	5,07	168	e	B	300	8
75,4	Z 40/60	3/8	"	"	"	400	600	200/287	230/375	15	4,5/4,25	5,0/7,5	5500	31/22	3,8	165	e	B	300	8
169,0	Z 52/75	3/8	"	"	"	520	750	360/485	214/300	15	4,5/4,25	6,3/7,5	11000	34/26	3,06	165	B	e	300	8
290,0	Z 64/90	3/10	"	"	"	640	900	575/750	188/250	15	4,5/4,25	5,64/7,5	25000	50/38	2,59	165	B	e	300	8

Anmerkung: Einspritzpumpen = Düsen, D = Fried. Deckel · Erzeugnis, e = eigenes Erzeugnis, DE = direkte Strahleinspritzung, LS = Luftspeicherverfahren, VK = Vorkammerverfahren,
WK = Wälkammerverfahren, WiK = Wirbelkammerverfahren, W = Wendegetriebe. B = Bosch-Erzeugnis.

9°

KENNDATEN
DEUTSCHER DIESEL-HILFS- UND
EINBAUMOTOREN

(NACH EINER UMFRAGE)

KENNDATEN DEUTSCHER DIESEL-HILFS- UND EINBAUMOTOREN
(nach einer Umfrage)

Hubraum l	Herstellerwerk Typ	Zylinderzahl	Arbeitsverfahren	Anlaßverfahren	Bohrung mm	Hub mm	Leistung PS	Drehzahl U/min	Verdichtungsgrad	Mittlerer effekt. Druck kg/cm²	Mittlere Kolbengeschwindigkeit m/s	Gewicht kg	Leistungsgewicht kg/PS	Literleistung PS/l	Verbrauch g/PSh	Einspritzpumpe	Düse	EinspritzDruck	EinspritzBeginn °voT
AEG																			
52,8	2×31,35	2	4 Takt 1 fach	Luft	310	350	100	400	12	4,27	4,67	12000	120	1,90	210	e	e	60	14
79,2	3×31,35	3	"	"	310	350	150	400	12	4,27	4,67	14000	93	1,90	210	e	e	60	14
87,2	3×32,5/35	3	"	"	325	350	150	400	12	5,18	3,50	15600	104	1,72	192	e	e	60	8
67,3	2×35/35	2	"	"	350	350	115	300	12	5,12	3,50	15700	136,5	1,71	193	e	e	60	6
950	4×55/100	4	"	"	550	1000	900	175	12	4,87	5,83	90000	100	0,949	185	e	e	60	6
1425	6×55/100	6	"	"	550	1000	1350	175	12	4,87	5,83	112000	83	0,949	185	e	e	60	6
149	HB 6×26,5/45	6	"	"	265	450	330	345	12	5,78	4,95	15500	47,0	2,22	175	e	e	280	30
Bohn & Kähler																			
2,03	KR 12 E	1	4 Takt VK	Hand-, Druckluft elektr.	120	180	10	1000	17	5,0	6,0	590	59	5,0	210	e	B	100	17
4,06	KR 12 Z	2	"	"	120	180	20	1000	17	5,0	6,0	875	43	5,0	210	e	B	100	17
6,09	KR 12 D	3	"	"	120	180	30	1000	17	5,0	6,0	1145	35	5,0	210	e	B	100	17
8,12	KR 12 V	4	"	"	120	180	40	1000	17	5,0	6,0	1350	33	5,0	205	e	B	100	17
12,18	KR 12 S	6	"	"	120	180	60	1000	17	5,0	6,0	1540	25	5,0	205	B	B	100	17
2,92	KR 10 E	1	"	"	140	190	15	1000	17	5,0	6,35	650	43	5,15	200	e	B	100	15
5,84	KR 10 Z	2	"	"	140	190	30	1000	17	5,0	6,35	880	29	5,15	200	e	B	100	15
8,76	KR 10 D	3	"	"	140	190	45	1000	17	5,0	6,35	1150	25	5,15	195	B	B	100	15
11,68	KR 10 V	4	"	"	140	190	60	1000	17	5,0	6,35	1380	23	5,15	195	B	B	100	15
17,52	KR 10 S	6	"	Druckluft	140	190	90	1000	17	5,0	6,35	1870	21	5,15	190	B	B	100	15
12,50	KR 17 Z	2	"	"	175	260	40	500	16	5,6	4,32	1840	46	3,12	190	e	B	100	13
18,75	KR 17 D	3	"	"	175	260	60	500	16	5,6	4,32	2290	38	3,12	185	e	B	100	13
25,00	KR 17 V	4	"	"	175	260	80	500	16	5,6	4,32	2720	34	3,12	185	e	B	100	13
37,50	KR 17 S	6	"	"	175	260	120	500	16	5,6	4,32	3565	30	3,12	185	B	B	100	13
37,50	KR 17 SU	6	"	"	175	260	120	500	16	5,6	4,32	3685	31	3,12	170	B	B	280	12
77,50	KR 28 D	3	" DE	"	280	420	150	325	14	5,34	4,55	9540	64	1,94	165	e	B	280	12
103,35	KR 28 V	4	"	"	280	420	200	325	14	5,34	4,55	11100	55	1,94	165	e	B	280	12
155,00	KR 28 S	6	"	"	280	420	300	325	14	5,34	4,55	15220	51	1,94	165	B	B	280	12
155,00	KR 28 SU	6	"	"	280	420	300	325	14	5,34	4,55	16000	53	1,94	165	B	B	280	12
Büssing-NAG																			
3,7	LD 3	3	4 Takt VK	elektr.	110	130	45	2000	16,5	5,87	8,77	425	9,45	12,5	220	B	B	85	32
4,95	LD 4	4	"	"	110	130	60	2000	16,5	6,05	8,77	525	8,75	12,5	220	B	B	85	32
6,2	LD 5	5	"	"	110	130	75	2000	16,5	6,1	8,77	620	8,3	12,5	220	B	B	85	32
7,4	LD 6	4	"	"	110	130	90	2000	16,5	5,88	8,77	665	7,4	12,5	220	B	B	85	32
8,3	FD 4	4	"	"	125	170	75	1500	16,5	6,12	8,5	700	9,35	9,0	220	B	B	85	23
12,5	FD 6	6	"	"	125	170	110	1500	16,5	6,7	8,5	865	7,2	9,6	220	B	B	85	23
9,0	GD 4	4	"	"	130	170	85	1500	16,5	6,32	8,5	710	8,35	9,4	220	B	B	85	23
13,5	GD 6	6	"	"	130	170	130	1500	16,5	6,65	9,08	885	6,42	10,3	220	B	B	85	23

Daimler-Benz A.-G. siehe Mercedes-Benz

A n m e r k u n g : Einspritzpumpen = Düsen, B = Bosch-Erzeugnis, D = Fried. Deckel-Erzeugnis, e = eigenes Erzeugnis, VK = Vorkammerverfahren, WK = Wälzkammerverfahren, WiK = Wirbelkammerverfahren, DE = direkte Strahleinspritzung, LS = Luftspeicherverfahren.

Kenndaten deutscher Diesel-Hilfs- und Einbaumotoren Fortsetzung (nach einer Umfrage)

Deutsche Werke Kiel Aktiengesellschaft

Hubraum l	Herstellerwerk / Typ	Zylinderzahl	Arbeitsverfahren	Anlaßverfahren	Bohrung mm	Hub mm	Leistung PS	Drehzahl U/min	Verdichtungsgrad	Mittlerer effekt. Druck kg/cm²	Mittlere Kolbengeschwindigkeit m/s	Gewicht kg	Leistungsgewicht kg/PS	Literleistung PS/l	Verbrauch g/PSh	Einspritzpumpe	Düse	Einspritzdruck	Einspritzbeginn °voT
18,4	M 24	3	4 Takt DE	Luft	180	240	55/68/85	500/600/750	13	5,55	4—6	1950	35,5/23	3	175	B	B	250	10
24,4	"	4	"	"	180	240	75/90/115	500/600/750	13	5,55	4—6	2250	30,0/19,6	3,6	175	B	B	250	10
36,7	"	6	"	"	180	240	115/133/170	500/600/750	13	5,55	4—6	3100	27,0/23,0	4,56	175	B	B	250	10
22,2	M 32	2	"	"	210	320	50/60	375/450	13	5,42	4—4,8	3000	50,0/60,0	2,25/2,7	175	B	e	250	10
33,3	"	3	"	"	210	320	75/90	375/450	13	5,42	4—4,8	3700	41,0/49,0	2,25/2,7	175	B	e	250	10
44,4	"	4	"	"	210	320	100/120	375/450	13	5,42	4—4,8	4370	43,7/36,5	2,25/2,7	175	B	e	250	10
66,6	"	6	"	"	210	320	150/186	375/450	13	5,42	4—4,8	5750	38,4/32,0	2,25/2,7	175	B	e	250	10
88,8	"	8	"	"	210	320	200/240	375/450	13	5,42	4—4,8	7150	35,7/39,0	2,25/2,7	175	B	e	250	10
48,2	M 420	2	"	"	270	420	100/110	340/375	13	5,45	4,75/5,25	6450	64,5/68,5	2,07/2,3	170	B	e	250	10
72,3	"	3	"	"	270	420	150/165	340/375	13	5,45	4,75/5,25	7950	53,0/48,0	2,07/2,3	170	B	e	250	10
96,5	"	4	"	"	270	420	200/220	340/375	13	5,45	4,75/5,25	8900	44,5/40,5	2,07/2,3	170	B	e	250	10
145	"	6	"	"	270	420	300/330	340/375	13	5,45	4,75/5,25	12400	41,5/37,5	2,07/2,3	170	B	e	250	10
193	"	8	"	"	270	420	400/440	340/375	13	5,45	4,75/5,25	15600	39,0/35,5	2,07/2,3	170	B	e	250	10
375	M 580	6	"	"	370	580	600	265	12,5	5,45	5,12	27600	46	1,5	170	B	B	250	10
437	"	7	"	"	370	580	700	265	12,5	5,45	5,12	31600	45	1,5	170	B	B	250	10
500	"	8	"	"	370	580	800	265	12,5	5,45	5,12	36500	44,4	1,5	170	B	B	250	10
6,62	3 V 18 L	3	4 Takt LS	El. Luft	125	180	33/50	800/1200	12,5	5,62/5,67	4,8/7,2	850	25,7/17	5,7/6	195/210	B	B	125	28
8,83	4 V 18 L	4	"	"	125	180	44/66	800/1200	12,5	5,6	4,8/7,2	1020	23/16,4	5,7/5	195/210	B	B	125	28
13,3	6 V 18 L	6	"	"	125	180	67/125	800/1400	12,5	5,62/6,1	4,8/8,4	1200	18/9,6	5,9/5	195/210	B	B	280	28
18,3	3 V 24	3	4 Takt DE	El. Luft	180	240	90	800	13,92	5,55	6,4	1580	17,6	4,9	180	B	B	280	25
24,5	4 V 24	4	"	"	180	240	120/145	800/1000	13,92	5,5/5,32	6,4/8	1800	15/12,44	4,0/5,9	180	B	B	280	25
30,6	5 V 24	5	"	"	180	240	150/183	800/1000	13,92	5,5/5,32	6,4/8	2080	14/11,5	4,9/5,9	180	B	B	280	25
36,7	6 V 24	6	"	"	180	240	180/220	800/1000	13,92	5,5/5,32	6,4/8	2380	13,2/10,5	4,9/5,9	180	B	B	280	25
49	8 V 24	8	"	"	180	240	240/293	800/1000	13,92	5,5/5,32	6,4/8	3100	13/10,5	4,9/5,9	180	B	B	280	25
59,5	5 V 30	5	"	Luft	225	300	250/312	700/900	14,5	5,23	7,9	3100	12,4/10	4,5/5,2	175	B	B	280	25
71,5	6 V 30	6	"	"	225	300	300/375	700/900	14,5	5,23	7,9	3500	11,5/9,3	4,2/5,2	175	B	B	280	25
95	8 V 30	8	"	"	225	300	400 500	700/900	14,5	5,23	7,9	4670	11,6/9,3	4,2/6,2	175	B	B	280	22
115	6 V 35	6	"	"	265	350	340/460	500/700	14,7	5,3—5,1	5,8/8,2	5850	17/12,1	3,4	175	B	B	280	22
154	8 V 35	8	"	"	265	350	450/615	500/700	14,7	5,3—5,1	5,8/8,2	7700	17/12,5	3,4	175	B	B	280	22
775	TV 74	6	"	"	470	740	840	180	12,0	5,5	4,45	56000	67,0	1/1	170	e	e	280	20
900	TV 74	7	"	"	470	740	980	180	12,0	5,5	4,45	65000	66,5	1/1	170	e	e	280	20
1030	TV 74	8	"	"	470	740	1120	180	11,9	5,5	4,45	73000	65	1/1	170	e	e	280	20
1290	TV 90	6	"	"	550	900	1350	175	11,9	5,4	5,25	90000	66,5	1,05	170	e	e	280	17
1510	TV 90	7	"	"	550	900	1575	175	11,9	5,4	5,25	103000	64,5	1,05	170	e	e	500	17
1720	TV 90	8	"	"	550	900	1800	175	11,9	5,4	5,25	114000	63,5	1,05	170	e	e	500	17

Fried. Krupp-Germaniawerft A.-G.

Hubraum l	Typ	Zylinderzahl	Arbeitsverfahren	Anlaßverfahren	Bohrung mm	Hub mm	Leistung PS	Drehzahl U/min	Verdichtungsgrad	Mittlerer effekt. Druck kg/cm²	Mittlere Kolbengeschwindigkeit m/s	Gewicht kg	Leistungsgewicht kg/PS	Literleistung PS/l	Verbrauch g/PSh	Einspritzpumpe	Düse	Einspritzdruck	Einspritzbeginn °voT
87,24	SI b	6	Strahleinspritzung oder Direkte Einspritzung	Luft	230	350	260	500	13,3	5,38	5,83	9300	35,8	2,98	175	B	B	300	10
155,2	SII b	6	"	"	280	420	390	420	13,3	5,4	5,87	14000	36,0	2,51	170	B	B	300	10
288,6	SIII b	6	"	"	350	500	620	350	13,3	5,33	5,85	25900	41,9	2,15	170	e	B	300	10
505	GI L	6	"	"	400	670	750	260	13,3	5,34	5,6	42250	56,3	1,49	170	e	e	300	10
583	GIII K	6	"	"	430	670	875	250	13,3	5,4	5,58	49400	56,5	1,5	170	e	e	300	10
760	GIII L	6	"	"	460	780	1000	215	13,3	5,39	5,6	67000	67,0	1,32	170	e	e	300	10
1060	GIV L	6	"	"	500	900	1180	183	13,3	5,32	5,63	88000	74,5	1,11	170	e	e	300	10
1283	GV L	6	"	"	550	900	1460	188	13,3	5,47	5,63	104500	71,7	1,14	170	e	e	300	10
1782	GVI L	6	"	"	600	1050	1750	160	13,3	5,52	5,6	142000	81,0	0,98	170	e	e	300	10

Anmerkung: Einspritzpumpen = Düsen, B = Bosch-Erzeugnis, D = Fried. Deckel-Erzeugnis, e = eigenes Erzeugnis, DE = direkte Strahleinspritzung, LS = Luftspeichereinspritzung, VK = Vorkammerverfahren, WK = Wälzkammerverfahren, WiK = Wirbelkammerverfahren.

Kenndaten deutscher Diesel-Hilfs- und Einbaumotoren Fortsetzung (nach einer Umfrage)

Hubraum l	Herstellerwerk Typ	Zylinderzahl	Arbeitsverfahren	Anlaßverfahren	Bohrung mm	Hub mm	Leistung PS	Drehzahl U/min	Verdichtungsgrad	Mittlerer eff. Druck kg/cm²	Mittlere Kolbengeschwindigkeit m/s	Gewicht kg	Leistungsgewicht kg/PS	Literleistung PS/l	Verbrauch g/PSh	EinspritzPumpe	Düse	EinspritzDruck	EinspritzBeginn °voT
Hanseatische Motorengesellschaft m.b.H.			2 Takt DE																
1,93	1 D 17	1		Luft	120	170	8/10	700/900	15/17	2,6	3,9	595	75	5	195	B	B	200	12/18
2,4	2 B 18	1	"	"	130	180	20/24	650/850	15/17	2,6	3,9	870	44	5	195	B	B	200	12/18
3,54	1 D 20	1	"	"	150	200	15/18	600/750	15/17	3	4	860	57	5	190	B	B	200	12/18
3,54	2 D 20	2	"	"	150	200	30/36	600/750	15/17	3	4	1220	40	5	190	B	B	200	12/18
3,54	3 D 20	3	"	"	150	200	45/54	600/750	15/17	3	4	1720	38	6	190	B	B	200	12/18
3,54	4 D 20	4	"	"	150	200	60/72	600/750	15/17	3	4	2180	36	6	190	B	B	200	12/18
7,39	1 D 26	1	"	"	190	260	25/28	400/450	15/17	3,7	3,5	1560	62	3,4	180	B	B	200	12/18
7,39	2 D 26	2	"	"	190	260	50/55	400/450	15/17	3,7	3,5	2950	60	3,4	180	B	B	200	12/18
7,39	3 D 26	3	"	"	190	260	75/80	400/450	15/17	3,7	3,5	3940	53	3,4	180	B	B	200	12/18
14,3	3 D 33	3	"	"	235	330	80/85	325/350	15/17	3,8	3,6	5700	71	3	170	B	B	200	12/18
14,3	3 D 33	3	"	"	235	330	120/125	325/350	15/17	3,8	3,6	7460	62	3	170	B	B	200	12/18
14,3	4 D 33	4	"	"	235	330	160/170	325/350	15/17	3,8	3,6	9490	59	3	170	B	B	200	12/18
29,7	2 D 42	2	"	"	300	420	140/150	270/300	15/17	3,8	3,8	9800	70	2,5	168	B	B	200	12/18
29,7	3 D 42	3	"	"	300	420	210/225	270/300	15/17	3,8	3,8	14000	67	2,5	168	B	B	200	12/18
29,7	4 D 42	4	"	"	300	420	280/300	270/300	15/17	3,8	3,8	17500	62	2,5	168	B	B	200	12/18.
Henschel-Lanova			4 Takt LS																
9,12	G	6		el.	—	160	72/86	1000/1250	12,5	7,25	5,35/6,67	770	10,7/8,95	7,9/9,45	200	B	B	100	—
11,80	J	6	"	"	—	160	92/108	1000/1250	12,5	6,90	5,36/6,67	850	9,23/7,9	7,9/9,16	200	B	B	100	—
4,40	O	4	"	"	—	140	58	1500	12,5	6,65	7	528	10	12	200	B	B	100	—
6,60	S	6	"	Hand, el.	—	140	85	1500	12,5	6,65	7	610	7,75	11,9	200	B	B	100	—
3,05	L	2	"	el.	—	160	25	1000	12,5	7,25	5,35	450	18	8,2	200	B	B	100	—
4,58	M	3	"	"	—	160	37,5	1000	12,5	7,25	5,35	520	13,9	8,2	200	B	B	100	—
6,10	P	4	"	Hand	—	160	50	1000	12,5	7,25	5,35	600	12	8,2	—	—	—	—	—
1,53	K	1	"	"	—	160	12,5	—	—	—	—	350	28	—	—	—	—	—	—
Humboldt-Deutz			4 Takt VK																
—	A 1 M 313	1		Hand, el.	—	—	6/30	1000/1500	—	—	—	—	—	—	—	e	e	—	—
—	A 2 M 313	2	"	"	—	—			—	—	—	—	—	—	—	e	e	—	—
—	A 2 M 317	2	"	"	—	—	46/120	1000/1300	—	—	—	—	—	—	—	e	e	—	—
—	A 4 M 317	4	"	el.	—	—			—	—	—	—	—	—	—	e	e	—	—
—	A 6 M 317	6	"	"	—	—			—	—	—	—	—	—	—	e	e	—	—
—	A 8 M 317	8	"	"	—	—			—	—	—	—	—	—	—	e	e	—	—
—	A 2 M 220	2	"	Druckluft	—	—	37/270	750/1000	—	—	—	—	—	—	—	e	e	—	—
—	A 3 M 220	3	"	"	—	—			—	—	—	—	—	—	—	e	e	—	—
—	A 4 M 220	4	"	"	—	—			—	—	—	—	—	—	—			—	—
—	A 6 M 220	6	"	"	—	—			—	—	—	—	—	—	—			—	—

Anmerkung: Einspritzpumpen = Düsen, B = Bosch-Erzeugnis, D = Fried. Deckel-Erzeugnis, e = eigenes Erzeugnis, DE = direkte Strahleinspritzung, LS = Luftspeicherverfahren, VK = Vorkammerverfahren, WK = Wälzkammerverfahren, WIK = Wirbelkammerverfahren.

Kenndaten deutscher Diesel-Hilfs- und Einbaumotoren Fortsetzung (nach einer Umfrage)

Hubraum l	Herstellerwerk Typ	Zylinderzahl	Anlaßverfahren	Arbeitsverfahren	Bohrung mm	Hub mm	Leistung PS	Drehzahl U/min	Verdichtungsgrad	Mittlerer effekt. Druck kg/cm²	Mittlere Kolbengeschwindigkeit m/s	Gewicht kg	Leistungsgewicht kg/PS	Literleistung PS/l	Verbrauch g/PSh	Einspritz-Pumpe	Düse	Einspritz-Druck	Einspritz-Beginn To°
Humboldt-Deutz																			
—	A 3 M 224	3	Druckluft	4 Takt VK	143	190	37/270	750/800	—	—	—	—	—	—	—	•	•	—	—
—	A 4 M 224	4	"	"					—	—	—	—	—	—	—	•	•	—	—
—	A 6 M 224	6	"	"	175	230			—	—	—	—	—	—	—	•	•	—	—
—	A 8 M 224	8	"	"					—	—	—	—	—	—	—	•	•	—	—
—	U 3 M 140	3	"	4 Takt DE	228	320	75/125	375/450	—	—	—	—	—	—	—	•	•	—	—
—	U 4 M 140	4	"	"					—	—	—	—	—	—	—	•	•	—	—
—	V 3 M 336	3	"	"					—	—	—	—	—	—	—	•	•	—	—
—	V 4 M 336	4	"	"					—	—	—	—	—	—	—	•	•	—	—
—	V 5 M 336	5	Luft	"					—	—	—	—	—	—	—	•	•	—	—
—	V 6 M 336	6	"	"					—	—	—	—	—	—	—	•	•	—	—
—	V 7 M 336	7	"	"	305	380			—	—	—	—	—	—	—	•	•	—	—
—	V 8 M 336	8	"	"					—	—	—	—	—	—	—	•	•	—	—
—	V 3 M 345	3	Druckluft	"			95/575	375/500	—	—	—	—	—	—	—	•	•	—	—
—	V 4 M 345	4	"	"					—	—	—	—	—	—	—	•	•	—	—
—	V 5 M 345	5	Luft	"					—	—	—	—	—	—	—	•	•	—	—
—	V 6 M 345	6	"	"					—	—	—	—	—	—	—	•	•	—	—
—	V 7 M 345	7	"	"					—	—	—	—	—	—	—	•	•	—	—
—	V 8 M 345	8	"	"					—	—	—	—	—	—	—	•	•	—	—
—	MAH 611	1	Hand	4 Takt VK lieg			5/10	1500/1000	—	—	—	—	—	—	—	•	•	—	—
—	MAH 614	1	"	"					—	—	—	—	—	—	—	•	•	—	—
—	MAH 616	1	"	"					—	—	—	—	—	—	—	•	•	—	—
—	OME 117	2	Luft	2 Takt VK steh			8/145	350/750	—	—	—	—	—	—	—	•	•	—	—
—	OMZ 117	1	"	"					—	—	—	—	—	—	—	•	•	—	—
—	OME 122	2	"	"					—	—	—	—	—	—	—	•	•	—	—
—	OMZ 122	2	"	"					—	—	—	—	—	—	—	•	•	—	—
—	OMZ 125	2	"	"					—	—	—	—	—	—	—	•	•	—	—
—	OMZ 130	2	"	"					—	—	—	—	—	—	—	•	•	—	—
—	OMD 130	3	"	"					—	—	—	—	—	—	—	•	•	—	—
—	OMV 130	4	"	"					—	—	—	—	—	—	—	•	•	—	—
Jastram																			
3	KR 4	1/8	Luft	4 Takt VK	143	190	12	800	15	5	4,3	—	22	4	188	e	B	50	20
6	KR 7	1/8	"	"	175	230	19,5	600	15	5	4,3	—	28	3,5	186	e	B	50	20
13	KR 12	2/6	"	4 Takt DE	228	320	32	450	13	5	4,3	—	41	2,5	183	B	B	140	30
28	KR 14	2/6	"	"	305	380	57	360	13	5	4,3	—	52	2	181	B	B	140	30
Jung																			
1,43	SE 110	1	Hand el.	2 Takt DE	110	150	11	1000	16	3,48	5	375	34	7,7	185	B	B	150	6
2,86	SZ 110	2	"	"	110	150	22	1000	16	3,48	5	520	23,5	7,7	185	e	B	150	6
2,52	SE 130	1	Druckl. el.	"	130	190	16	800	15	3,57	5,05	520	32,5	6,4	175	B	B	150	6
5,04	SZ 130	2	"	"	130	190	32	800	15	3,57	5,05	790	24,5	6,4	175	B	B	150	6
7,56	SD 130	3	"	"	130	190	48	800	15	3,57	5,05	1100	23	6,4	175	B	B	150	6
10,08	SV 130	4	"	"	130	190	64	800	15	3,57	5,05	1300	20,5	6,4	175	B	B	150	6

(Leistung pro Zylinder)

Anmerkung: Einspritzpumpen = Düsen, B = Bosch-Erzeugnis, D = Fried. Deckel-Erzeugnis, e = eigenes Erzeugnis, DE = direkte Strahleinspritzung, LS = Luftspeicherverfahren, VK = Vorkammerverfahren, WK = Wälzkammerverfahren, WiK = Wirbelkammerverfahren.

Kenndaten deutscher Diesel-Hilfs- und Einbaumotoren Fortsetzung (nach einer Umfrage)

Hubraum l	Herstellerwerk Typ	Zylinderzahl	Arbeits-verfahren	Anlaß-verfahren	Bohrung mm	Hub mm	Leistung PS	Drehzahl U/min	Verdich-tungs-grad	Mittlerer efekt. Druck kg/cm²	Mittlere Kolben-geschwindigkeit m/s	Gewicht kg	Leistungs-gewicht kg/PS	Literleistung PS/l	Verbrauch g/PSh	Einspritz-Pumpe	Düse	Einspritz-Druck	Einspritz-Beginn °voT
Junkers																			
0,6	1 SHK 65	1	2 Takt DE	Hand, el.	65	ho=90 hu=120	8/12,5	1000/1500	—	—	—	380	8	—	200	e	e	—	—
0,6	2 SHK 65	2	„	„	65	„	16/25	1000/1500	—	—	—	550	—	—	200	e	e	—	—
0,6	3 SHK 65	3	„	„	65	„	24/36	1000/1500	—	—	—	780	—	—	200	e	e	—	—
2,75	1 SHK 108	1	„	Luft, el.	108	ho=120 hu=180	25	750	—	—	—	950	—	—	190	e	e	—	—
2,75	2 SHK 108	2	„	„	108	„	50	750	—	—	—	1350	—	—	190	B	B	80	20
2,75	3 SHK 108	3	„	„	108	„	75	750	—	—	—	1750	—	—	190	B	B	80	20
2,75	4 SHK 108	4	„	„	108	„	100	750	—	—	—	2200	—	—	190	B	B	80	20
Kämper																			
4,46	F 10	4	4 Takt Wk	el-H	100	142	50	1600	18	6,3	7,6	400	8	11,2	210	B	B	80	20
7,87	D 12	4	„	„	120	170	70	1300	18	6,3	7,35	525	7,5	8,9	200	B	B	80	20
6,69	6 F 10	6	„	„	100	142	75	1600	18	6,3	7,6	550	7,4	11,2	210	B	B	80	20
11,81	6 D 12	6	„	„	120	170	105	1300	18	6,3	7,35	750	7,2	8,9	200	B	B	80	20

MAN, Werk Augsburg

Eine Sondertabelle konnte hier nicht aufgestellt werden; vergleiche als Beispiele die kleineren Einheiten der Tabelle über Schiffsmotoren Seite 133.

Hubraum l	Herstellerwerk Typ	Zylinderzahl	Arbeits-verfahren	Anlaß-verfahren	Bohrung mm	Hub mm	Leistung PS	Drehzahl U/min	Verdich-tungs-grad	Mittlerer efekt. Druck kg/cm²	Mittlere Kolben-geschwindigkeit m/s	Gewicht kg	Leistungs-gewicht kg/PS	Literleistung PS/l	Verbrauch g/PSh	Einspritz-Pumpe	Düse	Einspritz-Druck	Einspritz-Beginn °voT
Maybach Motorenbau G. m. b. H.																			
4,42	FD 44	3	4 Takt DE	el	110	155	60	2000	17	7	10,3	480	8,00	13,58	—	B	B	170	27
5,89	FD 60	4	„	„	110	165	80	2000	17	7	10,3	580	7,25	13,60	—	B	B	170	27
8,84	FD 88	6	„	„	110	165	120	2000	17	7	10,3	760	6,33	13,60	—	B	B	170	27
16,6	SG 04	6	„	„	140	180	150	1400	14	5,8	8,4	950	6,32	9,03	—	D	D	200	24
21,2	SG 05 h	6	„	Luft	150	200	210	1400	12	6,35	9,33	1300	6,2	9,9	—	D	D	200	24
42,2	SG 05	12	„	„	150	200	410	1400	12	6,2	9,33	1950	4,75	9,7	—	D	D	200	24
Mercedes-Benz-Dieselmotoren / Daimler-Benz A.-G.																			
2,860	E	1	4 Takt VK	Hand, Luft, el.	135	200	10/20	540/1000	17	5,8	5	530/650	33,15/36,20	5,6	190	e	e	65	10
5,720	M 202	2	„	Luft, el.	135	200	20/40	540/1000	17	5,8	5	720/950	22,50/29,68	5,6	190	e	e	65	10
8,580	D	3	„	Luft, el.	135	200	30/55	540/1000	17	5,8	5	970/1300	20,20/27,08	5,6	190	e	e	65	10
11,440	V	4	„	Luft, el.	135	200	40/75	540/1000	17	5,8	5	1180/1550	18,43/24,21	5,6	190	e	e	65	10
17,160	Z	6	„	„	135	200	60/115	540/1000	17	5,8	6	1800/2200	18/22	5,6	190	e	e	65	10
3,760	OM 59	4	„	elektr.	100	120	30/55	1200/2000	17	5,8	6	460	8,36	9,7	190	B	B	65	10
4,950	OM 65	4	„	„	110	130	35/65	1200/2000	17	5,8	6,5	475	7,30	9,7	190	B	B	65	10
7,400	OM 67	6	„	„	110	130	52/95	1200/2000	17	5,8	6,5	620	6,62	9,7	190	B	B	65	10
9,400	OM 77	6	„	„	110	165	70/110	1000/1600	17	5,8	7,2	720	6,54	8,4	190	B	B	65	10
10,300	OM 79	6	„	„	115	165	75/120	1000/1600	17	5,8	7,2	720	6	8,4	190	B	B	65	10
8,340	OM 63	4	„	„	125	170	55/75	1100/1400	17	5,8	7,2	800	10,66	8,4	190	B	B	65	10
12,600	OM 54	6	„	„	125	170	85/150	1100/1700	17	5,8	7,4	990	6,60	11	190	B	B	65	10
30,5	OM 85	12	„	„	138	170	200/330	1500/1700	—	5,8	—	1800	6	11	190	B	B	65	10
50,003	OM 86	12	„	„	165	195	450/550	1400/1600	—	6,25	—	2400	5,3	—	190	B	B	65	10

Anmerkung: Einspritzpumpen = Düsen, B = Bosch-Erzeugnis, D = Fried. Deckel-Erzeugnis, e = eigenes Erzeugnis, DE = direkte Strahleinspritzung, VK = Vorkammerverfahren, WK = Wälzkammerverfahren, WiK = Wirbelkammerverfahren. LS = Luftspeicherverfahren.

Kenndaten deutscher Diesel-Hilfs- und Einbaumotoren Fortsetzung (nach einer Umfrage)

Hubraum l	Herstellerwerk Typ	Zylinderzahl	Arbeits-verfahren	Anlaß-verfahren	Bohrung mm	Hub mm	Leistung PS	Drehzahl U/min	Ver-dichtungs-grad	Mittlerer efekt. Druck kg/cm²	Mittlere Kolben-geschwindigkeit m/s	Gewicht kg	Leistungs-gewicht kg/PS	Literleistung PS/l	Verbrauch g/PSh	Einspritz-Pumpe	Düse	Einspritz-Druck	Einspritz-Beginn voT
Modaag - Krupp																			
4,26	RF 3	3	2 Takt	Luft el.	110	150	54	1250	15	4,56	6,25	500	9,25	12,7	210	B/D	D	280	18
5,68	RF 4	4	„	„	110	150	72	1250	15	4,56	6,25	650	9,05	12,7	210	B/D	D	280	18
4,77	RB 31	1	„	Hand Luft	150	270	25	500	15,1	4,7	4,5	660	26,4	5,24	180	B/D	D	280	12
9,54	RB 32	2	„	Luft	150	270	50	500	15,1	4,7	4,5	990	19,8	5,24	170	B/D	D	280	12
14,31	RB 33	3	„	„	150	270	75	500	15,1	4,7	4,5	1300	17,3	5,24	170	B/D	D	280	12
19,08	RB 34	4	„	„	150	270	100	500	15,1	4,7	4,5	1630	16,3	5,24	175	B/D	D	280	12
31,05	RK 3	3	„	„	200	330	150	500	14,6	4,35	5,5	2600	17,3	4,83	180	B/D	D	260	10
41,10	RK 4	4	„	„	200	330	200	500	14,6	4,35	5,5	3400	17,0	4,83	180	B/D	D	260	10
51,75	RK 5	5	„	„	200	330	250	500	14,6	4,35	5,5	4400	17,6	4,82	180	B/D	D	260	10
62,10	RK 6	6	„	„	200	330	300	500	14,6	4,35	5,5	5200	17,4	4,83	180	B/D	D	260	10
Motorenwerke Mannheim A.-G. vorm. Benz																			
1,03	KD 15 E	1	4 Takt VK	Hand	95	150	8	1250		5,6	6,3	320	40	7,8	195	D	D	80	5/10
2,06	KD 15 Z	2	„	„	95	150	16	1250		5,6	6,3	420	26	7,8	195	D	D	80	5/10
2,21	KD 18 E	1	„	„	125	180	15	1000		6,0	6,0	420	28	6,8	195	D	D	80	5/10
4,42	KD 18 Z	2	„	„	125	180	30	1000		6,0	6,0	520	17	6,8	195	D	D	80	5/10
12,5	RH 226 Z	2	„	Druckluft	175	260	45	600		5,4	5,2	2200	49	3,6	190	D	D	80	5/10
18,7	RH 226 D	3	„	„	175	260	70	600		5,4	5,2	2600	37	3,6	190	D	D	80	5/10
25,0	RH 226 V	4	„	„	175	260	90	600		5,4	5,2	2970	33	3,6	190	D	e	80	5/10
37,5	RH 226 S	6	„	„	175	260	140	600		5,4	5,2	4140	30	3,2	185	e	e	80	5/10
20,8	RH 130 Z	2	„	„	270	300	65	500		5,7	5,0	3300	51	3,2	185	e	e	80	5/10
31,2	RH 130 D	3	„	„	270	300	100	500		5,7	5,0	4000	40	3,2	185	e	e	80	5/10
41,6	RH 130 S	4	„	„	270	300	135	500		5,7	5,0	4600	34	3,2	175	e	e	80	5/10
62,4	RH 130 V	6	„	„	270	300	200	500		5,7	5,0	6100	30,5	3,2	175	e	e	80	5/10
29,1	RH 135 Z	2	„	„	230	350	80	450		5,5	5,2	3700	45	2,9	175	e	e	80	5/10
43,6	RH 135 D	3	„	„	230	350	120	450		5,5	5,2	4500	36	2,9	175	e	e	80	5/10
58,1	RH 135 S	4	„	„	230	350	160	450		5,5	5,2	5180	31,5	2,9	175	e	e	80	5/10
87,2	RH 135 A	6	„	„	230	350	240	450		5,5	5,2	6830	27	2,9	170	e	e	80	5/10
116,2	RH 135 S	8	„	„	230	350	320	450		5,6	5,6	7850	24	2,9	170	e	e	80	5/10
142,5	RH 140 S	6	„	„	275	400	380	425		5,6	5,6	11800	31	2,5	170	e	e	80	5/10
204,0	RH 145 S	6	„	„	310	450	450	350		5,6	5,6	16600	47,5	2,2	170	e	e	80	5/10
272	RH 145 A	8	„	„	310	450	450	350		5,7	5,7	20800	35	2,2	170	e	e	80	5/10
345	RH 252 S	6	„	„	375	520	660	300		5,7	5,7	27000	41	1,9	170	e	e	80	5/10
460	RH 252 A	8	„	„	375	520	880	300		5,5	5,5	34300	39	1,9	170	e	e	80	5/10
648	RH 65 S	6	„	„	460	650	1000	250		5,6	5,4	60000	60	1,5	170	e	e	80	5/10
864	RH 65 A	8	„	„	460	650	1320	250		5,6	5,4	76000	57,5	1,5	170	e	e	80	5/10
Selve																			
1,686	RZ 120	1	2 Takt	Hand, el.	120	150	8	700	12	3,05	3,5	400	50	4,75	200	B	B	80/100	12
1,686	RZ 120	1	„	„	120	150	10	850	12	3,13	4,25	400	40	5,95	200	B	B	80/100	12
1,686	RZ 120	1	„	„	120	150	12	1000	12	3,2	5	400	33,3	7,1	200	B	B	80/100	12
3,37	RZ 220	2	„	„	120	150	16	700	12	3,05	3,5	680	42,4	4,75	200	B	B	80/100	12
3,37	RZ 220	2	„	„	120	150	20	850	12	3,13	4,25	680	34	5,95	200	B	B	80/100	12
3,37	RZ 220	2	„	„	120	150	24	1000	12	3,2	5	680	28,3	7,1	200	B	B	80/100	12
5,06	RZ 320	3	„	„	120	150	24	700	12	3,05	3,5	950	40	4,75	200	B	B	80/100	12
5,06	RZ 320	3	„	„	120	150	30	850	12	3,13	4,25	950	31,6	5,95	200	B	B	80/100	12
5,06	RZ 320	3	„	„	120	150	36	1000	12	3,2	5	950	26,4	7,1	200	B	B	80/100	12

Anmerkung: Einspritzpumpen = Düsen, B = Bosch-Erzeugnis, D = Fried. Deckel-Erzeugnis, e = eigenes Erzeugnis, DE = direkte Strahleinspritzung, LS = Luftspeicherspritzung, WK = Walzkammerverfahren, WiK = Wirbelkammerverfahren, VK = Vorkammerverfahren.

Kenndaten deutscher Diesel-Hilfs- und Einbaumotoren Fortsetzung (nach einer Umfrage)

Hubraum l	Herstellerwerk Typ	Zylinderzahl	Arbeits-verfahren	Anlaß-verfahren	Bohrung mm	Hub mm	Leistung PS	Drehzahl U/min	Verdichtungs-grad	Mittlerer effekt. Druck kg/cm²	Mittlere Kolben-geschwindigkeit m/s	Gewicht kg	Leistungs-gewicht kg PS	Literleistung PS/l	Verbrauch g/PSh	Einspritz-Pumpe	Düse	Einspritz-Druck	Einspritz-Beginn vo.T
Vomag																			
4,778	2 R 3080	2	4 Takt WiK	elektr.	130	180	32	1200	14,7	5,1	7,2	520	15	6,7	215	B	B	65/75	23
9,556	4 R 3080	4	„	„	130	180	90	1400	14,7	6,0	8,4	810	9,8	9,45	215	B	B	65/75	23
14,334	6 R 3080	6	„	„	130	180	115	1400	14,7	6,5	8,4	1125	9,2	8,0	215	B	B	65/75	23
6,080	4 R 1060	4	„	„	110	160	66	1600	14,4	5,9	8,5	650	9,2	10,8	215	B	B	65/75	23
9,120	6 R 1060	6	„	„	110	160	94	1600	14,4	5,7	8,5	845	8,35	10,3	215	B	B	65/75	23
Wumag							1 Zylinder												
6,36	V 18/25	3/6	4 Takt 1 fach	Luft	180	250	20/30	500/750	13	5,3/5,6	4,17/6,25	650	37/24	4,72	175	B	e	300	8
15,10	V 24/32	2/8	„	„	245	320	47/55	500/600	13	5,3/5,6	5,33/6,4	1300	37/32	3,62	170	B	e	300	8
31,7	V 29/48	2/8	„	„	290	480	60/85	300/428	13	5,3/5,6	4,8/6,85	3000	54/40	2,68	168	B	e	300	8
59,0	V 28/52	3 8	„	„	380	520	112/140	300/375	13	5,3/5,6	5,2/6,5	4500	48/39	2,38	165	B	e	300	8
108,0	V 46/65	3 8	„	„	460	650	175/200	250/300	13	5,3/5,6	5,4/6,5	8000	53/49	1,85	165	B	e	300	8
3,08	Z 14/20	3/6	2 Takt 1 fach	Luft el.	140	200	22/30	750/1000	15	4,5/4,25	5,0/6,67	400	20/15	9,75	190	B	e	300	8
4,62	Z 16/23	3/6	„	„	160	230	29/46	600/1000	15	4,5/4,25	4,6 7,67	600	24/15	9,95	185	B	e	300	8
9,43	Z 20/30	3/8	„	Luft	200	300	50/70	500/750	15	4,5/7,5	5,0/7,5	1000	23/16	7,40	180	B	e	300	8
16,74	Z 24/37,5	3 8	„	„	240	375	77/100	428/600	15	4,5/4,25	5,25/7,5	1600	23/18	6,0	175	B	e	300	8
27,7	Z 28/45	3/8	„	„	280	450	109/140	375/500	15	4,5/4,25	5,6/7,5	2500	26/20	5,07	170	B	e	300	8
75,4	Z 40/60	3/8	„	„	400	600	200/287	250/375	15	4,5/4,25	5,0/7,5	5500	31/22	3,8	168	B	e	300	8
159,0	Z 52/75	3/8	„	„	520	750	360/485	214/300	15	4,5/4,25	5,3/7,5	11000	34/26	3,06	165	B	e	300	8
390,0	Z 64/90	3/10	„	„	640	900	575/750	188/250	15	4,5/4,25	5,64/7,5	25000	50/38	2,59	165	B	e	300	8

Anmerkung: Einspritzpumpen = Düsen, B = Bosch-Erzeugnis, D = Fried. Deckel-Erzeugnis, e = eigenes Erzeugnis, DE = direkte Strahleinspritzung, VK = Vorkammerverfahren, WK = Wälkammerverfahren, WiK = Wirbelkammerverfahren. LS = Luftspeicherverfahren.